新媒体时代播音主持专业系列教材

U0852316

播音创作实用基础

贾宁 农必全 编著

高等教育出版社·北京

内容提要

本教材着眼于实用，以处理稿件、调动感情、语言表达的实际需要为线索，从宏观到微观、由整体到局部详细描述了播音主持创作活动的实训教学，并以逻辑思维、形象思维、交流思维等思维方式，以划分稿件层级、突出表达重点、运用语言形式、把握起伏变化等创作方法和技巧，以文体与语体以及创作状态的实践延伸，引导学生在播音主持正确创作道路上进行灵活快速的创作活动，提高播音主持创作水平。

本教材还配有多个二维码音频案例，增强了教材的直观性和可读性。

本教材可适用于高等学校播音与主持艺术专业《播音创作基础》或《语言表达》等课程，也可适用于在职有声语言从业者学习参考。

图书在版编目(CIP)数据

播音创作实用基础/贾宁，农必全编著.--北京：高等教育出版社，2018.12

ISBN 978-7-04-050873-4

Ⅰ.①播… Ⅱ.①贾… ②农… Ⅲ.①播音-语言艺术-高等学校-教材 Ⅳ.①G222.2

中国版本图书馆CIP数据核字(2018)第243234号

Boyin Chuangzuo Shiyong Jichu

策划编辑 赵愫简　　责任编辑 赵愫简　　封面设计 张 楠　　版式设计 童 丹

责任校对 吕红颖　　责任印制 陈伟光

出版发行 高等教育出版社
社　　址 北京市西城区德外大街4号
邮政编码 100120
印　　刷 北京市联华印刷厂
开　　本 787mm×960mm 1/16
印　　张 19.5
字　　数 350千字
购书热线 010-58581118
咨询电话 400-810-0598

网　　址 http://www.hep.edu.cn
　　　　 http://www.hep.com.cn
网上订购 http://www.hepmall.com.cn
　　　　 http://www.hepmall.com
　　　　 http://www.hepmall.cn
版　　次 2018年12月第1版
印　　次 2018年12月第1次印刷
定　　价 37.00元

物 料 号 50873-00

序

随着我国各个领域改革持续推进,整个社会步入了发展的快车道,传媒行业也正在经历着前所未有的深度转型、融合。传媒行业的急速发展,给播音主持工作带来了巨大的变化:新的播音主持形式层出不穷、新的传播内容不断涌现、新的媒体技术不断得到应用,给播音工作提出新的要求。这既是播音主持业界同仁们面临的巨大考验,也是播音主持教育界面临的考验。我们的理论能否继续涵盖新的传媒业态、指导播音主持新的创作实践？答案是肯定的。

第一,新时代的变与不变。

传媒业态在变,传媒要求在变,但播音主持的创造性本质没有变,从书面文字、内部语言向有声语言转换的规律没有变。因此,播音主持的基本创作路径、基本创作方法不会变,对有声语言表达质量和效率的追求不会变。

第二,基础教育规律与媒体实践不同。

播音主持的表达规律决定着播音主持教育必须遵循一个由易到难、由抽象到具象、由基础理论到具体实践的发展过程。实践证明,这是一个带有客观性、普遍性的教育规律,无数学子得益于这样的规律而成长成才。

当然,我们必须承认并直面理论与实践不同步的客观现实。但如果拿实践的准则来要求基础理论,以业界的发展变革来否定教育界的辛勤耕耘也是有失偏颇的。播音主持的实践性要求学生具备较强的“动嘴”能力,这部教材也在努力为学生营造重训练、重实践、重操作的“仿真”环境。但我们只能“接近”媒体真实环境,而不能也没有必要“达到”媒体的真实环境,一步到位只能是一厢情愿、徒劳无功的。我们认为,基础理论必须掌握、基础的训练必须夯实,通过基础性的训练帮助学生练就扎实的基本功,这是播音主持教育必须承担的重任。至于学生业务能力的再打磨和再提升,则需要在真实的媒体环境中去实践。

第三,基础理论与实践训练的互补。

具体的操作必须依靠有效的理论才能达到良好的效果。播音主持工作所具有的鲜明实践性,决定了必须进行大量的实践训练,但如果没有理论的指导和牵引,实践训练就会陷入不明所以、收效甚微的泥淖中。

我们认为,理论与实践要结合。理论指导着实践,让实践更有效率;实践完善着理论,为理论的发展提供不竭的动力。正是基于这样的考虑,本教材采用了理论讲解与实践训练相结合的布局结构,每讲授完一部分理论就会有对应的稿件分析或稿件练习,供大家消化理论。

另外,我们在本教材中对传统理论作了一些更新,并提出了一些新的概念,希望能对当下的播音主持发展形态作出一些新的理论阐述,指导新形势下播音主持的创作实践。

第四,继承传统和不断创新的要求。

中国播音学的学科体系,经过几代播音人的共同努力才得以巩固、完善,其中的诸多艰辛困苦只有身处其中才能体会。可以说,中国播音学是对我国几十年来播音主持实践的理论总结,是几代播音人心血智慧的结晶。但是,社会上的"播音无学"之声仍聒噪不止,甚至连本专业学生也对本学科产生了"播音没什么可学"的质疑。

我们认为,播音主持是与表演、戏曲、演说、评书等艺术门类有质的区别的独立学科,它有着独立的指导思想、独立的理论体系和独立的教学方法。而播音主持理论的核心——播音主持创作基础理论,更是使播音学独树一帜、自成一家的重要依据。因而,尽管新的传媒态势在急速发展,我们仍要坚定理论自信,在充分继承以往理论精华的基础上,结合新的媒体实践进行理论创新。

在新的时代背景下,新的媒介业态深度融合,我们必须遵循播音主持教育的基本规律,坚持基础理论和实践训练相结合,坚持继承传统和不断创新相结合,在变革的时代中寻找不变,在纷繁复杂的传媒业态中寻找发展规律,这才是使播音主持专业永葆活力的重要保证。

作为播音主持从业者,我们必须扛起播音创作理论的大旗,坚定理论自信和学科自信,在理论的指导下,在广阔的实践天地里,不断锤炼自己的语言表达功力,为繁荣播音主持事业、树立有声语言典范贡献自己的一份力量。

贯　宁

2018 年 9 月

目　录

中编

绪　　论

第一节　播音创作的研究内容和意义

一、创作主体和研究内容

播音是指播音员、节目主持人和其他传播者运用有声语言和副语言通过广播电视等媒体进行的传播信息的创造性活动。播音创作的主体既包括播音员（主播），也包括主持人，还包括所有运用有声语言进行传播活动的配音员、出镜和连线的新闻记者、新闻评论员等。因而，本教材中除特殊语境情况下会分别使用播音员、主持人、出镜记者等称谓外，一般将其统称为播音创作主体。对于创作活动，除特殊语境下会区别播音、主持、评述等外，一般统一表述为播音创作、播音创作活动。

本教材所指播音创作既包括有声语言表达即有稿播音，也包括即兴主持、现场报道、点评论述等无稿播音，是创作主体依据稿件（包括策划、提纲、资料、图像、音响等）而进行的艺术创作，其核心是对创作客体的理解、感受和表达。播音创作活动一般以稿件处理为最基本和常见的形式，故本教材中除特指情况下会分别使用提纲、腹稿、资料等称谓外，大多会直接使用稿件这一概念。

播音创作基础的研究内容，是播音创作主体与创作客体的互动关系，即创作主体在创作活动中对创作客体——稿件等从准备到播出的创作全过程，以及与受众沟通、交流、互动的方法和技巧。

播音创作的语言表达过程，是创作主体通过主观能动性的发挥，经过对书面文字语言等客体的理解、感受，而形成基于稿件但具备了更丰富内涵的有声语言的过程，是一种改变原有符号系统的创造（再创作）。在这一过程中，始终贯穿着播音创作主体与创作客体——稿件这一对核心矛盾。

创作主体与稿件的关系是既对立又统一的。创作主体只要一进入创作活动中就会受到稿件的束缚和限制，面临有限的创作空间。要想取得良好的创作效果，创作主体必须充分发挥主观能动性去利用稿件提供的条件，进入再创作的空间中，完成植根于稿件又超脱稿件的播音创作工作。对创作客体特别是稿件的理解、感受和表达是这一创作过程的主要内容和必由之路。

二、研究意义

播音创作基础理论是播音主持艺术理论的重要基石，基础性、规律性是其鲜明特点。基础性即指播音创作基础理论是了解播音主持创作过程、掌握播音主持创作要点、培养播音主持创作基本能力、指导播音主持创作的必经之路，必须要掌握，不可回避；规律性即指播音创作基础理论是对播音主持创作全过程的解释、总结和升华，来源于纷繁复杂的播音主持创作实践，同时又经过了高度提纯和加工，可以指导一般播音主持创作活动。

首先，播音创作研究可以对播音创作的实践活动提供理论指导。这是播音创作基础理论的题中应有之义。通过深入剖析播音创作的整个过程，总结出被以往播音创作实践活动反复检验的一般创作规律和方法，为播音创作实践活动提供有益的理论参考和指导。

其次，播音创作研究又提供了提高播音实践水平的学习和研究渠道，这是播音创作实践研究的必经之路。在播音创作理论的指导下，对播音创作实践进行学习、研究、检验，可以加强实践能力，积累实践经验，拓展实践领域。提高实践水平的同时，也为理论的验证和深化提供了检验渠道。

再次，播音创作研究可以丰富和发展新形势下的播音创作新路径。中国播音学的理论大厦业已建立，但相关的研究仍需要继续推进和延伸，特别是面对不断发展变化着的新时代传媒形势，更需要探索出新的理论和新的实践方法，我们希望借由本教材提出带有新特色的解决方案。

第二节　播音创作的正确道路

正确的播音创作道路是：站在无产阶级党性和党的政策的立场上，以新闻工作者特有的敏感，把握国内外形势的发展变化和人民群众的思想实际，从稿件的内容和形式出发，准确及时地、高效率高质量地完成“深入理解——具体感受——形之于声——及于受众”的过程，以积极自如的话筒前、镜头前状态进行有声语言再创作，达到正确理解与准确表达的统一，达到恰切的思想感情与尽可能完美的语言技巧的统一，达到体裁风格与声音形式的统一，准确、鲜明、生动地表达出语言文化的精神实质，展现时代风貌，充满人文关怀，充分发挥广播电视等媒体对广大人民群众的吸引力、感召力。这是播音创作必须遵循的准则和路径。具体到实践操作层面，理解、感受、表达，是落实和体现正确播音创作道路的主要抓手。

一、理解

理解，即创作主体通过对稿件进行一系列处理，能充分知晓稿件的脉络走向、层次结构、行文布局、精神实质等。这是进行播音创作的第一步，准确、高效理解稿件是确保播音主持创作（形之于声）质量的前提条件和重要基础。具体到实践层面，理解主要体现为准备稿件，即“备稿”。

（一）备稿概念

我们常说的“备稿”，有狭义和广义之分。广义备稿，是指平时不间断地学习和积累，是先于具体播音主持创作活动而进行的必要准备。狭义备稿，是指播出前对具体一篇或多篇稿件的案头准备工作，我们常说的“备稿”一般指狭义备稿。

广义备稿和狭义备稿的关系是相辅相成、有机统一的。广义备稿是狭义备稿的基础和源泉，“艺术来源于生活”——没有平时的长期积累和丰富储备，狭义备稿就无从谈起。狭义备稿是广义备稿的落脚点和发力点，“艺术高于生活”——没有对具体稿件的解读和阐释，广义备稿就毫无意义。

（二）备稿方法

播音主持创作以稿件为依据。播音员主持人接触的稿件来自方方面面，且题材、体裁都不尽相同。一方面，稿件大部分出自他人之手，播音员主持人是将作者和受众联系起来的桥梁和纽带。另一方面，稿件饱含了作者对生活的认知和提炼，播音员主持人要在现有稿件的基础上进行二度创作，做到既忠于作品，又有自己的理解和体会，这无疑是具有一定难度的，必须依靠行之有效的方法来准备稿件。

1. 三遍备稿

“三遍”备稿法也称“三读”“三思”备稿法，由我国著名播音艺术家夏青率先总结和提出，因其高度的实用性和便捷性而被众多播音员主持人采纳和使用。“三读”即通过通读稿件三遍完成整个备稿过程：先粗看一遍，了解大致内容、框架；进而再细致分析一遍，弄清详细的内容、完整的脉络、深层的情感、具体的表达手段；最后再浏览一遍，从更宏观的角度提纲挈领地把握整篇稿件，以防陷入文章的微观细节中。

“三思”则是指在通读完文章后还要思考以下一些问题：一是把文章放在大

的时空背景中去考察，想一想文章与历史和现实的逻辑关系；二是把文章放到整个节目中去认识，看一看它与其他文稿、整个节目的逻辑关系；三是把文章放在受众角度，从播出和收视（听）的关系去考察播音的传播质量，以提高播音的传播效果。

2. 五官并用

“五官并用”备稿法即通过眼、脑、口、耳、手五个感知器官的综合运用完成整个备稿过程，在日常播音主持实践中，该方法常与“三读”“三思”备稿方法综合使用，具有较强的实用性。“五官并用”即指通过用眼睛看稿件、用脑子思考稿件、用嘴（口）读稿件、用耳朵监听并及时调整修正、用手（笔）随时在稿件上勾画和记录一些信息，可以在不影响备稿质量的前提下较为迅速地完成整个备稿过程。

3. 广义备稿替代

“广义备稿替代”备稿法，顾名思义是用平时的积累替代具体的稿件准备，通常在准备时间较为仓促甚至没有准备时间的情况下使用，是突出情况下的应急方法。一般而言，播音员主持人会有较为固定的准备稿件时间，但很多重要的、紧急的稿件因为种种原因没办法给播音员主持人提供备稿时间，这就需要调动创作主体平时的知识储备、思维能力、稿件处理能力、应变能力等一切“广义备稿”的积累来应对这种棘手的情况。

当然，这个备稿法可以说是不得已而为之的方法。我们在平时工作中绝不能投机取巧、偷懒耍滑地取消备稿这一环节，缺少准备的播音创作会因对稿件把握不准而出现语意不清、吐字不准、气息不稳、状态不佳等贻笑大方的问题。即便凭着经验能对付着完成，也会出现目的不明、内容不清、逻辑不顺，甚至言不由衷的情况。

4. 六步备稿

六步备稿也称“备稿六步”，是目前较为通用和普及的稿件准备方法。即通过六个步骤完成对整个稿件的处理：划分层次、概括主题、联系背景、明确目的、分清主次、确定基调。

划分层次，指的是把握全篇稿件的脉络，搞清全篇稿件的布局、结构。划分层次包括归并和划分两步。归并是把稿件中联系比较紧密的自然段归为一大部分，划分是将一大部分进一步分解为小的部分（无论归并还是划分，都可以有不同的层级），同时，还要为不同的层次概括出大意。

概括主题，指的是通过稿件内容提炼中心思想，搞清稿件蕴含的主旨，或作者通过稿件反映出来的看法、主张、态度等，以了解作者的创作意图，把握稿件的精神实质。

联系背景，指的是对稿件中人物、事件、观点等相关内容的分析，主要包含稿件的社会背景、历史背景、时代背景等。通过对党的路线、方针、政策以及社会各方面现实情况的把握，确定稿件播出时创作主体的态度。

明确目的，即把握作者的创作意图和播出稿件要实现的社会意义和作用，以达到播出的预期效果。目的对播音主持创作起着统帅作用，引导和制约着播音主持的表达方式。

分清主次，就是抓住稿件的重点部分，也就是抓住重点。在播出时重点突出直接表现主题和目的的层次、段落、语句。同时，处理好重点部分和非重点部分的主次关系，避免平均用力。

确定基调，就是把握住作品所体现的总的感情色彩和播出时创作主体基本的感情态度，并在恰当贴切的情感基调下，依据稿件内容的发展，处理好语气的具体变化。它是对稿件进行具体分析后对稿件播出的总体把握。

备稿六步是备稿的最基本方法，是初学备稿的必经之路。它通过层次分明、细致入微地对稿件进行分析，对加深稿件的理解、把握稿件的精神实质有着重要的意义。但因为它涵盖面比较广、内容比较丰富，如果完全展开来分析，会消耗过多的时间，影响备稿的效率。一般来说，在教学过程中会要求学生严格按照这六步来分析处理稿件，夯实备稿的基本功；实际工作中则不能完全拘泥于六步的完整性，可以有的放矢地灵活使用，以增加备稿的针对性和有效性，特别是在面对急稿、快稿时要尽快完成备稿。但需要指出的是，快速备稿不是“偷工减料”，而是备稿六步的综合，如同上文提及的眼（看）脑（思）口（播）耳（监）手（记）的“五官并用”法，可以使备稿六步和试播、纠错、提示同步完成，实现既速又达的效果。

以上这些方法都是相互独立又自成一体的，可以根据不同情况来选用。我们必须做好基础性的备稿工作，平时多下功夫，在具体的播音主持实践中尽可能耐心、细心地挖掘稿件，以达到准确、鲜明、生动地传达稿件意图的目的。有了这样的基础，才可以根据不同的情况，在简化备稿程序时保证播音主持创作质量。

二、感受

感受是人类感官侦测到外在的能量变化，于个体内部产生的心理反应。播音创作中的感受是指播音创作主体透过文字和文字间的相互关系，感觉到其代表的客观事物的存在及它们之间的关系，并体会到它们对创作主体的间接刺激。

感受是理解和表达之间的桥梁，是使表达更具感染力的重要一环。播音创作主体在分析、理解稿件的基础上，要潜心感受稿件，这种感受往往能够激起播音创作主体内心的“火花”,唤起创作主体丰富的内心情感,激发出“一吐为快”的冲动和强烈的表达愿望。

艺术是相通的。对待同一个课题,不同的艺术门类可能会有不同的阐释体系,综合不同艺术门类的相关理论可以使我们对该课题有更深的理解。基于这样的考虑,我们将播音主持和表演艺术这两门姊妹艺术的相关理论整合起来,以期更清晰地阐明感受的基本概念和相应的把握方法。

(一)情景再现与内心视像

情景再现是播音创作的专业术语,即在符合稿件需要的前提下,以稿件提供的材料为原型,使稿件中的人物、事件、情节、场面、景物、情绪等在播音创作主体的脑海里不断浮现,形成连续不断的活动的画面,并引发相应的态度、感情。通过理清头绪、设身处地、触景生情、现身说法四个步骤,可以使播音创作主体对稿件产生鲜活感受,继而做出准确的判断,给出相应的评价,再从“动于衷”的内部感受转到“形于外”的外部语言,最终创作出充满画面感、鲜活生动的播音作品。

内心视像是表演艺术的专业术语,即演员依靠艺术想象力,在大脑中产生实际并不在眼前但符合人物生活情境的艺术幻象。艺术的想象通过内心特殊的视觉来进行,这种“特殊视觉”称做“内心视像”。演员在进行创作时,是依靠内心活动引领着自身表演的,内心活动所产生的视像感对表演有着重要意义。演员塑造某个人物时要想使形象更加丰满、立体,必须要在脑海中形成“剧中人”的具体视像,否则给观众的印象就是干瘪生涩、空虚肤浅的。

情景再现和内心视像这两个不同领域的专业术语,阐释了艺术想象以及由此产生的艺术幻象对于艺术创作的重要性。作为口头传播的播音创作,缺乏宛在眼前让人直观“看到”的画面正是其短处,但通过艺术幻象就可以弥补这一缺憾。通过语言的描述,将稿件的规定情景被再度还原出来,当然,这样的还原是充满主观色彩的,对同一情景不同的创作者可能会演绎出不同的形态,也就是说,创作者对情景和视像还原拥有阐释权,这就会使播音创作主体更充分地体现创作个性,使受众产生更丰富的审美期待。从这个层面上说,文字语言的模糊性也大大拓展了有声语言的表达空间,使有声语言具备了令人着迷的巨大艺术魅力。

(二)内在语与潜台词

内在语是播音创作的专业术语,即稿件文字语言所不便表露、不能表露或没有完全显露的语句关系和语句本质。按其承担的功能不同可分为发语性内在语、承接性内在语、回味性内在语、寓意性内在语、揭示性内在语、反语性内在语等几大类。内在语具有揭示语句本质，贯穿语句链条的作用，是使语气表达更为准确的关键。

潜台词是表演艺术的专业术语，“潜”有背后、隐含之意，“潜台词”即是指在某一话语的背后所隐藏着的那些没有直接、明白表达出来的意思，是台词中没有直接说出但演员通过语气、语调等手段表达出的非言语（或附着于言语）符号。

“锣鼓听音，说话听声”，内在语和潜台词是一项使语言表达更贴近生活、更贴近语境的技巧。通过对比我们可以发现，这组概念有着高度的一致性。两者都开掘了语言表达更深层次的含义，都是透过语言的表象把握住语言的本质、真实含义。

（三）对象感与“打破”第四面墙

对象感是播音创作的专业术语，即播音创作主体要在“目中无人”的创作条件下，努力做到“心中有人”，也就是要对受众进行具体设想，在感觉上想象他们的存在，时时在心里与受众进行交流、呼应。

播音创作的直接对象是受众，没有受众的参与，创作就失去了它存在的意义。由于广播电视传播的单向性特点，创作主体很难与受众形成直接的交流互动，因而就必须主动出击、迎难而上——心中装着受众，不断想象着和他们交流。如此，就可以形成一个相对完整的双向交流循环，使播音主持创作取得更好的效果。

对象感不仅可以在不直接面对受众的条件下调动起播讲愿望，使创作主体在表达中与受众的思想感情持续交流，还可以激励播音创作主体为了更好地与受众交流而进行更深入的广义备稿。可以通过对受众进行设想、感觉受众的存在和反应、努力了解受众这三方面来把握对象感。

“第四面墙”是戏剧艺术的专业术语，指在传统三壁镜框式舞台中，想象出一道位于舞台台口的但实际上并不存在的“第四面墙”。在表演中，第四面墙将演员和观众隔开，它对观众而言是透明的，而对演员来说是不透明的，这样就可以创造真实的舞台幻觉，让观众忘记自己是在欣赏戏剧，就仿佛是透过一块玻璃观看一件正在发生的事；而演员的表演则被封闭在第四面墙内，来保证演员在表演过程中彻底融入角色。

随着时代的发展，也出现了“打破”第四面墙的先锋做法，即角色突然从剧情抽离，向观众讲述角色的情绪、状态以及情节的发展等。事实证明，这种做法给观演双方提供了一个直接交流的机会，大大拉近了观众与演员的距离，受到越来越多观众的欢迎。

对象感和“打破”第四面墙，均阐释了与传播对象交流的重要性。这一组相

似的概念,传达着一个重要的信号:只有努力突破艺术表现力的天花板,将创作主体和传播对象的距离拉近,才能获得更好的创作效果

(以上具体内容参见第八章第一节)。

三、表达

播音创作主体因为有了对稿件的充分理解和感受,形成了较为强烈的思想情感运动,接下来便是要借助某些手段将它们外化为生动可感的有声语言,这些手段就是表达技巧。

一般来说,表达技巧可以分为内部技巧和外部技巧。内部技巧主要作用于创作者内心的,是感受的具体体现,主要指前文介绍过的情景再现、内在语、对象感;外部技巧包括停连、重音、语气、节奏等,直接运用了语言表达,也称为语言技巧。下面先简单介绍一下外部技巧。

(一)停连

停连,包括停顿和连接两个具体技巧。在播音创作的有声语言语流中,那些为表情达意所需要的声音的中断和休止就是停顿;那些为表情达意所需要的声音的不中断、不休止,特别是文字稿件上有标点符号而不中断、不休止就是连接。停连既是为适应语言表达中播音创作主体的生理需要(换气),更是传达稿件内容和表达思想感情的需要(语法停连、逻辑停连、感情停连等)。确定停连位置要考虑语句意思、语句结构、具体语境,并常常要打破稿件标点符号的限制。常见的停连方式分为:落停,即停顿时间较长,声停时换气,句尾语势下落;扬停,即停顿时间较短,声停时不换气,停顿时声音上扬或平直;直连,即顺势连带,不露接点;曲连,即连环相接,连而不断,悠荡向前(具体内容参见第五章)。

(二)重音

重音,是指那些最能体现语句目的而在播音创作中需要着意强调的词或词组。它不仅能与其他技巧一起使语意更准确,而且能使语句目的更突出,逻辑关系更严密,感情色彩更鲜明。确定重音的依据是:突出语句目的的中心词,包括陈述事实的主要词语、起说明修饰作用的主要词语、表示判断的主要词语、反语中的主要词语、主要的数量词语等;体现逻辑关系的对应词,包括线索性重复出现的词语、相区别而不相重复的词语等;点染感情色彩的关键词,包括比喻性词语、象声词等。强调、突出重音,都是在对比中实现的,常见的强调重音的方法有:用声音的轻重、高低来强调重音的强弱法(强和高,弱和低),用声音的急缓、

长短、顿连等变化来强调重音的快慢法（放慢语流延长音节，音节前后加顿挫，音节短促、加快、紧连），通过声音虚实变化来强调重音的虚实法等（具体内容参见第七章）。

（三）语气

语气，是指在一定的思想感情支配下具体语句的声音表现形式。感情色彩和分量是语气的灵魂，而声音表现形式既包括语音形式（轻、重、柔、硬、平、跳、散、凝等），又包括气息状态（少、足、浮、沉、徐、促、虚、粗等），还包括口腔状态（前、后、开、闭、宽、窄、扁、圆、松、紧等）及语调变化（峰、谷、扬、落、起、伏、上、下等）。语气的学习常常借用语势的概念，语势分为波峰、波谷、上山、下山、半起五种类型（具体内容参见第八章第一节）。

（四）节奏

节奏，是指由播音创作主体思想感情的波澜起伏所造成的抑扬顿挫、轻重缓急的声音形式的回环往复。在有声语言表达中，节奏对以语句为单位的语气进行宏观调节和调控，使之形成有规律可循的某种声音形式的回环往复。节奏的类型大致可以分为高亢型、低沉型、紧张型、舒缓型、轻快型、凝重型。运用节奏，要本着欲扬先抑、欲抑先扬的原则，做到加强对比，控制自如（具体内容参见第九章）。

四、理解、感受、表达的关系

理解（备稿）、感受（内部技巧）、表达（外部技巧）是播音创作主体深入理解稿件、提高有声语言表达质量的主要抓手。理解、感受、表达是相辅相成的：边理解边感受边表达，在理解的基础上感受，在感受的基础上表达，在表达中体现理解。

由于播音创作主体接触的稿件内容涉及方方面面，涵盖了政治、经济、军事、农业、文学、艺术等各个领域，无论是从内容、结构还是形式上，稿件都呈现出广泛性和灵活性的特点，所以在进行理解、感受、表达的时候就不能一概而论或以偏概全，而要对症下药、量体裁衣。

每一位播音创作主体的文化水平、艺术修养、生活经历、人生阅历、性格情趣以及对事物认识的角度和深浅程度是不同的，对同样的稿件自然会存在不同的理解和感受。但是无论如何理解、感受，都应该紧紧围绕稿件进行，从播讲目的出发，离开这点，就难以进行恰当的播音主持创作。当然，知识的积累是个人坚持不懈学习的结果，人生阅历的丰富更需长期积淀，因此，每一位播音员主持人需要做好打“持久战”的心理准备，在平时的实际工作中注重学习和锻炼，多听、多看、多思考，用获得的间接经验来弥补自己直接经验的不足。

第三节 播音创作实用基础的指导思想

一、本教材的教学思路和学习方法

（一）教学思路

1. 继承播音创作基础理论

继承播音创作基础理论包括两方面含义。其一，是对中国播音学经典基础理论的辩证继承。其二，是对重基础、重训练、重实践的教育传统的辩证继承。

播音创作基础虽聚焦于“播音创作”这一主题，但也牵涉了诸多相关理论，特别是播音学概论、播音创作基础、播音文体与语体、广播播音与主持、电视播音与主持、文艺作品演播等理论。这些经典的中国播音学理论是播音与主持艺术实践的结晶，也是播音与主持艺术专业几十年教学成果的总结，是本教材汲取的重要营养。

而在长期的教学实践中形成的重基础、重训练、重实践的教学思想，也使播音创作基础这门课程走上了更加理论化、规范化的发展道路。这些都成为本教材编著的重要基础。

2. 聚焦“实用”

聚焦“实用”即以实际操作和具体应用为导向来设计、安排教材内容。

以往播音创作基础课程的教学实践存在许多问题，既影响了教师的授课效率，也影响了学生对相关理论和技能的掌握，最终制约了教学效果的提升。

首先，线性的理论讲授与非线性实操训练存在错位倾向。一般来说，播音创作基础课程是由两部分组成的，即先上讲授理论的大课再上进行实操训练的小课。这一教学安排的初衷是将理论和实践相结合，使学生既掌握理论又习得实践技能，可在实际教学中，效果并不尽如人意。先行讲授的理论大课，由于缺乏配套的实操训练，只能按线性的逻辑就理论来讲授理论，导致尽管大课教师费力讲授，学生仍然一知半解。而后开展的实操训练小课，教师也不得不再次重复相关理论，帮助学生“补课”，造成了极大的教学浪费。接下来新内容的讲授均要以先学内容的重复展开为前提，如所有的播音创作训练都要从备稿开始，虽耗时多，重复讲，教学效果却仍不理想。再有，小课的训练是非线性的（即需要综合运用多个知识点来完成一次创作活动），往往是训练所需的关键知识点或是配套知识点由于大课还未讲授而无法进行，或是不得已将后面的知识点提前讲授以完成训练。

其次，分段式的教学安排与综合性的创作实践存在割裂倾向。传统上，播音创作基础的教学一般沿着“备稿—内部技巧—外部技巧”的思路进行，每个部分均是分段讲授的。这一安排，虽考虑了学习的有序性，却客观上使各个部分割裂开来，没有实际的内外部技巧的辅助，单纯的备稿学习就会失去实践操作的意义；没有外部技巧的表现，内部技巧的学习就会陷入空洞；没有备稿和内部技巧的铺垫，外部技巧的学习就会变得生硬和机械。比如，外部技巧中的“节奏”运用的着眼点是篇章，“语气”运用的着眼点是语句，节奏调控的基础是语气的变化，离开语气的变化作品节奏就无从谈起，而单独语句的语气变化如果没有篇章节奏贯穿，也会是局部的、无序的。还有，内部技巧“内在语”是靠外部技巧“语气”来体现语句关系和语句内涵的。这些关系可以分步、分段解决，但如果分步、分段时不能举一反三、温故知新，就会顾此失彼，使知识割裂。

尽管这些问题都是我们尽量避免的，但在以往的教学中仍时常出现。

基于这样的现状，本教材力图建立一个新的教学思路以期解决这些障碍。在理论讲解上，使各个本有交叉、相互联系的知识点能联结起来形成更体系化、条理化的“知识点群”，提高理论学习的效率；在实操训练上，使每一章节都包含理解、感受、表达的全过程，学生可独立承担完整的播音创作训练，提高实操训练的效率，最终使课程的设置能更适应和体现播音创作活动的教学规律和实践规律。

第一，教学内容的非线性安排。本教材把以往的备稿六步、内部技巧、外部技巧按步骤展开的线性教学思路，改为按播音主持实践中创作者从拿到稿件后的理解、感受、表达过程和实际运用以上技巧编排的非线性教学思路。解决了以往不学完全部教学内容就无法进行实操训练（实际现在的播音实操训练是与理论教学不同步的）的问题。

第二，教学思想的重实践倾向。这样的教材编排是在长期教学实践中不断摸索总结出来的，重基础、重训练、重实践是其突出特点。每一章节的讲解均配有相应的训练内容并给予相应的训练提示，并在每章末尾提供了一定量的额外训练稿件。希望学生能通过一本教材既解决理论问题又解决实践操作问题，特别是经过大量训练后，能较为熟练地掌握播音主持创作的一般规律和方法。本教材定名为“实用基础”，正是强调了其应用性。

第三，教学目标的聚焦倾向。考虑到内容设置的精确性和有效性，本教材以创作主体的创作活动为切入口，聚焦如何进行播音主持创作这一问题，将创作的全过程进行分解，按实际操作的流程进行讲解，再辅以必要的训练提示和训练稿件,力图为学生树立起正确的创作观,帮助学生掌握播音主持创作的技巧和诀窍。

(二)学习方法

1. 一切从内容出发

作为艺术作品的两个重要组成部分,内容和技巧是相互交融的,既没有无技巧的内容,也没有无内容的技巧。本教材中会有针对性地介绍相关的表达方法和表达技巧,同时也对思路和重点做了一些调整。但是,在面对内容与技巧时,内容永远是第一位的,所有的技巧和方法都是使内容可以更好地为表达而服务,这是一切技巧学习的起点和落脚点。失去了内容的技巧,就会陷入故弄玄虚、虚张声势,为技巧而技巧、为表达而表达的窠臼中去,最终只会离表情达意的目的越来越远。

2. 善于综合运用

综合运用的学习方法源于播音创作实践的要求。一次播音创作活动涉及理解、感受、表达三大块内容,涉及对逻辑思维、形象思维、交流思维三大思维方式(更不用说每一项大的内容还能再细分出更多小的内容)的综合运用。这就要求我们必须要有全局的观念和综合运用的能力,将这些庞杂的知识体系融会贯通,将它们用恰如其分的有声语言形式表现出来,传达出去。

为便于理解,本教材教学内容的讲解是独立成章、分门别类的,但丰富多彩的世界、各式各样的稿件、个性迥异的播音创作主体决定着播音创作理论和技能的运用不是平面的而是立体的,不是僵化的而是灵活的,不是单一的而是综合的。在学习时一定要克服将所学内容看成一个个独立板块的倾向,而是要充分考虑到播音创作的综合性和整体性。即便是就某一内容进行针对性学习时,也不能忽视其前后的知识点,不能将知识点群中内在的联系人为地割裂开来。

3. 勤学苦练,持之以恒

“业精于勤,荒于嬉”,任何学习都不是一蹴而就的,对于播音主持创作来说尤其如此,收放自如、随心所欲的扎实的播音创作能力是以刻苦的学习和持之以恒的训练为前提的。播音创作基础的内容比较庞杂,需要掌握系统的理论知识并进行大量训练,没有刻苦的精神和坚持的毅力是难以学好的。这既包括课上认真听讲、积极思考,也包括课下自己“大运动量”的配套练习,还包括日常进行广义备稿的学习,唯此,才能提升自己的播音创作水平。

4. 既要动口,更要动脑

动脑就是要求我们在学习时,不要被动地接受知识,机械地进行训练,而要主动思考和研究。播音与主持艺术的学习绝不是单纯的动口就可以的,还要充分开动脑筋，学会举一反三。在以往的教学中，很多刻苦用功的学生日夜苦练却收效甚微，究其根源就是“用功不得法”——忽视了思考的重要性。

正确的学习方法，可以让我们省去很多低质量、重复性的劳动，进而更有效地掌握播音创作的基本规律和实践技巧，达到事半功倍的效果。

二、本教材的编排

本教材除绪论概述了播音创作理论外，全书按内容分为上、中、下三编。

前三章为上编，从宏观整体角度讲解了把握稿件的三种重要的思维方法（逻辑思维、形象思维、交流思维）及其训练路径，具有纲领性的意义。

第四章至第九章为中编，从不同角度讲解内外部技巧的具体、综合运用。其中，第四章和第五章，着重介绍了稿件的层级关系，并将其中重要的语句内部的层级关系（继承了外部技巧“停连”的内涵，又赋予其“语句内部层次”的意义）单辟一章，重点讲解；第六章和第七章，着重介绍了稿件重点，并将其中的语句重点（继承了外部技巧“重音”的内涵，又不止于技术层面的技巧）单辟一章，重点讲解；第八章和第九章，着重介绍了语言表达具体形式和起伏变化的节奏。每章都聚焦于解决播音创作中的难点，是必须要掌握的内容。

第十章和第十一章为下编，是应用延伸部分，将前两编的内容延伸到实际操作的不同应用情景中。其中，第十章着重讲解了不同的文体和语体，第十一章着重讲解了播音创作的状态以及获得良好状态的路径。这一方面可以将非线性讲解的各章理论精华置于实际的应用中加以融会贯通；另一方面，文体与语体的表达和创作状态的调整等内容，可以在一定程度上解决“文体表达”课程缺少教材的问题，也可以对近年来多数院校不再设置该课程的缺憾进行补益。

上　编

第一章　播音创作的逻辑思维

逻辑思维，是指以概念、判断、推理等思维类型反映事物本质与规律的思维形式，是一种确定的、有条理、有根据的思维，又称抽象思维。逻辑思维具有规范、严密、确定和可重复的特点，有助于我们正确认识客观事物，准确表达思想。

运用逻辑思维是进行播音创作的重要方法。播音员主持人对稿件进行逻辑分析和抽象，确定稿件的精神实质和逻辑链条，最终选择适当的表达手段准确地传达稿件内涵。面对信息庞杂的稿件，如果没有逻辑思维的归纳、总结、分析、抽象，就很容易陷入“细节的汪洋大海”中，将稿件处理得“支离破碎”。

运用逻辑思维把握稿件，也是新媒体环境下从事播音主持工作的客观要求。在“人人都是麦克风”“人人都有话语权”的网络时代，传播者和受众之间的界限日益模糊。随着传播准入门槛的降低，大量爱好者涌入播音主持行业一展身手。面对激烈的竞争，需要播音员主持人发挥专业优势、提高播出效率和质量，用准确清晰、悦耳动人的有声语言将稿件的深层内涵和精神意蕴表达出来。

运用好逻辑思维，播音员主持人才能以更高远的视角统领全文，用更明晰的条理把握全文，用更积极的创作状态吸引受众，从而产生最佳的传播效果。

第一节　提炼稿件的中心思想

一、中心思想是稿件的灵魂

任何题材、体裁的稿件，都有一个明确的中心思想。它或体现作者态度，或体现作者个性，是提纲挈领的道理，是作者在文章中努力阐明的中心议题。

稿件的中心思想，是贯穿全篇稿件的主干，稿件的篇章内容都是在为中心思想服务的，因而，抓住中心思想是播音创作主体把稿件播得准确、形象的前提和关键。

稿件的中心思想，是统领全篇稿件的灵魂，稿件的精神实质和思想意蕴主要通过中心思想来体现，因而，抓住中心思想是播音创作主体把稿件播得生动、有神的基础和保证。

在播音创作中，要时时把握稿件主干，紧密围绕主题。将稿件内容统一到中心思想上，用稿件主干引领语言走向，用主题统摄感情变化，使受众在接受信息的同时清楚地了解到这篇稿件或这位播音员主持人究竟想说什么，在说什么。

在播音创作实践中，要避免“只见树木不见森林”式的表达方式。初学者往往会陷入一个个具体的句子甚至词语的“海洋”中，播起来一个字挨着一个字，一个词挨着一个词，一句话挨着一句话，看似工整，却没有连贯性和完整性，播的人糊涂，听的人更摸不着头脑。

要想避免“一叶障目”的窘境，做到“不畏浮云遮望眼”，就得苦练抓住中心思想的基本功。播音创作主体从事的是有声语言再创作工作，不仅要使稿件各个部分播得准确，更要确保稿件的总体表达准确，不仅要使稿件的层次脉络播得准确，更要确保稿件的精神实质表达准确，从而让受众快速、清晰地理解稿件所传达的信息。

当然，中心思想并不全是直接在文章中写出来的，除了某些特定稿件外（如寓言故事、新闻评论等），多数稿件的中心思想需要对稿件内容进行分析与综合、分类与比较，进而归纳概括得出。

例 1.

“美丽中国·精彩丝路”摄影展在悉尼开幕

人民日报消息，日前，由中国驻悉尼旅游办事处和人民网澳大利亚公司联合主办的“美丽中国·精彩丝路”中澳摄影家作品展在悉尼世界广场拉开帷幕。在为期两天的展览中，一幅幅展现丝绸之路风采神韵的摄影作品吸引了大批本地市民和各国游客观看，并获得了高度评价。

现年 68 岁的约翰·亨特表示，自己曾在年轻时去过中国西部的新疆等省份，一幅幅西域丝绸之路的照片唤起了他的回忆。他感叹丝绸之路的自然风光恢宏大气，并且承载了文化交流和经济往来的历史重任。他很希望有生之年能再次去中国游历一番，感受中国西部的现代风貌。

带着妻子和两个孩子前来观展的蒂姆·利特尔顿表示，之前只听说过丝绸之路，而这次影展向他们揭开了丝绸之路的神秘面纱。他提到，照片之中独具特色的洛川蹩鼓让人印象深刻，从来没有机会观赏过这种表演形式，非常期待可以带着家人一起去中国，领略不同的风土风情。

据悉，影展期间共有近 20 万民众来到悉尼世界广场观展，现场中澳人民相互交流，气氛热烈。

（人民网 2015 年 7 月 28 日）

《“美丽中国·精彩丝路”摄影展在悉尼开幕》播音：大卫

以上稿件的中心思想是通过海外摄影展展示我国“一带一路”沿线城市群的风貌，为“一带一路”倡议起到造势作用。对于该稿件的读者而言，影展参观者的具体情况并非十分重要，只是衬托了摄影展的影响，没有必要细腻展示，而展览举办整体背景的介绍（导语）和参观人数众多、气氛热烈的情况（结尾）才是稿件中心思想的体现。只有把握住这一点，才不会把稿件主体部分讲述得过于细致，影响稿件中心思想的传达。

二、归纳中心思想的方法

（一）提纲挈领寻找中心思想

如何准确高效地找到稿件的中心思想？总的来说，就是要提纲挈领，即着眼于稿件的行文特点和重点句段，将中心思想“拎”出来。找到了中心思想，就能节省备稿时间，提高工作效率，更准确、鲜明地传达稿件的主旨。

一般来说，在篇幅较为短小的叙述性稿件中，开头和结尾是较集中表达稿件中心思想的地方，在浏览稿件时需要对文章的开头结尾多加关注。特别是新闻消息稿件开头部分的导语，往往是该新闻的中心主旨所在。例 2 的中心思想提炼就是比较好的例子，其注重开头和结尾的写作特点非常明显。

例 2.

层次	原文	分析	中心思想
导语	新华网北京1月19日电 新一轮冰冻灾害使南方遭遇冰冻灾害的多个省市雪上加霜。**冰冻灾害正在迅速蔓延，各地各级部门正在全力应对冰雪灾害天气。**	开门见山地说明了南方正在经历冰雪灾害和正在抗灾的动态。	通过新一轮冰冻灾害正在迅速蔓延的事实和动态报道，使民众知情并增强抗灾信心。
主体	18号夜间持续至19号上午的强降雪导致贵州高速公路路面积雪，部分高速公路由警车开道，缓慢通行。贵阳龙洞堡国际机场因雪灾暂时关闭。 记者从贵州省公安厅交警总队了解到，截至19号11点，贵黄高速、沪昆高速清镇段、沪昆高速贵新段、沪昆高速凯麻段、沪昆高速玉凯段、兰海高速崇遵段仍在下小雪，有的路面积雪达2~3厘米，车辆通行缓慢。	对灾害的具体描述。	
结尾	湖南省正在遭遇多年罕见的降雪天气。湖南省气象台的最新监测数据表明，18号8点到19号8点，湖南省内持续前一天的暴雪天气，20个县市的降雪量超过10毫米，达到暴雪量级。同时冰冻灾害也迅速蔓延，由前一天的1个县市扩展到22个县市。目前，**湖南各级部门正在全力应对冰雪灾害天气。**	概括说明了湖南省的受灾状况，以及该省应对冰雪灾害天气的情况。	

（新华网 2011 年 1 月 19 日）

新华网 2011 年 1 月 19 日消息，播音：孙阳抓住了这篇稿件的一头一尾,就能比较迅速、准确地解读新闻。播音员主持人只有弄清稿件的中心思想,才能使受众在获得灾害天气具体信息的同时,树立抗击冰冻灾害的信心,达到良好的传播效果。

(二)字里行间挖掘中心思想

稿件的中心思想是从稿件中提炼出来的。前文提及,有的稿件的中心思想一目了然,能够比较容易地寻找出来;而更多稿件的中心思想,需要播音员主持人在通读稿件全篇之后,一点点推敲、一点点挖掘,最终归纳、总结、提炼出来。

归纳稿件中心思想的过程是一个快速阅读的过程,在阅读过程中,把分散在字里行间的碎片化的主旨提取出来,在脑海中拼接、提炼,从而形成中心思想。这需要播音员主持人积累大量的阅读经验,不断实践,最终熟能生巧。

对于叙述类稿件,归纳中心思想,实际上就是找出最有传播价值也就是受众最想知道的核心信息。在播音创作时,要把有声语言表达的重点集中在这个核心,运用各种表达技巧对其进行适当突出和强调,其余部分则一带而过即可。这样既可做到重点突出、主旨明晰,又可做到详略得当、主次分明。

对于有抒情意味或者表达作者某种独特观点的稿件,归纳中心思想则稍微复杂一些。不能主观臆断、凭空想象,要结合上下文进行"显微镜式"的分析,敏锐地捕捉稿件背后的观点、情感,最终将有用信息归纳总结出来。

例 3.

五月九号,来自全国的一批遗传和生理学家,在南京农业大学观看了利用籼稻原生质体培养出来的三十株再生绿色植株。他们称赞说,我国禾谷类生物工程研究又获新的突破。

科技新闻一则,播音:大卫

籼稻种植在我国和世界都占有很大面积,利用籼稻遗传工程来改善籼稻的品质,是各国多年来进行研究的重要课题,但由于籼稻原生质体的培养比较困难,在这之前都没有取得突破性的进展。

南京农业大学中年教师杨世湖,于 1986 年开始这项研究工作,他首先建立能游离出富有活力的原生质体的悬浮培养物,较好地解决了分离原生质体的材料问题;又研究出 y-8 原生质体的培养基,解决了原生质体的分裂;其后又筛选出适宜原生质体的培养方法"混合看护培养法",提高了原生质体的分裂频率;找到了培养基与各类激素试剂的合理组合,使原生质体进一步培养出完整的绿色植株,并移栽成活。

籼稻原生质体的培养成功,不仅加快了利用生物工程改良籼稻的实用进程,而且对其他禾谷类植物原生质体的培养技术的建立也有指导意义。

（摘自关山等著:《播音·主持语言训练教程》,天津人民出版社 2001 年版，第 189 页）

初读稿件,只觉得这是一篇科技成果的报道,但在字里行间搜寻,会发现两个词语:籼稻和原生质体。在各国科学家经过多年研究都没有取得突破性进展的领域取得科研成果,不仅是我国农业和科研领域的成就,也是对人民生活保障和食品质量提高的重大贡献。因而,中心思想“科研+生活”的内涵被挖掘出来。

再如,《人民日报》记者陈伟光的通讯《外来工总支委员的一天》(第四章例 9),表面上记述了外来工王永全一天的生活,但字里行间透露出民主、民生的主题,这才是本篇稿件需要深挖的中心思想。

综上,稿件是播音创作的依据,中心思想必须从稿件中归纳、抽象,从字里行间找寻、挖掘。

（三）结合时代背景考量中心思想

考量稿件的时代背景,是准确把握稿件中心思想的另一个重要方法。有些稿件创作的年代久远,有可能出现稿件的文字表象和创作的深层寓意不一致甚至相互矛盾的现象,因而将稿件置身于具体的时代背景中,可以更准确地还原作者的创作意图,使中心思想的归纳更准确,理解更深刻。尤其对于初学者来说,要避免把注意力过多集中在稿件具体字、词、句的表达上,而忽略字词背后的历史含义。

在理解稿件时,要注意综合分析不同时期流传下来的稿件的时代背景、创作背景、政治背景、人物背景,多角度、全方位地还原作者的所思所想、所感所悟,才能把握稿件的真正内涵。

例 4.

白杨礼赞

茅　盾

白杨树实在不是平凡的,我赞美白杨树!

当汽车在望不到边际的高原上奔驰,扑入你的视野的,是黄绿错综的一条大毯子;黄的,是土,未开垦的荒地,几十万年前由伟大的自然力堆积而成的黄土高原的外壳;绿的呢,是人类劳力战胜自然的成果,是麦田,和风吹送,翻起了一轮一轮的绿波——这时你会真心佩服昔人所造的两个字“麦浪”,若不是妙手偶得,便确是经过锤炼的语言的精华。黄与绿主宰着,无边无垠,坦荡如砥,这时如果不是宛若并肩的远山的连峰提醒了你,你会忘记了汽车是在高原上行驶,这时你涌起来的感想也许是“雄壮”，也许是“伟大”，诸如此类的形容词，然而同时你的眼睛也许觉得有点倦怠，你对当前的“雄壮”或“伟大”闭了眼，而另一种味儿在你心头潜滋暗长了——“单调”。可不是，单调，有一点儿吧？

然而刹那间，要是你猛抬眼看见了前面远远地有一排，——不，或者甚至只是三五株，一二株，傲然地耸立，像哨兵似的树木的话，那你的恹恹欲睡的情绪又将如何？我那时是惊奇地叫了一声的！

那就是白杨树，西北极普通的一种树，然而实在是不平凡的一种树！

那是力争上游的一种树，笔直的干，笔直的枝。它的干，通常是丈把高，像加以人工似的，一丈以内，绝无旁枝；它所有的丫枝一律向上，而且紧紧靠拢，也像加以人工似的，成为一束，绝不旁逸斜出；它的宽大的叶子也是片片向上，几乎没有斜生的，更不用说倒垂了；它的皮光滑而有银色的晕圈，微微泛出淡青色。这是虽在北方风雪的压迫下却保持着倔强挺立的一种树。哪怕只有碗那样粗细，它却努力向上发展，高到丈许，二丈，参天耸立，不折不挠，对抗着西北风。

这就是白杨树，西北极普通的一种树，然而决不是平凡的树！

它没有婆娑的姿态，没有屈曲盘旋的虬枝，也许你要说它不美，如果美是专指“婆娑”或“旁斜逸出”之类而言，那么，白杨树算不得树中的好女子；但是它伟岸，正直，朴质，严肃，也不缺乏温和，更不用提它的坚强不屈与挺拔，它是树中的伟丈夫！当你在积雪初融的高原上走过，看见平坦的大地上傲然挺立这么一株或一排白杨树，难道你觉得树只是树？难道你就不想到它的朴质，严肃，坚强不屈，至少也象征了北方的农民？难道你竟一点也不联想到，在敌后的广大土地上，到处有坚强不屈，就像这白杨树一样傲然挺立的守卫他们家乡的哨兵？难道你又不更远一点想到这样枝枝叶叶靠紧团结，力求上进的白杨树，宛然象征了今天在华北平原纵横决荡用血写出新中国历史的那种精神和意志？

白杨不是平凡的树。它在西北极普遍，不被人重视，就跟北方农民相似；它有极强的生命力，磨折不了，压迫不倒，也跟北方的农民相似。我赞美白杨树，就因为它不但象征了北方的农民，尤其象征了今天我们民族解放斗争中所不可缺的朴质，坚强，力求上进的精神。

让那些看不起民众，贱视民众，顽固的倒退的人们去赞美那贵族化的楠木，去鄙视这极常见，极易生长的白杨吧，我要高声赞美白杨树！

《白杨礼赞》写于 1941 年 3 月，处于抗日战争的相持阶段，日本帝国主义加紧了对国民党的诱降。国民党反动政府阴谋制造了“皖南事变”，进犯抗日根据地，日寇也肆无忌惮地向我敌后根据地进行疯狂扫荡。面对严酷的现实，全国人民特别是抗日根据地军民毫不妥协，坚持抗战。

作者从抗日根据地的人民身上看到了中华民族的前途和希望，精神振奋、满怀激情地写下了《白杨礼赞》这篇散文。由于当时作者生活在国民党统治区，没有言论自由，不能直抒胸臆，所以采用含蓄的象征手法来表达自己的思想感情，热情歌颂共产党领导下的抗日军民和中华民族英勇不屈的斗争精神。

了解了时代背景，我们就不会仅仅停留在对白杨树本身的赞美上，而能提炼出这篇散文的中心思想——通过对白杨树的描写，以昂扬的革命激情，歌颂了在中国共产党领导下坚持抗战的北方军民，及其所代表的中华民族质朴、坚强、力求上进的精神。

可见，仅从文章本身归纳中心思想是不够的，也不能只是“就稿件言稿件”的浅层理解，这可能会偏离真正的写作目的，而应将稿件置于时代背景的大语境中去考量、分析，揣摩作者在写作时的心理状况，才能准确中心思想，进而运用恰当的表达技巧还原当时的情景，取得最佳的表达效果。

“一千个读者心里就有一千个哈姆雷特”，每个人不尽相同的知识结构、人生经历以及审美趣味，会影响播音创作者对同一篇稿件的解读，应当尊重和承认这种差异的存在，但这并不意味着可以对稿件随意解读、任性创作。稿件本身的规定性，直接制约着播音创作者的创作空间。面对相同的稿件，可能会出现态度的轻重、情感的浓淡、表达的尺度等差异，但播音创作者对于稿件所呈现出的基调的感受大体应是一致的。

第二节 理清稿件的脉络关系

准确把握稿件的本质，不仅要归纳稿件的中心思想，还要在此基础上理清稿件的脉络关系。稿件的脉络关系，指的是稿件的各部分内容围绕中心思想、按一定逻辑线索呈现出来的层次和结构。中心思想是稿件的灵魂，脉络关系是稿件的线索。理清稿件的脉络关系，进行播音创作时就能达到纲举目张、事半功倍的效果。

一、脉络关系是稿件的线索

如果说体现了稿件目的的中心思想是稿件的灵魂，那么，稿件的脉络关系就是贯穿稿件的主要线索，通过稿件各个部分的层次结构有序展开，统领了稿件的走向。稿件的中心思想是依靠整体脉络关系来实现的。

例 5.

层次	原文	分析	脉络
导语	今明两年内，本市要改造或新建成近100座现代化的环保型垃圾压缩转运站，彻底解决垃圾楼二次污染和扰民问题。	事件：改造成新建环保垃圾楼。 意义：好（解决污染扰民问题）；多（近100座）；快（两年内）。	总述
背景	和传统的垃圾楼相比，每个垃圾压缩站内，都配备有密闭的垃圾压缩转运箱，不仅能够彻底解决在垃圾收运过程中的抛撒滴漏，而且能确保垃圾站内没有臭味，没有噪声，没有污水渗漏的污染。	意义：解决污染扰民问题（与导语中“现代化”“环保型”“彻底解决垃圾楼二次污染和扰民问题”——“好”相呼应）。	分述
主体	目前，在本市南开区鼓楼地区已经建成了一座新式现代化的环保型垃圾压缩转运站，不久就将正式运营。昨天，本市滨海新区汉沽也启动建设3座环保型垃圾楼，明年上半年就将建成并投入使用。随后，本市高新技术产业园区和中新生态城也将启动新式垃圾楼建设工程。	现状：已建成或在建及计划建设（与导语中“今明两年内”——“快”相呼应）。	分述
结尾	按照国家的统一要求，本市各乡镇都必须建设垃圾压缩转运站示范站。与此同时，本市还在加紧新建一批垃圾焚烧场和垃圾填埋场。	展望：普遍建设，配套建设（与导语中“近100座”——“多”相呼应）。	分述

（《天津日报》2011年10月21日）

《天津日报》2011年10月21日消息，播音：大卫

这则新闻消息呈总分结构，导语部分概括叙述新闻事实，背景、主体、结尾部分具体展开叙述。导语部分提出相关概念，如事件——建设环保型垃圾楼；时间——今明两年内；数量——近100座；意义——解决环保和扰民问题等。

背景、主体、结尾部分用具体事实证明，使导语所提出的概念具体化。

如：背景中“密闭”“压缩”“彻底解决”“抛撒滴漏”“确保”“没有臭味，没有噪声，没有污水渗漏的污染”，使导语中“环保”和“解决扰民问题”的概念性叙述具体化。

主体中“鼓楼”“滨海新区汉沽”“高新技术产业园区和中新生态城”等地名以及“目前”“昨天”“明年上半年”“随后”等时间，使导语中“今明两年内，本市要改造或新建成”的概念性叙述具体化。

结尾中“各乡镇”“都”使导语中“近100座”的概念性叙述具体化，“加紧新建一批垃圾焚烧场和垃圾填埋场”使新闻事件中的环保工程进一步延伸（配套工程）。

如此分析之后，整篇稿件的脉络就清晰起来，在此基础上的语言表达才能分合有致、重点突出、前后呼应，能更好地传达稿件内容。

稿件的整体脉络关系与稿件的层次、重点等因素密切相关，本书其他章节中还有具体讲述。

二、梳理脉络关系的方法

理清稿件的脉络关系、抓住稿件的主干线索，不仅能使有声语言表达更加清晰、准确，也便于受众在接收信息时能很快抓住稿件的重点和中心。

（一）着眼整体梳理脉络线索

一般来说，稿件中所有字词、语句、段落、层次都是体现稿件的写作目的，都是围绕中心思想展开的。因而，播音创作主体必须要用整体的、联系的眼光来看待稿件，才能准确把握其脉络。

在稿件准备阶段，要深入其中，仔细梳理文字语言的层次、段落、语句间的关系，从而提炼出稿件的中心思想。在有声语言表达阶段，要在中心思想的引领下，按照内在的脉络关系，将稿件中的语句、段落、层次通过二度创作转化为附着思想和感情的有声语言符号，从而使这些“声音”成为体现稿件思想感情的物质载体。

简言之，就是用稿件的中心思想引领稿件的脉络关系，再通过稿件的脉络关系落实中心思想。播音创作的过程不是简单地“码字”，稿件的每个文字符号都不是孤立存在的“碎片”，而是通过脉络关系联结为整体并为体现中心思想服务的。

例 6.

《巴西小伙唱花脸爱扮赤发鬼刘唐》播音：芬菲

巴西小伙唱花脸爱扮赤发鬼刘唐

原文	分析
来自巴西的30岁小伙卡洛斯在津居住3年，他一边在天津大学学习中文，一边跟着老师学习京剧，唱的是花脸，最爱扮演《水浒传》里的赤发鬼刘唐。**卡洛斯酷爱东方文化，也爱天津这个城市，**平时谁要是说天津不好，他还会跟谁急。	概况和背景：巴西小伙卡洛斯边留学边学京剧，唱花脸，最爱扮演刘唐；卡洛斯酷爱东方文化，也爱天津。

续表

原文	分析
看见卡洛斯的时候，他正在和京剧老师一边练武戏一边念戏里的对白。要是只听他的声音，你会认为他就是一个土生土长的中国人，因为他的中文实在了得，京剧对白字正腔圆。	采访情况和背景：正在学武戏和对白，卡洛斯中文水平很高。
卡洛斯在巴西是一名话剧演员，**因为酷爱东方文化，4年前来到中国，**在天津大学留学3年，主要学习中文。在他心目中，中国的京剧和巴西的足球是一样的出名，他学好中文很大程度上是为了能学好京剧。他先后拜了天津和北京多名京剧表演艺术家为师，目前师从中国戏曲学院的阎骏教授，学习京剧花脸。	背景：卡洛斯是巴西话剧演员，在天津大学学中文；他认为中国京剧和巴西足球同样出名，学中文是为学京剧；拜多名名师。
卡洛斯说，他学好京剧回国后，希望能成为一名文化类的记者，为中巴文化交流做些事情，让东方文化可以走进巴西，被更多的人接受和喜欢。	结尾：核心，卡洛斯希望成为文化记者，促进中巴文化交流和普及东方文化。

（《城市快报》2011年12月8日）

这篇稿件的标题突出了稿件中的一个细节：学习唱花脸并且爱扮赤发鬼刘唐。然而通过分析稿件可以看到这个细节不是稿件的中心思想。稿件还提供了其他丰富的细节作为事实材料和背景材料，而且背景材料所占比例较大，但这些材料本身也不直接体现稿件中心思想。体现中心思想的首先是导语中“卡洛斯酷爱东方文化，也爱天津这个城市”，紧接着交代热爱东方文化促使主人公学京剧（背景材料），最后在结尾由主人公直接道出：“为中巴文化交流做些事情，让东方文化可以走进巴西，被更多的人接受和喜欢。”稿件的中心思想成为联结稿件材料的脉络，使表面看来零散、无序的“碎片”成为有机整体。

在播音创作中，如果只看到标题和稿件的细节，没有挖掘出稿件的内涵，就会偏离中心思想、背离稿件目的。和有声语言不同，稿件书面文字所表达的含义往往要结合语境，而不能只看表面的意思。特别是稿件中的书面语言所不便表露、不能表露或没有完全表露出来和没有直接表露出来的“言外之意”“话外之音”，需要播音创作主体通过揭示稿件本质，用有声语言表达出来。

（二）前后照应梳理脉络关系

构成稿件的文字语言在稿件目的的引导下互相联系、前后照应，它们不是各种语言材料的随意堆积、机械相加，而是有机统一的整体。把握稿件的脉络关系，必须将各种相关联因素结合起来。在准备稿件的过程中理清脉络思路，靠的是寻找稿件中前后照应的逻辑链条，梳理出各个段落间的逻辑关系，从而形成准确、全面的播音创作思路。

例 7.

《天津北大港湿地迎来首批南迁候鸟》
播音:大卫

天津北大港湿地迎来首批南迁候鸟

层次	原文	分析
导语	新华社消息　随着我国北方天气逐渐转凉，天津北大港湿地目前已有不少南迁候鸟抵达。它们在栖息期间补充食物后将继续南迁，预计 10 月中下旬到 11 月之间北大港湿地候鸟的栖息数量将达到高值。	导语部分：目前不少候鸟南迁，10 月中下旬到 11 月达到候鸟栖息高值。
背景	从呼伦贝尔到渤海湾鸟类迁徙通道，是世界 8 条主要候鸟迁徙路线之一的东部迁徙路线重要组成部分。而以天津北大港湿地为代表的渤海西部，又是这一重要组成部分中关键的鸟类迁徙通道。	背景部分（体现必然性）：以北大港湿地为代表的渤海西部为候鸟迁徙关键通道。
主体	根据护鸟志愿者观测，目前湿地已经迎来了包括大雁、白鹭、苍鹭、骨顶鸡等雁鸭类、鹭类在内的 40 多种、约 4 万只候鸟。 据长期关注北大港湿地候鸟安全的志愿者王建民介绍，往年每年来此停歇、觅食、繁殖的候鸟达数十万只、140 多种，其中有 24 种是国家一、二级保护鸟类，有 17 种候鸟属于国际“非常重要保护意义”标准。 “随着内蒙古地区近日迎来降雪天气，南迁的候鸟会越来越多。”志愿者马井生说，预计本月中下旬，天鹅、东方白鹳、鹤类等大型涉禽种群将抵达湿地。而鸥类和野鸭群可能会集中到天津滨海新区的汉沽、北塘、中新天津生态城沿海一带的滩涂，并留在那里越冬。今年 3 月，志愿者们就曾观测到世界濒危候鸟遗鸥停留在汉沽沿岸的滩涂中，数量多达 1 万余只。	主体部分：既是事实介绍（目前现状及往年情况），又是推理（内蒙古地区天气会将候鸟迁徙的时间提前，观测到一批候鸟已经成规模到来），预测候鸟大量迁徙的必然性。
结尾	据介绍，由于曾经有过东方白鹳在这里被毒杀的事件，志愿者们对来此栖息鸟类的安全格外关注。除了来自京津冀的多支志愿者力量联合在北大港湿地巡护外，湿地周边还将建设观鸟台等设施，发现渔网也将及时清理。	结尾部分：志愿者关注、巡护并及时清理候鸟的安全隐患。

（新华社 2015 年 10 月 11 日）

本篇稿件为一则消息，结构划分较为简单。我们以此稿为例，梳理其脉络关系。

导语中不仅介绍了目前天津北大港湿地候鸟栖息的现状，而且预测未来将达到候鸟大量迁徙的高值。

背景介绍了候鸟迁徙的规律,即北大港湿地为代表的渤海西部为候鸟迁徙关键通道,体现其大量栖息的必然性,是对导语的证明。

主体部分包括目前现状(栖息候鸟品种数量)和志愿者对往年情况(每年栖息候鸟数量、品种、珍稀度)的介绍,以及候鸟迁徙条件(内蒙古地区天气状况)和早先的观测(3 月栖息候鸟情况),客观上预测了候鸟大量迁徙的必然性。

以上三部分,分别用事实现状和客观规律以及历史资料,反复证明了现在观测到的鸟类栖息情况的真实性和预测未来大量鸟类栖息的合理性,这就形成了一条完整的逻辑脉络。

而结尾部分,介绍了志愿者关注、巡护以及及时清理隐患预防意外的措施,减少了违反候鸟栖息规律、造成候鸟伤害的偶然性。

梳理清了这个逻辑关系,我们在进行播音创作的时候,就能做到脉络清晰、心中有数,增强播音创作的准确度、可信度。

(三)语句关系决定脉络走向

语句关系是逻辑思维的外化。稿件由语句构成,为达到写景叙事、说理议论、言志抒情的目的,语句之间必须具有逻辑性。语句的逻辑关系使稿件的脉络线索组成严密的链条,指引着有声语言表达的走向。播音创作主体要想通过有声语言表达让受众理解稿件的内涵,就需要理清语句之间的逻辑关系。

例 8.

让雷锋精神永驻

原文	分析
雷锋是实践社会主义、共产主义道德的楷模,**雷锋精神**是历久弥新的思想道德标杆,是始终镌刻在人民心中、引领道德风尚的永不褪色的光辉旗帜。湖南长沙作为雷锋的家乡,近半个世纪以来,不断挖掘雷锋精神的时代内涵,着力丰富学雷锋活动的内容形式、载体手段,持之以恒地推进活动开展,**让雷锋精神代代相传**,产生了良好的社会效果。	从"雷锋"到"雷锋精神"到"持之以恒",点明了"**让雷锋精神代代相传(永驻)**"的主题。
让雷锋精神永驻,**需要从点滴做起**。雷锋是从平凡小事做起的公民道德样本。学雷锋,学的是精神,见的是行动。从点滴做起,体现了细小处见真情,平凡中显伟大的真谛,人们更易认同、更易践行。**从点滴做起**,展示了春风化雨、润物无声的强大力量,贴近了实际、贴近了生活、贴近了群众,如若有心、俯拾皆是。**从点滴做起**,把握了积跬步以至千里、积小流以成江海的客观规律,利于优良道德品质在参与中养成,在实践中升华。**只有着眼小事,立足岗位,从现在做起,一步一个脚印,学雷锋才能真正落到实处**,内化于心、外化于行,使文明之举长存,道德之树常青。	总分总的脉络关系。总:"让雷锋精神永驻,**需要从点滴做起**。"分:两次"**从点滴做起**"起首,讲意义。总:"**着眼小事,立足岗位,从现在做起,一步一个脚印,学雷锋才能真正落到实处**"。

《让雷锋精神永驻》播音:孙阳

续表

原文	分析
让雷锋精神永驻,**需要人人参与**。雷锋是中华民族的道德脊梁,是全国人民学习的光辉榜样。学雷锋、做好事,人人可学、处处可为。党员干部要走在前列,率先垂范,年轻一代要发挥好骨干作用,争做雷锋精神传承者。**人人参与**,学雷锋就会形成千帆竞发、崇德向善的生动局面。**人人参与**,学雷锋就会源远根深,永葆生机活力。**只有我为人人、人人为我,人人都献出一点爱**,才会汇聚起共建美好精神家园、创造美好生活的强大力量,雷锋精神才能洒遍大街小巷、乡村田野,在群众中生根发芽、开花结果。	总分总的脉络关系。总:“让雷锋精神永驻,**需要人人参与**。”分:两次“**人人参与**”起首,讲意义。总:再次强调“**只有我为人人、人人为我,人人都献出一点爱**”。
让雷锋精神永驻,**需要持之以恒**。雷锋把有限的生命投入到无限的为人民服务之中,谱写了壮丽的人生诗篇,树起了不朽的道德丰碑。学习雷锋、弘扬雷锋精神,贵在常态坚持。**持之以恒**,就要摒弃浮躁和功利心态,彰显弘扬社会正气、推进道德进步的自觉担当。**持之以恒**,就要远离形式主义,认认真真抓,扎扎实实学,激发起人们对美好道德图景的不懈追求。**只有矢志不渝,做到工作长计划、常安排,给雷锋上“常住户口”,让每天都是“雷锋日”**,雷锋才不会“三月来四月走”,雷锋精神才能常学常新、发扬光大、永驻人心。	总分总的脉络关系。总:“让雷锋精神永驻,**需要持之以恒**。”分:两次“**持之以恒**”起首,讲意义。总:提出“**只有矢志不渝,做到工作长计划、常安排,给雷锋上‘常住户口’,让每天都是‘雷锋日’**”。

(《人民日报》2012年3月27日)

稿件以总分关系形成全篇总的脉络。总论部分提出“让雷锋精神代代相传”“让雷锋精神永驻”的中心论点(中心思想),分论部分各段首句都是“让雷锋精神永驻,需要……”与总论点相呼应。三个分论点“从点滴做起”“人人参与”“持之以恒”,分别论述“让雷锋精神永驻”的内涵和要求。理清了这个脉络关系,全文线索就明晰了。

稿件的各个分论点中,又分别以总分总关系形成排比句式。分别以“从点滴做起,展示了……”“人人参与,学雷锋就会……”“持之以恒,就要……”勾勒出各自段落的并列关系。

而各个意群(相关一组语句)内的语句之间的关系也要理清。如:论点“让雷锋精神永驻,需要从点滴做起”,论据:“雷锋是从平凡小事做起的公民道德样本”“学雷锋,学的是精神,见的是行动”“从点滴做起,体现了细小处见真情,平凡中显伟大的真谛,人们更易认同、更易践行”。

这样条分缕析地理清语句关系,稿件的脉络线索就清晰明朗,有声语言表达就准确生动，传播目的就能有效实现。

（四）词语线索串联脉络链条

语句关系是稿件脉络的具体体现，词语线索则是语句关系的具体体现。探究语句中某些词语的关系，可以让稿件的脉络关系更加清晰。

语句之间（包括层次之间）的关系，有时明显的有一组相关的词语作为线索。例 8 中的词语线索属于重复出现的词语，如贯穿总论和分论的“让雷锋精神代代相传”（总论），“让雷锋精神永驻，需要……”（分论）；再如分论中的“从点滴做起，展示了……”“从点滴做起，把握了……” 因为重复，才显示出语句之间的联系，成为语句关系（层次关系）的线索。

再如，同一句式中不相重复的词语也是重要的线索，即证明观点的关键词语。如“让雷锋精神永驻，需要从点滴做起”“让雷锋精神永驻，需要人人参与”“让雷锋精神永驻，需要持之以恒”，这三个在相同句式中不相重复的词语，恰恰是语句重点，在语句关系中起到重要作用。

值得注意的是，关联词是表现语句脉络关系的节点。比如，“只有……才能……”体现条件关系，“既……又……”体现并列关系，“或……或……”体现选择关系，“虽然……但是……”体现转折关系，“不但……而且……”体现递进关系等，也对迅速确定稿件前后文结构关系起到提示作用，抓住关联词是我们快速备稿的一个方法。

例 9.

岁　月

席慕蓉

好多年没有见面的朋友，再见面时，觉得他们都有一点不同了。

《岁月》
朗诵：芬菲

有人有了一双悲伤的眼睛，有人有了冷酷的嘴角，有人是一脸的喜悦，有人却一脸风霜；好像十几年没能与我的朋友们共度的沧桑，都隐隐约约地写在他们的脸上了。

原来岁月并不是真的逝去，它只是从我们的眼前消失，却转过来躲在我们的心里，然后再慢慢地来改变我们的容貌。

所以，年轻的你，无论将来会遇到什么挫折，请务必要保持一颗宽谅喜悦的心。这样，当十几年后，我们再相遇，我才能很容易地从人群中把你辨认出来。

这类随笔式散文往往是随着作者的意识流而结构的，看似随意写就、内容零散，但总会围绕作者某个观点而展开叙述。其中的关联词成为稿件逻辑关系的提示和“关节”，注意它在表现逻辑关系中的作用（不一定是强调、加重）就尤为重要。第一段是总写,引出话题:朋友们多年不见,发生了不同的变化。第二段,分别用三个“有人”(承接关系)具体说明朋友们都发生了何种变化。第三段,以“原来”(递进关系)一词为提示,继续分析发生变化的原因。第四段,以“所以”一词为开头,直接表露了文章的中心思想:不论遇到何种挫折,始终要保持一颗宽谅喜悦的心。这些关键词语所形成的线索,为我们梳理全文的脉络关系提供了重要的依据。

第三节　稿件的深度解读

抓住了中心思想、理清了脉络关系,就抓住了稿件的主要矛盾,为接下来的有声语言表达打下了良好的基础。但是仅有这个基础还不够,在播音创作中,对稿件的解读深度往往会决定创作效果所能企及的高度,甚至直接决定着播音创作的成败。这就意味着,在播音创作中,创作主体必须要深入挖掘稿件的内在意蕴,抓住稿件的深层内涵。

播音创作的一个基本要求,就是要让受众听得明白,也就是听播音员主持人的播音要比自己直接看文章、读报纸、上网浏览等更直接、更轻松,得到的信息量更大。要达到这个要求,播音员主持人就要学会深度解读稿件。

同时,随着传播技术和新兴媒体的快速发展,人们获取信息的渠道越来越多,了解事实真相的速度越来越快,受众对媒体传递信息的要求也越来越高。如果播音创作主体在有声语言表达过程中不能深刻揭示信息的内在意义,不能引发受众的深度思考,受众就可能会选择其他获取信息的渠道。因此,播音员主持人更加需要具备深度解读稿件的能力。

下面从三个方面来具体分析深度解读稿件的方法。

一、还原作者的创作意图

我们所说的创作意图,即指稿件作者在作品中想要表达的主题思想以及想要达到的效果。它是整篇稿件的核心和灵魂,是进行播音创作的重要依据。通过认真阅读、仔细分析,就可以明确作者写了什么、为什么写、写给什么人、要起到什么效果、达到什么目的,进而还原作者的真实创作意图,准确地给播音创作“定调”。如例4《白杨礼赞》,我们从作者对白杨树的赞美中,深刻解读出了中国北方农民在共产党领导下坚持抗战和力求上进的精神。

初学者很容易忽视作者的创作意图而陷入“见字出声”的泥淖里，把稿件割裂为一个个具体的句子甚至词语，机械性地一字一句地把文字语言“翻译”成有声语言，这是大错特错的。只凭字词的表面意思就进行播音创作，不仅不能准确表达文章的内涵，反而会干扰受众对稿件的理解，甚至起到误导的作用。

例 10.

广州市从 8 日起取消亚运公共交通全民免费措施，改为发放交通补贴。都说地铁改变生活，亚运会开幕前的广州人因为免费的公共交通服务感受到了地铁前所未有的拥挤。作为“亚运惠民项目”的十大措施之一的免费公交本是一件皆大欢喜的事，既环保又是向市民派送的公交红包，是亚运期间广州市政府提供公共服务的亮点。遗憾的是，经过一周的检验，好心好意的红包献礼却弄巧成拙，不仅使得地铁超负荷运营，客流控制成为常态，更让以地铁出行的市民叫苦不迭。

（《南方日报》2010 年 11 月 16 日）

《南方日报》2010 年 11 月 16 日消息，播音：孙阳

这则消息指出，广州市惠民政策的出发点是好的，但由于考虑得不够成熟，使“免费公交”政策只维持了一周就草草结束。看似批评政府，实则有着更深的寓意：希望政府通过这次不成功的惠民政策能够总结经验，在履行公共服务职责的时候考虑得更周详。因而，在处理这条新闻时，既不是“高唱凯歌”地一味夸张颂扬，也不是板着面孔批评市政府的措施，而应以平和的心态、平稳的语气就事论事。

无论什么形式内容的稿件，搞清楚作者的创作意图是确定中心主旨的前提，在此基础上的播音创作才有现实依据，才能最大程度地贴近稿件的精神实质，才能尽量客观地呈现文章的内涵。尤其是刚刚走上工作岗位的青年播音员主持人，更要在备稿时注意了解作者的创作风格和意图，不能仅凭自己的主观想法就匆忙地张嘴出声，导致自己的播音创作肤浅化、表面化甚至闹出笑话。

二、联系稿件创作背景

从字面上看，朱自清先生的散文《荷塘月色》（全文见本章例 12），无非是描写一位文人在宁静的月夜独自欣赏美景的所见所感，很容易使不了解散文写作背景的人，用虚声和较弱的气息把握文章，以此突出月夜的“安静”。

然而，散文开篇就提到了作者心中的“不宁静”。朱自清为什么忧心忡忡独

自在荷塘散步？唯有结合文章的历史背景才能找到深度解读出这篇稿件的“题眼”。《荷塘月色》写于 1927 年 7 月，就在同年 4 月 12 日执政府打响了屠杀的枪声，国家处于忧患之时，而朱自清本人也纠缠在父子关系、继母子关系的矛盾之中，这些都是他心里“不宁静”的原因。朱自清作为一位感性的文人，在文章中表达了对动荡不安现实的彷徨和逃避。

我们在解读这篇散文时，要综合国家严峻形势的时代背景、朱自清复杂代际关系的家庭背景和浪漫主义人生观的个人背景这三方面，就能体会到《荷塘月色》既非具有高政治觉悟的鸿篇巨制，不必拔高到民族存亡、国家兴衰的高度，也不是只糅杂了家庭琐事的散文小品，不能只从朱自清个人的情感出发来解读，而应当突出那一代文人精神上的孤独和无奈。了解了这些再去品读《荷塘月色》，才接近了朱自清当时的心境，也才能比较准确地呈现稿件背后的意义。

解读稿件的历史背景，不仅仅是对稿件写作年代的宏观、整体的历史背景的探究，还应该包括对作者本人成长环境、个人经历的探查。

另外，稿件播出时的背景也会影响播音员主持人对稿件的深度解读。

再如，通讯《外来工总支委员的一天》表面看只讲述了一个社会底层的保洁员当选村党总支委员的趣事。而联系到改革开放后外来人员流动的现实，外来人口本地化所体现出的物质保障、人文关怀，特别是外来人口融入本地后参与基层组织选举、管理等所彰显出的民主政治，回击了西方媒体对我国民权、民主制度的不实报道和不当批评，就应该认识到，稿件所讲述不仅是一件趣事，而是一件来源于基层、真实可信、具有深刻意义的事件，不但体现了民生，更体现了民主，可以说是寓理于趣。对于这篇稿件，在播音创作中既要娓娓道来，使故事引人入胜，又要抓住其中的寓意，起到引导舆论的作用。

三、探究字里行间的细节

在播音创作中，探究稿件字里行间的细节，能更精细、准确、深入地解读稿件。把那些看似不重要的细节，特别是被文字语言忽略而需要着重交代的地方，用有声语言呈现出来，会增加稿件的信息含量，提升有声语言表达的质量。

探究稿件字里行间的细节，主要是应用于那些描写比较抽象、思想比较隐晦、寓意比较深刻的文章。借景抒情、借古讽今、一语双关是这类文章的特点，也是使文字语言生动活泼、富于气韵的重要手段。在播音创作时要特别留意稿件文字之外的含义，运用有声语言技巧把“言外之意”“话外之音”巧妙地表现出来。

例 11.

孔乙已是站着喝酒而穿长衫的唯一的人。他身材很高大;青白脸色,皱纹间时常夹些伤痕;一部乱蓬蓬的花白的胡子。穿的虽然是长衫,可是又脏又破,似乎十多年没有补,也没有洗。他对人说话,总是满口之乎者也,教人半懂不懂的。因为他姓孔,别人便从描红纸上的"上大人孔乙己"这半懂不懂的话里,替他取下一个绰号,叫做孔乙己。孔乙己一到店,所有喝酒的人便都看着他笑,有的叫道,"孔乙己,你脸上又添了新伤疤了!"他不回答,对柜里说,"温两碗酒,要一碟茴香豆。"便排出九文大钱。他们又故意的高声嚷道,"你一定又偷了人家的东西了!"孔乙己睁大眼睛说,"你怎么这样凭空污人清白……""什么清白?我前天亲眼见你偷了何家的书,吊着打。"孔乙己便涨红了脸,额上的青筋条条绽出,争辩道,"窃书不能算偷……窃书!读书人的事,能算偷么?"接连便是难懂的话,什么"君子固穷",什么"者乎"之类,引得众人都哄笑起来:店内外充满了快活的空气。

鲁迅的《孔乙已》是家喻户晓的名篇。在这部作品里,作者用诙谐幽默的语言描绘了旧社会吞噬一个知识分子的辛酸故事。以上片段借一个酒店小伙计的眼,描写了孔乙已在店里遭众人奚落的尴尬场景。从整体上看语言生动诙谐,同时在细节处又流露出种种耐人寻味的信息,充分显示了鲁迅深刻的洞察力和高超的遣词造句水平。例如"孔乙已是站着喝酒而穿长衫的唯一的人。"这其实是对孔乙已身份的准确概括——穿长衫说明他的"读书人"身份,站着喝酒又说明了他经济上的窘迫,同时也讽刺了在新旧时代的转型期那些死守旧规则、不能与时代俱进的人。在表达这句话时,"唯一"并不是强调的重点,而"站着"喝酒、穿着"长衫"才是体现孔乙已尴尬身份的关键。可见,如果不研究稿件字里行间的细节,关键信息很有可能被忽略了。

再如前文提到的通讯《外来工总支委员的一天》中的一些细节,如"有节奏的扫地声",既表现了外来工王永全的身份职业,又体现了他劳动时舒畅的心情;又如"住在村里提供的一套外来人口公寓里,房租和水电费全免,每月有 2 000 多元收入,老王对现在的生活十分满意,'感觉自己是胜山人了'",鲜明生动地写出王永全的幸福小康生活和悠然心态;还有,"走进门厅,老王爱看看'胜山头村党总支'公示栏,那里有一张他的 2 寸标准照,是老王亲自贴上去的,照片下方写着:'王永全职责:村子环保;协助村里其他事务。'"这些细节把"王永全职责"高于"王永全荣誉"的内涵不露声色地传递出来。

第四节　例稿解析和练习材料

一、例稿解析

例 12.

荷塘月色

朱自清

原文	解析
这几天心里颇不宁静。今晚在院子里坐着乘凉，忽然想起日日走过的荷塘，在这满月的光里，总该另有一番样子吧。月亮渐渐地升高了，墙外马路上孩子们的欢笑，已经听不见了；妻在屋里拍着闰儿，迷迷糊糊地哼着眠歌。我悄悄地披了大衫，带上门出去。沿着荷塘，是一条曲折的小煤屑路。	播读之前，应沉浸在朱自清当时的心境中。注意分号前后是一组对比，要表现出“墙外”和“屋里”的空间距离。
这是一条幽僻的路；白天也少人走，夜晚更加寂寞。荷塘四面，长着许多树，蓊蓊郁郁的。路的一旁，是些杨柳，和一些不知道名字的树。没有月光的晚上，这路上阴森森的，有些怕人。今晚却很好，虽然月光也还是淡淡的。	强调夜晚“更加寂寞”，看似写景，其实是作者心境的描写。从“荷塘四面”开始，是一组景物的描写，特别注意描述方位感的词语，充分利用想象力，把荷塘周围的环境表达到位。
路上只我一个人，背着手踱着。这一片天地好像是我的；我也像超出了平常的自己，到了另一世界里。我爱热闹，也爱冷静；爱群居，也爱独处。像今晚上，一个人在这苍茫的月下，什么都可以想，什么都可以不想，便觉是个自由的人。白天里一定要做的事，一定要说的话，现在都可不理。这是独处的妙处，我且受用这无边的荷香月色好了。	心理独白似的语言，是在复杂的家、国背景下无奈的表述，充满了“生而自由又无往不在枷锁中”的哲学思考。抛开白天在人前一定要做的事、要说的话，享受独处的宁静。“这是独处的妙处，我且受用这无边的荷香月色好了”，应表现出疲惫过后短暂的释放与轻松。口说“现在都可不理”，实际上白天的“不平静”还在心头萦绕。
曲曲折折的荷塘上面，弥望的是田田的叶子。叶子出水很高，像亭亭的舞女的裙。层层的叶子中间，零星地点缀着些白花，有袅娜地开着的，有羞涩地打着朵儿的；正如一粒粒的明珠，又如碧天里的星星，又如刚出浴的美人。微风过处，送来缕缕清香，仿佛远处高楼上渺茫的歌声似的。这时候叶子与花也有一丝的颤动，像闪电般，霎时传过荷塘的那边去了。叶子本是肩并肩密密地挨着，这便宛然有了一道凝碧的波痕。叶子底下是脉脉的流水，遮住了，不能见一些颜色；而叶子却更见风致了。	包括本段在内的以下三段是文章的核心，是对月色下荷塘的具体描写，夹杂很多经典的比喻，是表达的重点和难点。对这三段的把握必须一气呵成，做到“言断意不断”。语言要跟上作者的眼睛，从形态各异的荷花切换到荷叶、流水上来。注意动静结合——荷花和荷叶的静态，微风袭来，月夜有了动感。这是有声语言表达时应仔细雕琢的部分。

续表

原文	解析
月光如流水一般，静静地泻在这一片叶子和花上。薄薄的青雾浮起在荷塘里。叶子和花仿佛在牛乳中洗过一样，又像笼着轻纱的梦。虽然是满月，天上却有一层淡淡的云，所以不能朗照；但我以为这恰是到了好处——酣眠固不可少，小睡也别有风味的。月光是隔了树照过来的，高处丛生的灌木，落下参差的斑驳的黑影，峭楞楞如鬼一般；弯弯的杨柳的稀疏的倩影，却又像是画在荷叶上。塘中的月色并不均匀；但光与影有着和谐的旋律，如梵婀玲上奏着的名曲。	本段开头观察视角又一次切换，有声语言形式要随之转换。描写对象从“荷塘”转到“月色”。月光比荷塘更虚幻，先是远和虚（高挂夜空）的描写，后是近和实（处处有月光身影）的描写，要注意语气的变化。作者描写月光时用词考究、含蓄，表达中注意“泻”“洗”“画”等描写月光不同样态的动词，切忌平铺直叙、潦草带过。
荷塘的四面，远远近近、高高低低都是树，而杨柳最多。这些树将一片荷塘重重围住；只在小路一旁，漏着几段空隙，像是特为月光留下的。树色一例是阴阴的，乍看像一团烟雾；但杨柳的丰姿，便在烟雾里也辨得出。树梢上隐隐约约的是一带远山，只有些大意罢了。树缝里也漏着一两点路灯光，没精打采的，是渴睡人的眼。这时候最热闹的，要数树上的蝉声与水里的蛙声；但热闹是它们的，我什么也没有。	对荷塘与月色的综合描写，是借景抒情的高潮。从荷塘周围环境开始描写，与荷塘渐行渐远，由荷塘、月光，转到荷塘周围的柳树。伴随热闹的蝉声与蛙声，道出内心的苦闷、矛盾、孤独与无奈。不只是消沉，更有置身事外、获取短暂自由之意。表达时应带有思考余味，不应在语尾处有语势下降和虚声处理。
忽然想起采莲的事情来了。采莲是江南的旧俗，似乎很早就有，而六朝时为盛；从诗歌里可以约略知道。采莲的是少年的女子，她们是荡着小船，唱着艳歌去的。采莲人不用说很多，还有看采莲的人。那是一个热闹的季节，也是一个风流的季节。梁元帝《采莲赋》里说得好：于是妖童媛女，荡舟心许；鷁首徐回，兼传羽杯；櫂将移而藻挂，船欲动而萍开。尔其纤腰束素，迁延顾步；夏始春余，叶嫩花初，恐沾裳而浅笑，畏倾船而敛裾。可见当时嬉游的光景了。	本段离开描写实体“荷塘”而展开联想。对采莲的联想，夹杂思乡情绪，相较之前低落的情绪，语言色彩明亮许多。表达时要在白话文与古诗的语言区分上下功夫——前半段再现活泼、热闹的采莲场景；后半段拉开语句，充分展现古诗词对情景的描写，虚实结合、穿越古今，要把看似平淡的散文表达得有动感、有历史感。
这真是有趣的事，可惜我们现在早已无福消受了。于是又记起《西洲曲》里的句子：采莲南塘秋，莲花过人头；低头弄莲子，莲子清如水。今晚若有采莲人，这儿的莲花也算得“过人头”了；只不见一些流水的影子，是不行的。这令我到底惦着江南了。——这样想着，猛一抬头，不觉已是自己的门前；轻轻地推门进去，什么声息也没有，妻已睡熟好久了。	思路回到现实，转而想起“江南”采莲人，既是意识流动，更是思乡背后的孤独。破折号后，回到现实生活中，表达时要再次强调空间——从悠远的江南水乡回到自己门前。用门内的静烘托出“我”心中的“不宁静”。表达时注意开头和结尾“宁静”和“不宁静”的对比、呼应，构成完整的逻辑链条。

20世纪初的中国外忧内患，作为曾受过五四运动洗礼的富有正义感和爱国心的知识分子，朱自清“既反感于国民党的‘反革命’，又对共产党的革命心怀疑惧，就不能不陷入不知‘哪里走’的惶惶然中，朱自清的‘不平静’实缘于此。”（钱理群先生语）“只有参加革命和反革命，才能解决这惶惶然。不能或不愿参加这种实际行动时，便只有暂时逃避的一法。——我既不能参加革命与反革命，总得找一个依据，才可姑作安心地过日子了。我是想找一件事，钻了进去，消磨这一生。我终于在国学里找出了一个题目，开始像小儿的学步。这正是往‘死路’上走；但我乐意这么走，也就没有法子。”（朱自清《哪里走》）

朱自清选择了“躲到学术研究中”，躲到大自然中，既是“避难”，又在与政治保持距离中维护知识分子的相对独立。同时他还面临着艰难的生活境遇。朱自清的母亲去世后，后母对待朱自清很不好，导致父子关系冷淡，婆媳关系紧张。写作《荷塘月色》时，朱自清已经有六个儿女，“妻子儿女一大家”都指望他生活。巨大的生活压力使得朱自清心力交瘁，痛苦不堪，甚至产生了遗失自我的茫然。所以他在《荷塘月色》一开始就提出了文眼“不宁静”，这正体现了“五四”时期中国男性知识分子中普遍存在的国与家的责任困境。

在宏大的历史背景以及朱自清个人所处的环境之下播读这篇散文，应用虚实结合、以实声为主的声音状态表现作者当时复杂、矛盾甚至逃避的心境，而不是用单纯的低音或虚声表达作者的“郁闷”，否则，不仅使作者的创作目的狭隘化，更使有声语言表达效果扁平化、肤浅化，显得零散沉闷。

二、练习材料

例13.

马尔代夫宣布脱离英联邦

新华社马累消息：马尔代夫外交部13日发表声明表示，鉴于长期以来英联邦部长级行动小组及英联邦秘书处给予马尔代夫不公平、不公正待遇，马尔代夫政府决定脱离英联邦。

声明表示，自2012年以来，马尔代夫依照宪法程序完成总统选举及权力更替，尽管马政府一直最大限度地配合英联邦工作，展现出了最大透明度和参与度，但英联邦却对马采取惩罚性的对抗措施。

声明说，在英联邦帮助下设立的国家调查委员会已经得出“马尔代夫权力移交符合宪法条款”，英联邦针对马尔代夫的惩罚性措施是不合理的。

声明还表示，英联邦一直努力成为马内政问题的积极参与者，这违反了联合国和英联邦宪章。未来马尔代夫将对国际事务继续保持双边和多边参与。

2012 年初，马尔代夫爆发大规模反政府游行，时任总统纳希德 2 月宣布辞职。2013 年，马总统选举几经反复，多次推迟选举时间，引起国际社会高度关注。阿卜杜拉·亚明于 2013 年 11 月当选马尔代夫总统至今。

英联邦部长级行动小组上月曾警告称，如果马尔代夫无法在立法和民主方面取得实质性进步，英联邦将考虑包括中止其联邦成员资格等惩罚措施。

英联邦是一个松散的政治经济磋商和合作组织。英联邦的前身是英帝国，第一次世界大战后改为英联邦。英联邦不是一个共和国，也没有中央政府。英王是英联邦的名义元首。英联邦不设权力机构，秘书处是英联邦的行政机构。

（新华网 2016 年 10 月 13 日）

例 14.

中国绝不忍气吞声

钧保言

7 月 13 日，美韩决定将“萨德”反导系统部署在韩国东南部庆尚北道星州郡。此举不仅给朝鲜半岛局势增加新的风险点，而且将严重损害东北亚地区国家的战略安全利益和地区战略平衡，遭到中俄等国坚决反对。

美国强行推进在韩国部署“萨德”系统，是“醉翁之意不在酒”。“萨德”雷达系统探测范围达到 1 000 至 2 000 千米，最低射高达 40 千米，考虑到朝鲜半岛的地理环境，美韩诡称此举是为了“应对朝鲜核威胁”“不针对第三国”的所谓解释，纯属毫无说服力的虚伪之词。

在此，我们郑重告诫：美韩必须停止“萨德”反导系统部署进程，不采取导致地区形势复杂化的行动，不做损害亚太各国战略安全利益的事情。中国坚持走和平发展道路，但绝不会在各种挑衅面前逆来顺受、忍气吞声。任何人都不能低估中国保卫国家安全利益的决心和意志。新中国在成立之初一穷二白的时候都没有向强权霸权屈服，在抗美援朝战场上打败了装备精良的“联合国军”，现在的中国人民和中国军队更有决心和能力捍卫国家的安全利益。

美国方面需明白，强行推动部署“萨德”反导系统，将严重损害中美双方战略互信，与构建中美新型大国关系和建立与之相适应的新型军事关系背道而驰。美国不要把自己的安全建立在别国不安全基础上，更不能以所谓安全威胁为借口，损害其他国家的正当安全利益。美方做法错误而又短视，走的是一条对抗而非合作的道路，将埋下加剧地区紧张和对抗的祸根，动摇全球战略稳定体系，甚至引发新一轮军备竞赛，这些都与当今世界和平发展的大势不符。

韩国方面需明白，真正能够保护韩国安全的，不是一两件像“萨德”这样的武器，更不是远在万里之外的美国，而是与周边国家的睦邻友好。同意部署“萨德”，充当美国“亚太再平衡”战略的“马前卒”，无异于引狼入室，必将害人害己。正如韩国有识之士所指出的，“萨德”如果最终在韩得以部署，不仅将损害韩国与中国、俄罗斯的关系，也将对地区局势稳定乃至韩国自身安全造成严重负面影响。中国历来奉行“与邻为善，以邻为伴”的周边外交政策，但中国绝不会容忍损害自身战略安全利益的行为。

“零和思维”没有市场，霸权行径不得人心。国际关系的历史早已证明，给别人制造麻烦，就是给自己制造麻烦，牺牲他国安全，不可能换取自身持久安全。中国人民和中国军队不信邪也不怕邪，不惹事也不怕事。中国无意同任何国家搞军备竞赛，但也将坚决捍卫自身的安全利益。美国想通过在韩国部署“萨德”反导系统来玩一场危险的游戏，最终只会“搬起石头砸自己的脚”。如果韩国执迷不悟，一意孤行，将打开东北亚危机的潘多拉魔盒，韩国自身也必须承担相应的后果。

（《解放军报》2016 年 7 月 30 日）

例 15.

拉起丰收的“红网”

张 枨

冬日凌晨 3 点的乌梁素海，天色黑黢黢的，寒风凛冽，湖水早已结成了厚达半米的冰面。这时，一群渔工不畏严寒，拉着长达千米的渔网和捕鱼工具出现在冰面上，他们是为了乌梁素海新年第一场冬捕而来。

冬捕，是一种传统的冬季渔业生产习俗，在内蒙古和东北地区具有悠久的历史，早在史前便已有之，盛行于辽金时期，直到今天依然在传承。如今，冬捕更被人们赋予了迎接新年、讨得彩头的新寓意。

乌梁素海，位于美丽的内蒙古巴彦淖尔市乌拉特前旗境内，素有“塞外明珠”“塞外都江堰”的美称，是地球上同纬度最大的自然湿地，也是中国八大淡水湖之一，内蒙古的第二大渔场。很多年前由于水质污染，冬捕在乌梁素海已经有近 20 年没有出现了。随着近年来政府对于乌梁素海的治理，水质大大改善，生态得以修复，冬捕这一传统习俗也于今年重新在乌梁素海上演。

这些来自东北以及本地的数十位渔工，提前一周就开始进行准备工作了，对这 300 平方公里的水面进行勘察，了解鱼群的分布情况以及冰面的安全状况。冬捕正式开始的第一步就是下网，渔民们首先要用铁钎在冰面上凿出一个直径 30 厘米左右的冰眼，随后每隔 10 米再凿一个冰眼，依次凿出 300 多个呈弧形分布的冰眼。随后拿出一个长达十几米的穿竿，从冰眼插入水中，再用铆扳调整穿竿的方向，使穿竿从下一个冰眼中穿出，直至最后一个冰眼。而穿竿后的绳子则绑着长达千米的渔网，整个过程就似穿针引线一般，将渔网穿入水中。

整个下网的过程需要两个多小时，剩下的时间就是静静等待鱼儿钻进渔网中。为了保证鱼群的可持续发展，也为了来年能够收获更多的鱼，渔网的每个网眼都设置在 16 厘米左右，这样就保证了渔网在捕到大鱼的同时，小鱼能够从渔网中安然穿过。

经过数小时的等待，上午 11 点，终于到了该收网的时候。这是整个冬捕最令人激动的时刻，渔民们首先在冰面上凿出一个两平方米左右的长方形冰洞，从这里收网。渔网的一头连接在绞盘机上，随着渔把头的一声号响，渔工们喊着口号，齐声将渔网从冰眼中缓缓拉出。一开始渔网中并没有鱼，围观的人们心中有些焦急，担忧这新年第一网会不会徒劳无功。忽然，一条硕大的鲢鱼出现在了渔网上，随后便是一条条活蹦乱跳、体态肥硕的鲤鱼、草鱼，人群也随之发出了一阵阵的惊叹和欢呼。

渔工们依旧丝毫不敢懈怠，用网兜、鱼铲将一条条大鱼堆向渔网两侧，大的二三十斤，小的也有十来斤。看着越来越多的大鱼，渔工们的脸上也露出了丰收的喜悦，看来今年这一网是预示着吉祥丰收的“红网”。

围观的游人们也立刻找寻出了这一网中最大的鱼，纷纷合照留影，一条大鱼立起来甚至有一个小孩子般高，一个成年人抱起来也是相当吃力。最终此次冬捕共捕获野生鱼 4 万多斤，头鱼达到了 39.8 斤。有人以 19 万元的高价竞得，讨得头彩。

12 岁的小游客王雪曼激动地说：“虽然天气很冷，但是第一次见到这么壮观的冬捕场景，见到这么大这么多的鱼，亲身感受到冬捕文化，感到很兴奋，心里暖暖的。”

冬捕这一传统古老的民俗，让人们感受到对于历史的传承和自然的敬畏，更在今天被人们赋予了新的寓意后焕发出新的生机。

（《人民日报》2017 年 2 月 4 日）

例 16.

“友邦惊诧”论

鲁　迅

只要略有知觉的人就都知道：这回学生的请愿，是因为日本占据了辽吉，南京政府束手无策，单会去哀求国联，而国联却正和日本是一伙。读书呀，读书呀，不错，学生是应该读书的，但一面也要大人老爷们不至于葬送土地，这才能够安心读书。报上不是说过，东北大学逃散，冯庸大学逃散，日本兵看见学生模样的就枪毙吗？放下书包来请愿，真是已经可怜之至。不道国民党政府却在十二月十八日通电各地军政当局文里，又加上他们“捣毁机关，阻断交通，殴伤中委，拦劫汽车，横击路人及公务人员，私逮刑讯，社会秩序，悉被破坏”的罪名，而且指出结果，说是“友邦人士，莫名惊诧，长此以往，国将不国”了！

好个“友邦人士”！日本帝国主义的兵队强占了辽吉，炮轰机关，他们不惊诧；阻断铁路，追炸客车，捕禁官吏，枪毙人民，他们不惊诧。中国国民党治下的连年内战，空前水灾，卖儿救穷，砍头示众，秘密杀戮，电刑逼供，他们也不惊诧。在学生的请愿中有一点纷扰，他们就惊诧了！

好个国民党政府的“友邦人士”！是些什么东西！

即使所举的罪状是真的罢，但这些事情，是无论那一个“友邦”也都有的，他们的维持他们的“秩序”的监狱，就撕掉了他们的“文明”的面具。摆什么“惊诧”的臭脸孔呢？

可是“友邦人士”一惊诧，我们的国府就怕了，“长此以往，国将不国”了，好像失了东三省，党国倒愈像一个国，失了东三省谁也不响，党国倒愈像一个国，失了东三省只有几个学生上几篇“呈文”，党国倒愈像一个国，可以博得“友邦人士”的夸奖，永远“国”下去一样。

几句电文，说得明白极了：怎样的党国，怎样的“友邦”。“友邦”要我们人民身受宰割，寂然无声，略有“越轨”，便加屠戮；党国是要我们遵从这“友邦人士”的希望，否则，他就要“通电各地军政当局”，“即予紧急处置，不得于事后借口无法劝阻，敷衍塞责”了！

因为“友邦人士”是知道的：日兵“无法劝阻”，学生们怎会“无法劝阻”？每月一千八百万的军费，四百万的政费，作什么用的呀，“军政当局”呀？

写此文后刚一天，就见二十一日《申报》登载南京专电云：“考试院部员张以宽，盛传前日为学生架去重伤。兹据张自述，当时因车夫误会，为群众引至中大，旋出校回寓，并无受伤之事。至行政院某秘书被拉到中大，亦当时出来，更无失踪之事。”而“教育消息”栏内，又记本埠一小部分学校赴京请愿学生死伤的确数，则云：“中公死二人，伤三十人，复旦伤二人，复旦附中伤十人，东亚失踪一人（系女性），上中失踪一人，伤三人，文生氏死一人，伤五人……”可见学生并未如国府通电所说，将“社会秩序，破坏无余”，而国府则不但依然能够镇压，而且依然能够诬陷、杀戮。“友邦人士”，从此可以不必“惊诧莫名”，只请放心来瓜分就是了。

第二章　播音创作的形象思维

形象思维，是指以具体形象和表象为内容的思维形式，又称艺术思维。它运用典型化和想象的方法来反映生活、塑造艺术形象、表达作者的思想感情，具有形象性、直观性、具体性和立体性的特点。

具体到播音创作中的形象思维，是稿件文字作用于播音创作主体的感官，形成一系列相应的形象感知的过程。它将视觉、听觉、触觉、嗅觉、味觉等多重感受整合起来，在脑海中形成一个个画面，将这些画面用有声语言“模拟”“再现”“还原”出来，最终带受众身临其境的体验。

如果说在播音创作中，经由逻辑思维归纳出的中心思想是稿件的“灵魂”，可以使表达准确深刻；经由逻辑思维理清的脉络关系是稿件的“骨架”，可以使表达思路清晰；那么形象思维就是填充其中的“血肉”，可以使表达鲜活生动。逻辑思维可以帮助播音创作主体弄清楚整篇稿件的中心思想和脉络关系，使稿件更容易理解，这固然很重要，但仅有逻辑思维没有形象思维，思想感情就会像一潭死水，有声语言表达就会笼统、死板、缺乏活力。逻辑思维与形象思维结合才能让播音创作形神兼备、丰满圆融。运用好形象思维，才能以丰富的想象激发播音创作主体的思想感情，提高播音创作的质量。

第一节　利用感知器官引发思想感情

播音创作是二度创作，要依据文字稿件的内容来展开表达，也是能动创作，要充分发挥主体的创造性不断深挖文字的内涵和外延。稿件文字语言所叙述、描写、议论的内容，要迅速地转换为播音创作主体的亲眼所见、亲耳所闻、亲身所历，促使播音员主持人的思想感情投入到具体的事件、场面、情节中去，最终用有声语言将其表现出来，这就需要具备较强的形象思维能力。面对稿件中的种种情境，播音创作主体要充分调动起视觉、听觉、触觉、嗅觉、味觉等感官，以自身的感知再现情景，为有声语言表达技巧提供心理依据。

一、稿件的文字形象是引发感情的“导火线”

从逻辑思维的角度来说，稿件是由中心思想生发，依主干脉络推进的；从形象思维的角度来说，稿件则是由各种形象材料整合起来的。书面文字体现的形象是最先跳入眼帘、可以最直观捕捉到的信息，它或隐或显地体现着稿件的中心主旨、创作意图，并直接体现着作者的所思所感，这些形象对接下来的播音创作具有重要的指引作用。

不论是抒情写意的文学稿件，还是客观写实的新闻稿件，其书面文字体现的形象都是播音创作者不可忽视的重要创作依据和直接引发思想感情的"导火线"。依照文字提供的形象，可以形成或抑或扬、或明或暗、或实或虚、或高或低、或重或轻、或快或慢的有声语言表达态势，进而增加表达的广度和深度，最终塑造出具体可感、活灵活现的艺术形象，达到引人入胜、感人至深的表达效果。

例 1.

海上日出

巴 金

为了看日出，我常常早起。那时天还没有大亮，周围很静，船上只有机器的响声。

天空还是一片浅蓝，颜色很浅。转眼间天边出现了一道红霞，慢慢扩大它的范围，越来越亮。我知道太阳就要从天边升起来了，便不转眼地望着那里。

果然，过了一会儿，那里出现了太阳的小半边脸，红是真红，却没有亮光。这个太阳好像负着重荷似的一步一步、慢慢地努力上升，到了最后，终于冲破了云霞，完全跳出了海面，颜色红得非常可爱。一刹那间，这个深红的圆东西，忽然发出了夺目的亮光，射得人眼睛发痛，它旁边的云片也突然有了光彩。

有时太阳走进了云堆中，它的光线却从云里射下来，直射到水面上。这时候要分辨出哪里是水，哪里是天，倒也不容易，因为我就只看见一片灿烂的亮光。

有时天边有黑云，而且云片很厚，太阳出来，人眼还看不见。然而太阳在黑云里放射的光芒，透过黑云的重围，替黑云镶了一道发光的金边。后来太阳才慢慢地冲出重围，出现在天空，甚至把黑云也染成了紫色或者红色。这时候发亮的不仅是太阳、云和海水，连我自己也成了明亮的了。

这不是伟大的奇观么？

巴金先生的《海上日出》一文，处处可见书面文字形象对于激发播音创作者感情的重要性。"过了一会儿，那里出现了太阳的小半边脸，红是真红，却没有亮光"，这句话运用了拟人的修辞手法，将初升太阳的物理特质艺术地表现出来，其中"小半边脸""红""没有亮光"等文字提示我们，在播音创作时：气息要积蓄，体现充满期待的情绪；声音要节制，表现太阳的可爱；语流要稍快，表现日出的喜悦。

紧接着，太阳继续上升，“这个太阳好像负着重荷似的一步一步、慢慢地努力上升，到了最后，终于冲破了云霞，完全跳出了海面，颜色红得非常可爱”。前半句仍运用了拟人的修辞手法，形容太阳升起之际的缓慢过程，充分激起了读者的心理期待。根据“负着重荷”“慢慢”“一步一步”等文字，播音创作时应当：气息滞涩，表现日出时间的缓慢；声音低沉，表现日出过程的艰难；语流缓慢，表现对日出的深深期待。后半句话锋一转，积蓄着力量的太阳努力跳跃，使劲向上升，最终冲破了云霞，完全跳出了海面，写太阳“喷薄而出”的过程，日出前的艰辛和日出后的壮观水乳交融、跃然纸上。依据“冲破云霞”“跳出海面”“颜色红”“可爱”等文字，播音创作时应当：气息舒张，表现日出壮观的场景；声音高亢，表现日出后的欣喜；语流畅快，表现对太阳的赞美和大自然鬼斧神工的赞叹。

再接下来，已经升起的太阳给周围的云也染上了光彩，“一刹那间，这个深红的圆东西，忽然发出了夺目的亮光，射得人眼睛发痛，它旁边的云片也突然有了光彩”。在极短的时间里，太阳充分绽放蓬勃的能量，发出强烈的亮光，这种充满生命力的光明让人动容。根据“深红的圆东西”“夺目的亮光”“眼睛发痛”等文字，播音创作时应当：气息急促，表现光线的强烈；声音昂扬，表现太阳的可爱；语流从容，表现对日出过程的思考。可见，稿件文字语言可以直接引发创作者的情感并为播音创作提供直接依据。我们应当充分利用形象思维来引发内心的创作欲望。

二、内心的主观感受是激发感情的“推进器”

所谓感受，就是“感之于外，受之于心”之意，具体到播音创作来说，就是要透过稿件的书面文字，感受到其蕴含的思想和情感。稿件中丰富的文字形象可以给我们提供最直接的创作素材，这仅是第一步；接下来，把这些略显简单粗糙的感性材料在脑海中进行处理，形成生动鲜活的主观感受，这是第二步。这一步才是激发我们思想感情、引发创作欲望的关键。

（一）着眼具体感受，快速激发情感

稿件描绘的情景意象非生活原型的简单再现，而是生活图景的艺术写照，播音创作者在阅读稿件的过程中，应运用多种感官，使文字所描绘的内容连缀成连续的、活动的、变化的影像，形成一组组生动形象的、便于理解的画面，并在此基础上充分激发内心的思想感情、调动主观能动性，创作出有生命力的有声语言作品。

例 2.

《卖火柴的小女孩》朗读：黑丹

卖火柴的小女孩

安徒生

天冷极了，下着雪，又快黑了。这是一年的最后一天——大年夜。在这又冷又黑的晚上，一个乖巧的小女孩，赤着脚在街上走着。她从家里出来的时候还穿着一双拖鞋，但是有什么用呢？那是一双很大的拖鞋——那么大，一向是她妈妈穿的。她穿过马路的时候，两辆马车飞快地冲过来，吓得她把鞋都跑掉了。一只怎么也找不着，另一只叫一个男孩捡起来拿着跑了。他说，将来他有了孩子可以拿它当摇篮。

小女孩只好赤着脚走，一双小脚冻得红一块青一块的。她的旧围裙里兜着许多火柴，手里还拿着一把。这一整天，谁也没买过她一根火柴，谁也没给过她一个硬币。

可怜的小女孩！她又冷又饿，哆哆嗦嗦地向前走。雪花落在她的金黄的长头发上，那头发打成卷儿披在肩上，看上去很美丽，不过她没注意这些。每个窗子里都透出灯光来，街上飘着一股烤鹅的香味，因为这是大年夜——她可忘不了这个。

她在一座房子的墙角里坐下来，蜷着腿缩成一团。她觉得更冷了。她不敢回家，因为她没卖掉一根火柴，没挣到一个钱，爸爸一定会打她的。再说，家里跟街上一样冷。他们头上只有个房顶，虽然最大的裂缝已经用草和破布堵住了，风还是可以灌进来。

她的一双小手几乎冻僵了。啊，哪怕一根小小的火柴，对她也是有好处的！她敢从成把的火柴里抽出一根，在墙上擦燃了，来暖和暖和自己的小手吗？她终于抽出了一根。哧！火柴燃起来了，冒出火焰来了！她把小手拢在火焰上。多么温暖多么明亮的火焰啊，简直像一支小小的蜡烛。这是一道奇异的火光！小女孩觉得自己好像坐在一个大火炉前面，火炉装着闪亮的铜脚和铜把手，烧得旺旺的，暖烘烘的，多么舒服啊！哎，这是怎么回事呢？她刚把脚伸出去，想让脚也暖和一下，火柴灭了，火炉不见了。她坐在那儿，手里只有一根烧过了的火柴梗。

她又擦了一根。火柴燃起来了，发出亮光来了。亮光落在墙上，那儿忽然变得像薄纱那么透明，她可以一直看到屋里。桌上铺着雪白的台布，摆着精致的盘子和碗，肚子里填满了苹果和梅子的烤鹅正冒着香气。更妙的是这只鹅从盘子里跳下来，背上插着刀和叉，摇摇摆摆地在地板上走着，一直向这个穷苦的小女孩走来。这时候，火柴又灭了，她面前只有一堵又厚又冷的墙。

她又擦着了一根火柴。这一回，她坐在美丽的圣诞树下。这棵圣诞树，比她去年圣诞节透过富商家的玻璃门看到的还要大，还要美。翠绿的树枝上点着几千支明晃晃的蜡烛，许多幅美丽的彩色画片，跟挂在商店橱窗里的一个样，在向她眨眼睛。小女孩向画片伸出手去。这时候，火柴又灭了。只见圣诞树上的烛光越升越高，最后成了在天空中闪烁的星星。有一颗星星落下来了，在天空中划出了一道细长的红光。

"有一个什么人快要死了。"小女孩说。唯一疼她的奶奶活着的时候告诉过她：一颗星星落下来，就有一个灵魂要到上帝那儿去了。

她在墙上又擦着了一根火柴。这一回，火柴把周围全照亮了。奶奶出现在亮光里，是那么温和，那么慈爱。"奶奶！"小女孩叫起来，"啊！请把我带走吧！我知道，火柴一灭，您就会不见的，像那暖和的火炉，喷香的烤鹅，美丽的圣诞树一个样，就会不见的！"

她赶紧擦着了一大把火柴，要把奶奶留住。一大把火柴发出强烈的光，照得跟白天一样明亮。奶奶从来没有像现在这样高大，这样美丽。奶奶把小女孩抱起来，搂在怀里。她俩在光明和快乐中飞走了，越飞越高，飞到那没有寒冷，没有饥饿，也没有痛苦的地方去了。

第二天清晨，这个小女孩坐在墙角里，两腮通红，嘴上带着微笑。她死了，在旧年的大年夜冻死了。新年的太阳升起来了，照在她小小的尸体上。小女孩坐在那儿，手里还捏着一把烧过了的火柴梗。

"她想给自己暖和一下。"人们说。谁也不知道她曾经看到过多么美丽的东西，她曾经多么幸福，跟着她奶奶一起走向新年的幸福中去。

这篇著名的童话讲述了一个处在饥寒交迫中却仍需卖火柴挣钱糊口的小女孩，在富人阖家欢乐、举杯共庆的大年夜，燃亮一根根卖不出去的火柴，从它们发出的微弱光亮里产生了美好幻觉，最后带着微笑冻死在街头的故事。故事叙述了——

时间：大年夜。

环境：天黑，很冷，下着雪。

人物：卖火柴的小女孩，衣裳单薄，赤着脚，冻得打哆嗦，不敢回家（卖不出火柴）。

情节：试图靠划火柴取暖，在光亮中产生幻觉。火柴燃尽，幻觉破灭，不断点燃火柴。火柴耗尽，最终冻死。

通过视觉我们看到，在漆黑冰冷的大年夜，小女孩衣着单薄，跑丢了鞋子，又冷又饿。她擦亮了第一根火柴，看见了温暖的火炉、闪亮的铜把手和铜脚，最后是一根烧过的火柴梗；她擦亮了第二根火柴，看见了喷香的烤鹅、佳肴的袅袅香气以及光鲜干净的餐具餐台，最后是幻觉消失后冷冷的墙；她擦亮了第三根火柴，看见了高大美丽的圣诞树，星星陨落后的轨迹；她擦亮了第四根火柴，看见了久违的奶奶，她想让奶奶带她走，于是擦亮了一整把火柴。最后她看到了奶奶温暖的笑容……

通过听觉我们听到，圣诞日欢快的节庆音乐和小女孩哀伤的内心呼唤交替展现，我们还能听到大街上凛冽的寒风声、暖室内人们的欢笑声、烤鹅伴随着脂肪渗出而发出的“滋滋”声、圣诞树上铃铛碰撞的清脆声音……

通过触觉我们感受到，雪打在身上、风吹在身上的战栗，赤脚行走在雪地上钻心的疼痛，冻成卷的长发披在肩上的冰冷，擦亮火柴的瞬间感觉到火炉发出的阵阵热浪，甚至可以感受到台布、餐具特有的质感，以及拥抱奶奶时的温暖……

通过味觉和嗅觉，我们闻到了空气中侵人的寒冷气息，嗅到幻觉中烤鹅散发的诱人香味，圣诞树上淡淡的香气，奶奶身上散发出的亲情的味道……

播音创作者在阅读稿件的过程中，所有的感官都在真切感受着不同的情境意象，寒冷和温暖、黑暗和光明、冷清和喧嚣、饥饿和美食、现实和幻境……稿件所叙述的故事立体地走进内心，化为了直观、直接、直击心灵的具体感受，激发了播音创作主体强烈的播讲欲望。

（二）运用立体感受，全面激发感情

稿件中具体的场景事物引发的主观感觉较为碎片化，还不足以支撑我们完成播音创作工作，还需要继续加工，将它们整合成立体的、综合的、水乳交融的感受，才能全面激发创作欲望，创作出有深刻感染力的有声语言作品。

随着对稿件文字的深入解读，我们会发现视觉、听觉、触觉、嗅觉等各种感觉的界限变得不那么清晰，各种感觉呈现出“你中有我、我中有你”的状态。在《卖火柴的小女孩》中，奶奶的出现就是一个立体的感受：视觉上，奶奶有着慈祥的面庞；听觉上，奶奶有着亲切的语言；触觉上，奶奶有着温暖的怀抱；嗅觉上，奶奶有着亲情的味道……具体感受是生活场景的片段还原，更讲究生动鲜活，立体感受是生活场景的全方位还原，更强调深入融合。立体感受更符合客观的生活体验，抓住它，有声语言表达才有更强的生命力。

例 3.

《我爱这土地》
朗诵：贾宁

我爱这土地

艾　青

假如我是一只鸟，
我也应该用嘶哑的喉咙歌唱：
这被暴风雨所打击着的土地，
这永远汹涌着我们的悲愤的河流，

这无止息地吹刮着的激怒的风，
和那来自林间的无比温柔的黎明……
——然后我死了，
连羽毛也腐烂在土地里面。
为什么我的眼里常含泪水？
因为我对这土地爱得深沉……

这首诗是艾青先生的代表作，语言精练简洁，意象具体生动，情感澎湃浩荡。开篇以“假如”领起，用“嘶哑”形容鸟儿的歌喉，接着写出歌唱的内容，并由鸟儿生前的歌唱转写鸟儿死后魂归大地，最后转由鸟的形象代之以诗人的自身形象，直抒胸臆，将诗人真挚、炽热的爱国之心表现得淋漓尽致。

在这首诗中，出现了很多具体形象：土地、鸟、暴风雨、激怒的风、温柔的黎明、腐烂的羽毛、眼中的泪水……不同的形象表达了作者不同的感情，寄寓了作者不同的思想，它们彼此具有独立的含义，如果不加整合，仅仅局限于单一感受的表达，就会陷入形式化的泥潭中，有深度无广度，有局部无全局，有片段无整体。

只有将各种意象整合起来，体会到人民为了祖国的光明而抗争和对生命的欣喜，才能用扯着嘶哑的喉咙却仍专注歌唱、含泪死去时仍怀着深沉情感的多元的、综合的、立体的鸟的形象，准确传达出作者深沉的爱国情怀这一创作意图。

（三）统筹交流感受，自如调控感情

在充分调动内心情感、准确传达作者意图的同时，播音创作者还需要张弛有度、收放自如地调控情感。播音创作的目的是要将信息准确传达给受众，如果不考虑与受众交流，任由主观态度一味宣泄、情感一股脑倾倒，同样会陷入语意不明、思路不清的表达误区，最终影响受众对信息的有效接收。

“感而不入”，于播音而言，更多的是讲播音创作主体要时时注意自己的身份感，在表达情感、倾泻情绪时要有计划、有节制、有目的，要考虑受众的感受，才能达到最佳传播效果。

例 4.

将　进　酒

李　白

君不见黄河之水天上来，奔流到海不复回。
君不见高堂明镜悲白发，朝如青丝暮成雪。
人生得意须尽欢，莫使金樽空对月。
天生我材必有用，千金散尽还复来。

烹羊宰牛且为乐，会须一饮三百杯。
岑夫子，丹丘生，将进酒，杯莫停。
与君歌一曲，请君为我倾耳听。
钟鼓馔玉不足贵，但愿长醉不复醒。
古来圣贤皆寂寞，惟有饮者留其名。
陈王昔时宴平乐，斗酒十千恣欢谑。
主人何为言少钱，径须沽取对君酌。
五花马，千金裘，呼儿将出换美酒，与尔同销万古愁。

这首诗是李白的名篇，诗由黄河起兴，感情发展也像黄河之水奔腾激荡，起伏跌宕。通篇都讲饮酒，字面上诗人是在豪饮行乐，实则怀有怀才不遇之情，抒发了诗人的激愤情绪。

全诗气势恢宏、慷慨激昂、感情澎湃，深受朗诵爱好者的青睐，成为朗诵会上长演不衰的经典。很多人在处理该诗时，感情过于充沛热烈，表达夸张震撼，甚至为了追求艺术效果而"饮酒自醉"，以此模拟当时的场景。实际上，这样的表达往往效果有限，容易陷入诵者不能自已但听者不知所云的尴尬境地。这就是没有考虑到受众的感受，忽视与受众的交流，一味倾泻，一味图自己痛快所造成的。

更进一步解读会发现，该诗表面的豪放透着内心的无奈，理想的破灭是黑暗的社会造成的，诗人无力改变，于是借酒发泄不满、排遣忧愁，也流露了人生几何当及时行乐的消极情绪。

因而在播音创作时，如果一味以正面的"高亢""强烈""激昂""欢乐"来处理，不考虑诗句的深层含义，就不可能把诗的核心主旨表现出来；如果一味以消极的"沉醉""狂放""呐喊""放纵"来处理，不考虑与受众的交流，也不可能把诗人的思想感情准确地传达出来。

第二节　把握思想情感引导立意纵深

把握住了稿件的思想感情就具备了表达的强大张力，有声语言会更有表现力和活力。但如果止步于此，整篇文章的支撑点仍不够稳固，需要进一步抓住稿件的立意、灵魂，使播音创作更具深度。

一、形象思维是情感表达的"瞄准镜"

播音创作中的形象思维，是播音员主持人根据稿件的核心主旨、创作意图，在稿件文字材料的引导下，运用已有的知识经验再造想象的活动。

想象是在头脑中改造记忆的表象而创造新形象的过程，也是对过去经验中已经形成的那些暂时联系进行新的结合的过程。想象可以分为创造想象和再造想象两种类型。

创造想象是不依据现成的描述而独立创造出新的形象，再造想象则是依据文字的描述在头脑中形成某一事物的形象。播音创作主体的有声语言表达是以书面文字所反映的形象唤起个人经历中的形象记忆，再将二者融合，作为语言表达的依据，属于再造想象的产物。

“巧妇难为无米之炊”，形象思维需要大量表象材料的储备，表象材料储备是形象思维再造想象的基础。正确反映客观事物的直观材料越丰富，运用形象思维想象出来的内容就越生动、越具体。但形象思维不仅依靠已有表象材料的数量，也依靠表象材料的质量。形象思维就像一个“瞄准镜”，帮助我们捕捉稿件的思想感情、中心主旨。可以说，在大量表象储备的基础上形成的想象才能实现与稿件原型形象的精准对接。

例 5.

绝　句

杜　甫

两只黄鹂鸣翠柳，
一行白鹭上青天。
窗含西岭千秋雪，
门泊东吴万里船。

播音创作主体的头脑中如果平时就有黄鹂、翠柳、白鹭、雪山等形象的储备，朗诵这首杜甫的《绝句》时就会受到这些表象的刺激，调动起播讲欲望和创作情绪，由眼前的诗句联想到美好的生活情趣以及对自然万物的无限热爱。

由于每个人想象材料的储备数量和质量不同，在表达同一内容时向受众传递的画面和情绪就有所不同。播音创作主体要获得以再造想象为特点的形象思维，平时应多阅读多学习，广泛涉猎，博采众长，多积累生活阅历和人生体验，增加想象材料储备，做知识的杂家。

需要注意的是，某些细微的心理活动和感官体验，没有相关经历的人是没办法直接获得的，即便可以通过图文影像等方式获得间接体验，但与直接体验还是有很大的区别。比如，想要获得爬山的感受就非得亲自去爬一次，这其中的劳累和辛苦、开心和快乐是没有亲身尝试过的人无法体验的。自然，播音创作主体由于内心真实感受的程度不同，在进行表达时就会有差别。

例 6.

望庐山瀑布

李 白

日照香炉生紫烟，
遥看瀑布挂前川。
飞流直下三千尺，
疑是银河落九天。

这是一首气势磅礴的山水诗，描写的是庐山瀑布。如果朗诵这首古诗的人没亲眼见过庐山瀑布，或者只看过别的一些较小规模的瀑布，甚至只看过一些瀑布的图片，那么，“飞流直下三千尺”的气势、“疑是银河落九天”的豪迈，是无法准确想象出来的。因为每个瀑布都有其特殊性，比如高度、宽度、水流量和地势不同，受此影响每个瀑布发出的声响不同，甚至水花溅到身上脸上的感觉也各具差异。必须身处其中，或见过其他规模较大的真实瀑布，至少看到过动感强烈的清晰的视频资料，才能想象出庐山瀑布的壮丽形象和雄伟气势，才能让受众通过有声语言的变化，感受到庐山瀑布那衬托在紫烟缭绕的香炉峰上的耀眼光泽、幽静山谷中惊心动魄的轰然巨响和伟大诗人李白的志趣愿望。

可见，播音创作主体要有自己的想象材料储备库，这个储备库越丰富、越详细，对于播音创作中形象思维的运用越有好处。

二、逻辑思维是情感表达的“校准器”

播音创作主体的形象思维活动应与逻辑思维活动并重，要通过对稿件的分析、综合、比较、抽象、概括等逻辑思维，直抵稿件传达的精神实质。在此引导下，通过联想、想象、情感渗入等形象思维，把握文字蕴含的生动具体的形象，从而产生积极的情感体验，激发强烈的创作愿望。对于播音创作而言，想象是绝好的情感“校准器”，随时调整着情感表达的方向和程度，使思想感情更具感染力、穿透力。

（一）整体把握稿件

展开形象思维，首先要对稿件做全面理解和整体把握。感知稿件风格、领会稿件创作目的、理清稿件结构，明确稿件内容、表达的重点和感情色彩等，做到心中有数。

人们对事物的认识有一个由表至里、由浅至深、由局部到整体的过程。刚刚接触稿件时，我们会很自然地联想到生活经历、书本知识、各种见闻等。随着备稿的深入，了解了稿件的风格、结构和目的，才能使这些联想逐步实现条理化、有序化、整体化，最后质化为想象。这一思维过程就成为稿件的播音创作思路，这才是播音创作需要的形象思维。

明确稿件的表达目的不但可以把握播音创作的重点，使有声语言表达更加深刻、中心思想鲜明突出，还引导着情感表达的重点和方向。播音创作主体不能见词生意、见字生情、游离偏移，而是应围绕中心、抓住重点，以重点词语、段落、情节、观点为线索，展开想象活动。

播音创作主体对稿件的想象依靠表象材料，但不能被表象束缚，要把握住想象的整体方向。如稿件的整体感情色彩是欢快的，稿件中起对比作用的悲伤的内容在想象中就要点到即止，不要面面俱到地一一展开想象，以免破坏稿件的总体感情色彩。正因如此，播音创作主体要用稿件的创作目的指导对稿件的想象，避免漫无目的地胡乱联想。

例 7.

腊　八　粥

冰　心

《腊八粥》朗读:芬菲

从我能记事的日子起，我就记得每年农历十二月初八，母亲给我们煮腊八粥。

这腊八粥是用糯米、红糖和十八种干果掺在一起煮成的。干果里大的有红枣、桂圆、核桃、白果、杏仁、栗子、花生、葡萄干等等，小的有各种豆子和芝麻之类，吃起来十分香甜可口。母亲每年都是煮一大锅，不但合家大小都吃到了，有多的还分送给邻居和亲友。

母亲说：这腊八粥本来是佛教寺院煮来供佛的——十八种干果象征着十八罗汉，后来这风俗便在民间通行，因为借此机会，清理橱柜，把这些剩余杂果，煮给孩子吃，也是节约的好办法。最后，她叹一口气说：“我的母亲是腊八这一天逝世的，那时我只有十四岁。我伏在她身上痛哭之后，赶忙到厨房去给父亲和哥哥做早饭，还看见灶上摆着一小锅她昨天煮好的腊八粥，现在我每年还煮这腊八粥，不是为了供佛，而是为了纪念我的母亲。”

我的母亲是1930年1月7日逝世的，正巧那天也是农历腊八！那时我已有了自己的家，为了纪念我的母亲，我也每年在这一天煮腊八粥。虽然我凑不上十八种干果，但是孩子们也还是爱吃的。抗战后南北迁徙，有时还在国外，尤其是最近的十年，我们几乎连个“家”都没有，也就把“腊八”这个日子淡忘了。

今年“腊八”这一天早晨，我偶然看见我的第三代几个孩子，围在桌子旁边，在洗红枣，剥花生，看见我来了，都抬起头来说：“姥姥，以后我们每年还煮腊八粥吃吧！妈妈说这腊八粥可好吃啦。您从前是每年都煮的。”我笑了，心想这些孩子们真馋。我说：“那是你妈妈们小时候的事情了。在抗战的时候，难得吃到一点甜食，吃腊八粥就成了大典。现在为什么还找这个麻烦？”

他们彼此对看了一下，低下头去，一个孩子轻轻地说：“妈妈和姨妈说，您母亲为了纪念她的母亲，就每年煮腊八粥，您为了纪念您的母亲，也每年煮腊八粥。现在我们为了纪念我们敬爱的周总理，周爷爷，我们也要每年煮腊八粥！这些红枣、花生、栗子和我们能凑来的各种豆子，不是代表十八罗汉，而是象征着我们这一代准备走上各条战线的中国少年，大家紧紧地、融洽地、甜甜蜜蜜地团结在一起……”他一面从口袋里掏出一小张叠得很平整的小日历纸，在一九七六年一月八日的下面，印着“农历乙卯年十二月八日”字样。他把这张小纸送到我眼前说：“您看，这是妈妈保留下来的。周爷爷的忌辰，就是腊八！”

我没有说什么，只泫然地低下头去，和他们一同剥起花生来。

这篇稿件记述解放后作者对母亲和周总理的深切怀念，总的感情色彩是喜悦的。至于其中记述抗战时期颠沛流离、母亲去世等内容都是为了反衬现在安定富足的生活。如果没有对稿件目的的整体把握，就容易对抗战时期的苦难恣意联想，把当时的场面、困境等想象得淋漓尽致，而稿件想要表达的中心思想——对母亲和周总理的怀念，却没有呈现，甚至被胡乱、过多的联想导向另一个方向，与稿件要表达的意思背道而驰。

（二）全面调动感受和感情

在整体把握稿件目的之后，就可以充分调动自己的感受和感情了。一个个文字想象材料会刺激播音员主持人的神经、调动其感官，使其真切地看到、听到、闻到、触摸到、感觉到……进而将这些感受用有声语言或快或慢、时高时低、一起一落地一一呈现出来。

例 8.

一个人的双人舞

《一个人的双人舞》朗读：黑丹

真的记不起来他们的名字了，却一直记得他们的爱情。

他们是世界闻名的双人花样滑冰运动员，生活中是恩爱的夫妻，滑冰场上是最佳搭档，他们的表演配合默契，珠联璧合，多次在大赛中获奖。

所谓天妒佳缘，一次意外，丈夫去世了，这对于常人，无疑是一次致命的打击，对于她打击更是加倍的。因为她失去的不仅是生活上的伴侣，也是艺术上的合作伙伴。她从此远离了滑冰场。

沉寂几年后，她突然宣布，要进行一次花样滑冰表演。这次，是她一个人。

舞姿还是那样的娴熟，还是那样的优美，她还是以前的她，沉寂数年，丝毫也没有影响到她的艺术水准，她依然是滑冰场上轻盈的精灵。

但是所有看懂的人都落泪了。滑冰场上虽然只是一个人在旋转在腾跃，但她的动作，却是两个人的。她的身侧，似乎总是有另一个人的影子。她举臂，似乎有人在与她牵手；她抬腿，似乎有人在为她支撑；她腾跃，似乎有人在扶她的腰；她旋转，似乎有人在与她同行；她微笑，似乎是对着那个人……是一个人的独舞，她的动作，却总是双人舞的动作。一如从前。

最后的造型，是他们当年的经典。现在，却只有她一个人，另一半，是空虚，是残缺，是伤痛……

她凝固成一尊塑像，一动不动，只有泪水，缓缓而下。

那是一个人的双人舞，是残缺的完美，是爱情的绝唱。

一去经年，时光流转，物是人非。但在滑冰场上，在她的心中，爱人一直都在，一刻也不曾远离。

对于这篇稿件，我们要充分调动内心的思想感情，感受时空的变化，并引导受众体会主人公的情感起伏。例如，播送“她举臂，似乎有人在与她牵手；她抬腿，似乎有人在为她支撑；她腾跃，似乎有人在扶她的腰；她旋转，似乎有人在与她同行；她微笑，似乎是对着那个人……”时，以视觉带受众欣赏冰上的舞姿，以触觉带受众感受“牵手”“支撑”“扶腰”“同行”，让受众随着播音创作主体的思想感情及有声语言形象地感觉到稿件中主人公的音容笑貌、走进主人公的内心世界，进而产生与主人公相似的情感体验。

（三）避免“展览”情景形象

在充分调动感受和感情后，还需要将它们用有声语言呈现出来。很多初学者在这个阶段，会将稿件体现的形象与有声语言一一对应——见字出声：文字中有“喜悦”，则声音畅快；文字中有“悲伤”，则声音阴郁；文字中有“阳光”，则语气昂扬；文字中有“雨露”，则语气和缓；文字中有“安静”，则语流舒展；文字中有“躁动”，则语流紧促……看似面面俱到，把所有表象材料都做了“对症下药”般的处理，实则是情景形象的“展览”，只是把一个个情景形象简单地叠加起来，陷入了“只见树木不见森林”“捡了芝麻丢了西瓜”的泥淖中，最终会干扰受众对稿件真正意图的理解。

有声语言表达与书面文字不是简单的对应关系，播音创作主体不能满足于字形与字音的对应，造成“照本宣科”似的读字，更不能对词汇、语句甚至文字本意进行“直译”,造成见文生义式的“解读”,而是必须在稿件目的和中心思想的引导下展开想象,以准确的形象思维引导创作活动。

例 9.

白头发唱给黑头发的歌

陆　建

《白头发唱给黑头发的歌》朗诵:黑丹

多么好啊,多么美好的晚上!
在北京,在中国,在这个星球上!
在这个星球上,在中国的北京,在这所校园里。
我想把这儿,这台上台下,这块算不上辽阔的地方,
这立体的夜 ,比作一棵树。
同学们,你们像鸟儿一样飞回母校,
每个人都唱出了自己的华彩乐段。
师生交谈、朋友汇聚、欢歌笑语。

刚才一位同学对我说 :“老师,你的头发全白了。”
这使我想起了诗人公刘的诗句:
“为了这个欢乐的夜晚 我们奋斗了一生。”
是啊! 我们奋斗了一生!

我们不会要求你们对老师像对父母一样,
作为老师对学生,却一定要有父母的心胸。
我们命中注定要在这等着你们,
知识的圣火要世世传递,英雄的故事要代代传颂。
那些楼上的灯,总是熄灭得很晚很晚,为了你们的白天更亮更亮;
老师家里的书总是很多很多,为了你们攀登得更快更快。

同学们来看,这是高山,这是大海,
磨砺出你们自己坚强的翅膀!
我的头发,白了,
是的,可我多么爱听,黑头发的歌声。
我们奋斗了一生,值得!

这是陆建老师创作的一首脍炙人口、感人至深的现代诗。全诗以通俗易懂的语言,用“白头发”和“黑头发”贯穿全诗,讲述一位老教师的心声:为了学生,

老师呕心沥血、倾尽所有也在所不惜，只要学生们能成长成才，一切的努力和付出都是值得的。

全诗出现了很多意象，“鸟儿”“白头发”“黑头发”“父母”“翅膀”“高山”“大海”“歌声”等等。如果按照一一对应的方式进行处理，虽然让各种形象清晰地“展览”了出来，但它们截然分开、逻辑割裂，会让整篇稿件的播送显得索然无味、不知所云。通读全诗，领会老师真挚的语言、感人的情怀，在中心主旨的指引下进行播音创作才能浑然一体、生动感人。

把稿件的书面文字语言转化为有声语言符号时，不是一味地发散和一味地渲染，更不是一味地“情境形象的展览”。如果不理解稿件创作目的、中心思想，就谈不上思想感情的把握，更谈不上对稿件准确、鲜明、生动的表达，所谓的“播音主持”至多只能是低水平、浅层次的语言符号转换，是一串串不解其意、不明其理、令人费解的语流，不能达到播音创作的目的。

第三节　升华立意，力求气韵生动

把握稿件思想感情的脉络，使其向纵深发展，就使得有声语言具备了原始的生命力，使得播音创作具备了较好的创作基础和前提。但不能止步于此，不能“就稿件言稿件”，应该将立意拔高，使其不断升华。将稿件置于更广阔的时空中考察，既把握某一稿件的精神特质，又升华其代表的精神共性。

“气韵生动”缘起于中国画创作领域。最初是指绘画的内在神气和韵味达到一种洋溢着鲜活生命力的状态。后来，其涵盖的艺术门类越来越多，以生动的“气韵”来表现人内在的生命力、表现事物的内涵和神韵，一直是中国艺术创作、批评和鉴赏所遵循的重要原则。

具体到播音创作，气韵生动就是“达到恰切的思想感情与尽可能完美的语言技巧的统一，达到体裁风格与声音形式的统一，准确、鲜明、生动地传达出稿件的精神实质”。思想感情和语言技巧，体裁风格和声音形式，浑然一体，水乳交融，呈现出有声语言特有的风采和韵味。

一、“珠联璧合”提升表现力

形象思维和逻辑思维是播音创作中两个重要的思维形式。两种思维给我们提供了分析和观察有声语言创作的两个重要侧面，在实际创作中，二者浑然一体，“你中有我，我中有你”。

形象思维具有发散性、立体性的特点，让思想情感不断延展、渲染，为有声语言填充丰满的“血肉”；逻辑思维具有规范性、严谨性的特点，让中心思想和脉络更为集中、深刻，为有声语言立住坚实的“骨架”。二者共同配合，才能创造出内涵丰富的有声语言作品。

例 10.

《祖国啊，我亲爱的祖国》朗诵：贾宁

祖国啊，我亲爱的祖国

舒　婷

我是你河边上破旧的老水车
数百年来纺着疲惫的歌
我是你额上熏黑的矿灯
照你在历史的隧洞里蜗行摸索
我是干瘪的稻穗，是失修的路基
是淤滩上的驳船
把纤绳深深
勒进你的肩膊
——祖国啊

我是贫困
我是悲哀
我是你祖祖辈辈
痛苦的希望啊
是“飞天”袖间
千百年来未落到地面的花朵
——祖国啊

我是你簇新的理想
刚从神话的蛛网里挣脱
我是你雪被下古莲的胚芽
我是你挂着眼泪的笑窝
我是新刷出的雪白的起跑线
是绯红的黎明
正在喷薄
——祖国啊

我是你十亿分之一
是你九百六十万平方的总和
你以伤痕累累的乳房
喂养了
迷惘的我，深思的我，沸腾的我
那就从我的血肉之躯上
去取得
你的富饶，你的荣光，你的自由
——祖国啊
我亲爱的祖国！

诗人以深沉悲痛的心情、委婉曲折的笔触，回溯了祖国数百年来贫困、落后的历史。诗人排列了一系列意象：“水车”“矿灯”“稻穗”“路基”“驳船”等。在这些词语前面都有或长或短的修饰语，“破旧”“熏黑”“干瘪”“失修”等，显示出它们所受的苦难；“数百年来”“历史的隧洞”等，表明岁月的漫长、苦难的深重。播音创作时要充分运用形象思维，调动各种感官去具体感知这些意象，表达“我”与祖国生死相依、血肉相连的情感。也要充分运用逻辑思维，提纲挈领地抓住诗歌的中心主旨：我深爱着我的祖国，这生我养我的地方。唯有形象思维和逻辑思维并重才能为稿件插上有力的双翅，让播音创作飞得更高更远。

二、“五光十色”丰富表达技巧

有声语言表达技巧，是实现语言传播目的的方法。从大的方面说，有内部表达技巧（情景再现、内在语、对象感）、外部表达技巧（停连、重音、语气、节奏）等；从小的方面说，有欲扬先抑、欲抑先扬；欲快先慢、欲慢先快；欲重先轻，欲轻先重等。

技巧是为内容服务的，但帮助思想感情展现的表达技巧也具有独立的意义，具备能动性，它的熟练与否会直接影响播音创作的质量。我们不赞同“重技巧轻表达”的播音创作，但我们同样不否认提高技巧的熟练度和表达准确度的重要性，这样才能为传情达意打下良好基础。

文字是表达信息的重要工具，稿件中的每一句话、每一个词都是经过作者仔细推敲的，都具有独特意义。因而在播音创作中，寄希望于“一招鲜吃遍天”是不切实际的，必须掌握“五光十色”的丰富的语言表达技巧去应对不同的稿件内容。

例 11.

安慰的若干理由

吃了亏的人说：吃亏是福。

丢了东西的人说：破财免灾。

胆小的人说：出头的椽子先烂。

侥幸逃过一劫的人说：大难不死，必有后福。

受欺压的人说：不是不报，时候未到。

卸任官员说：无官一身轻。

没钱人的太太说：男人有钱就变坏。

惧内的丈夫说：有人管着好啊，啥事都不用操心。

住在顶楼的人说：顶楼好啊，上下楼锻炼身体，空气新鲜，还不会有人骚扰。

住在一楼的人说：一楼好啊，出入方便，省得爬楼梯，怪累的。

某人被老板炒了鱿鱼，他对人说：我把老板给炒了。

……有了这些自我安慰的理由，人们的生活就多了些弹性和韧性。

《安慰的若干理由》朗读：国铃

这篇文章短小精悍但内涵丰富，语言平实却寓意深刻。在播音创作中，要注意因人物性格、身份、遭遇不同，其音高、音长、音强、音色等声音形态就应有所不同，就会产生宽、窄、远、近、虚、实等变化。

三、“博采众长”，夯实语言功力

社会生活是五彩斑斓的，文稿内容是丰富多彩的，如果没有足够的语言功力，很难将姿态万千、意蕴深远的各类稿件表达好。当然，语言功力的提高是漫长的过程，绝不是三天打鱼两天晒网可以轻易实现的，需要科学的学习方法、持久的耐力恒心、广泛的学习借鉴。

作为一门交叉和边缘学科，如何吸收各学科营养和借鉴各学科的长处，是播音创作的重要课题。我们认为，“博采众长、量质兼具”是夯实语言功力的重要标准。

具体来说，要向基础学科学习，中国语言文学、艺术学、美学、新闻传播学等，要向姊妹艺术学习，表演、评书、相声、朗诵、演讲等，还要向社会生活学习，市井叫卖、吵架拌嘴、谈判辩论……这些都为我们语言功力的提高提供了丰富的营养。

并且，学习借鉴的结果最终都要经过实践的检验、经过受众的检验。要以基础学科为师、以姊妹艺术为师、以社会生活为师、以实践标准为师，只有博采众长、融会贯通，将一切营养熔铸一炉，才能提高语言表达功力。

第四节　例稿解析和练习材料

一、例稿解析

例 12.

落　花　生

许地山

原文	景别	画面内容（可根据播讲者的理解设定）	备注
我们屋后有半亩隙地。	全景	20 世纪初，一栋一层的青砖民房，尖顶。一块不规则的空地。 “我”设定为十岁左右的小男孩。	注意房子、隙地与年代一致。

续表

原文	景别	画面内容（可根据播讲者的理解设定）	备注
母亲说："让它荒芜着怪可惜，既然你们那么爱吃花生，就辟来做花生园罢。"	近景	母亲穿旗袍，家庭妇女，略有文化。慈祥、和蔼，说话亲切。 母亲大概三四十岁，女中音。	注意人物语言、音调与年龄等特征的一致性。
我们几姐弟和几个小丫头都很喜欢——买种的买种，动土的动土，灌园的灌园；过不了几个月，居然收获了！	远景	孩子们欢快地种花生，并沉浸在收获的满足中。	欢快和满足的心情。注意语言的动态，缩小时空感受。
妈妈说："今晚我们可以做一个收获节，也请你们爹爹来尝尝我们的新花生，如何？"	近景	妈妈高兴地说。	欢快的心情。注意人物特征与语言表达的一致性。
我们都答应了。母亲把花生做成好几样的食品，还吩咐这节要在园里的茅亭举行。	全景	我们盼着，妈妈忙碌着。	期待的心情。注意缩小时空感受。
那晚上的天色不太好，可是爹爹也到来，实在很难得！ 爹爹说："你们爱吃花生么？"	全景	阴天，没有月亮。一家人围桌而坐。爹爹大概四五十岁，声音浑厚，语重心长。	突出一家人其乐融融的样子。注意人物特征与语言表达的一致性。
我们都争着答应："爱！" "谁能把花生的好处说出来？"	近景		
姐姐说："花生的气味很美。" 哥哥说："花生可以制油。" 我说："无论何等人都可以用贱价买来吃，都喜欢吃。这就是它的好处。"	特写	分别设定几个人物特征。姐姐聪明伶俐，哥哥憨厚老实，我心直口快。 姐姐大概十六七岁，哥哥大概十三四岁。	注意人物声音、语气、年龄等特征以及不同人物的区别。

续表

原文	景别	画面内容(可根据播讲者的理解设定)	备注
爹爹说:"花生的好处固然很多,但有一样是很可贵的。这小小的豆不像那好看的苹果、桃子、石榴,把它们的果实悬在枝上,鲜红嫩绿的颜色,令人一望而发生羡慕之心。它只把果子埋在地底,等到成熟,才容人把他挖出来。你们偶然看见一棵花生瑟缩地长在地上,不能立刻分辨出它有没有果实,非得等到你接触它才能知道。" 我们都说:"是的。"母亲也点点头。 爹爹接下去说:"所以你们要像花生,因为它是有用的,不是伟大、好看的东西。"我说:"那么,人要做有用的人,不要做只讲体面,而对人没有好处的人。" 爹爹说:"这是我对你们的希望。"	特写	爹爹的话语意味深长、富于哲理,我们深有感触。	注意人物声音、语气、年龄等特征。
我们谈到夜阑才散,花生食品虽然没有了,然而父亲的话现在还印在我的心上。	全景	一家人其乐融融的情景。	父亲的话留给读者深深的思考。

这篇文章行文流畅,语言质朴,全文围绕一家人品评"花生宴"展开,最后借"爹爹"之口,表达了作者对生命意义的追寻和独特理解。在播音创作时,我们不妨用形象思维把这篇文章的主要场景还原成"分镜头脚本"(如上表所示),使文章场景和人物角色更为生动活泼地呈现出来。

二、练习材料

例 13.

桂林山水歌

贺敬之

云中的神呵,雾中的仙,
神姿仙态桂林的山!

情一样深呵,梦一样美,
如情似梦漓江的水!

水几重呵，山几重？
水绕山环桂林城……
是山城呵，是水城？
都在青山绿水中……
呵！此山此水入胸怀，
此时此身何处来？

……黄河的浪涛塞外的风。
此来关山千万重。
马鞍上梦见沙盘上画：
“桂林山水甲天下”……

呵！是梦境呵，是仙境？
此时身在独秀峰！
心是醉呵，还是醒？
水迎山接入画屏！

画中画——漓江照我身千影，
歌中歌——山山应我响回声……
招手相问老人山，
云罩江山几万年？

——伏波山下还珠洞，
宝珠久等叩门声……
鸡笼山一唱屏风开，
绿水白帆红旗来！

大地的愁容春雨洗，
请看穿山明镜里——
呵！桂林的山来漓江的水——
祖国的笑容这样美！

桂林山水入襟，
此景此情战士的心——
江山多娇人多情，
使我白发永不生！

对此江山人自豪，
使我青春永不老！
七星岩去赴神仙会，
招呼刘三姐呵打从天上回……
人间天上大路开，
要唱新歌随我来！
三姐的山歌十万八千箩，
战士呵，指点江山唱祖国……
红旗万梭织锦绣，
海北天南一望收！

塞外的风沙呵黄河的浪，
春光万里到故乡。
红旗下：少年英雄遍地生——
望不尽：千姿万态“独秀峰”！
——意满怀呵，情满胸，
恰似漓江春水浓！
呵！汗雨挥洒彩笔画：
桂林山水——满天下！……

例 14.

咕咚来了

木瓜熟了。一个木瓜从高高的树上掉进湖里，咕咚！

兔子吓了一跳，拔腿就跑。小猴儿看见了，问他为什么跑。兔子一边跑一边叫：“不好了，‘咕咚’可怕极了！”

小猴儿一听，就跟着跑起来。他一边跑一边叫：“不好了，不好了，‘咕咚’来了，大家快跑哇！”

这一下可热闹了。狐狸呀，山羊啊，小鹿哇，一个跟着一个跑起来。大伙儿一边跑一边叫：“快逃命啊，‘咕咚’来了！”

大象看见了，也跟着跑起来。野牛拦住他，问：“‘咕咚’在哪里，你看见了？”大象说：“没看见，大伙儿都说‘咕咚’来了。”野牛拦住大伙儿问，大伙儿都说没看见。最后问兔子，兔子说：“是我听见的，‘咕咚’就在那边的湖里。”

兔子领着大家来到湖边。正好又有一个木瓜从高高的树上掉进湖里，咕咚！

大伙儿你看看我，我看看你，都笑了。

例 15.

黄山奇石

闻名中外的黄山风景区在我国安徽省南部。那里景色秀丽神奇，尤其是那些怪石，有趣极了。

就说“仙桃石”吧，它好像从天上飞下来的一个大桃子，落在山顶的石盘上。

在一座陡峭的山峰上，有一只“猴子”。它两只胳膊抱着腿，一动不动地蹲在山头，望着翻滚的云海。这就是有趣的“猴子观海”。

“仙人指路”就更有趣了！远远望去，真像一位仙人站在高高的山峰上，伸着手臂指向前方。

每当太阳升起，有座山峰上的几块巨石，就变成了一只金光闪闪的雄鸡。它伸着脖子，对着天都峰不住地啼叫。不用说，这就是著名的“金鸡叫天都”了。

黄山的奇石还有很多，像“天狗望月”“狮子抢球”“仙女弹琴”等等。那些叫不出名字的奇形怪状的岩石，正等着你去给它们起名字呢！

例 16.

济南的冬天

老 舍

对于一个在北平住惯的人，像我，冬天要是不刮风，便觉得是奇迹；济南的冬天是没有风声的。对于一个刚由伦敦回来的人，像我，冬天要能看得见日光，便觉得是怪事；济南的冬天是响晴的。自然，在热带的地方，日光是永远那么毒，响亮的天气，反有点叫人害怕。可是，在北中国的冬天，而能有温晴的天气，济南真的算个宝地。

设若单单是有阳光，那也算不了出奇。请闭上眼睛想：一个老城，有山有水，全在天底下晒着阳光，暖和安适地睡着，只等春风来把它们唤醒，这是不是理想的境界？

小山整把济南围了个圈儿，只有北边缺着点口儿。这一圈小山在冬天特别可爱，好像是把济南放在一个小摇篮里，它们安静不动地低声地说："你们放心吧，这儿准保暖和。"真的，济南的人们在冬天是面上含笑的。他们一看那些小山，心中便觉得有了着落，有了依靠。他们由天上看到山上，便不知不觉地想起：明天也许就是春天了吧？这样的温暖，今天夜里山草也许就绿起来了吧？就是这点幻想不能一时实现，他们也并不着急，因为这样慈善的冬天，干什么还希望别的呢。

最妙的是下点小雪呀。看吧，山上的矮松越发的青黑，树尖上顶着一髻儿白花，好像日本看护妇。山尖全白了，给蓝天镶上一道银边。山坡上，有的地方雪厚点，有的地方草色还露着；这样，一道儿白，一道儿暗黄，给山们穿上一件带水纹的花衣；看着看着，这件花衣好像被风儿吹动，叫你希望看见一点更美的山的肌肤。等到快日落的时候，微黄的阳光斜射在山腰上，那点薄雪好像忽然害羞，微微露出点粉色。就是下小雪吧，济南是受不住大雪的，那些小山太秀气。

古老的济南，城内那么狭窄，城外又那么宽敞，山坡上卧着些小村庄，小村庄的房顶上卧着点雪，对，这是张小水墨画，或者是唐代的名手画的吧。

那水呢，不但不结冰，反倒在绿藻上冒着点热气。水藻真绿，把终年贮蓄的绿色全拿出来了。天儿越晴，水藻越绿，就凭这些绿的精神，水也不忍得冻上；况且那长枝的垂柳还要在水里照个影儿呢。看吧，由澄清的河水慢慢往上看吧，空中，半空中，天上，自上而下全是那么清亮，那么蓝汪汪的，整个的是块空灵的蓝水晶。这块水晶里，包着红屋顶，黄草山，像地毯上的小团花的小灰色树影。这就是冬天的济南。

例 17.

青海湖，梦幻般的湖

冯君莉

我们同启明星上路了。和我们一起上路的，还有各种各样扑朔迷离的高原梦。汽车在青藏公路上行驶。窗外，是一片漆黑和寂静。我在轻轻的摇晃中，继续在那神奇的高原梦中徜徉。

身子猛地朝前一倾，我从睡梦中惊醒。身旁年轻的司机，此时轻轻地说了声："青海湖到了，下车看看吧！"

我扑向七月的清晨，深深地呼吸着雨后甜润的空气。瞬间，我惊住了，像是无意中扑进一幅巨大的画卷。我的眼前是一片镶着露珠的绿茵茵的草滩，草滩上生长着一垄垄黄灿灿的油菜花，在这绿色和黄色的背后，衔接着无边无际的蓝色的水。它蓝似海洋，可比海洋要蓝得纯正；它蓝似天空，可比天空要蓝得深沉。青海湖的蓝，蓝得净，蓝得深湛，也蓝得温柔恬雅，那蓝锦缎似的湖面上，起伏着一层微微的涟漪，像是小姑娘那水灵灵、蓝晶晶的眸子。青海湖水所以如此湛蓝，是因为湖面高出海平面3 179米，比两个泰山还高，湖水中含氧量较低，浮游生物稀少，含盐量在百分之零点六左右，透明度达到八九米以上，因而，湖水晶莹明澈。

抬眼望去，在雨后特有的万里无云的晴空下，是一片碧绿的草滩，草滩上耸立着连绵起伏的深褐色的山峦，银色的公路像是一条哈达，逶迤着伸向遥远的地方……草滩上那几匹漫步的牦牛，显得分外悠闲。我独自默默地伫立着，任大脑在美中陶醉，任心潮在美中起伏。我曾经领略过西湖的妩媚、东湖的清丽、南湖的辽阔，以及鄱阳湖的帆影、玄武湖的桨声、昆明湖的笑语……可是此时，我却被青海湖的质朴所震慑，原先那些华丽的感慨被一股大自然的魅力所推翻了。我幻想着，当年大自然在创造青海湖的时候，一定毫不犹豫地甩下那些精细的刻刀，酣畅淋漓地挥舞着最大的画笔，一抹黄，一抹绿，一抹蓝……尽情泼洒。因此，留下了这没有丝毫粉饰和雕琢的湖，留下这粗犷的美，自然的美，质朴的美。

青海湖还是鸟的世界，是个绝妙的世外桃源。不然，为什么会一年又一年地吸引着数万乃至数十万不同种类的水鸟呢？那红的、蓝的、花的鸟儿，甚至那洁白的天鹅、美丽的凤头潜鸭、欢快的云雀、优雅的黑颈鹤，年复一年地从我国江南，从东南亚，从尼泊尔，从印度，飞到这里，在这里畅游嬉戏，悠然自鸣，在这里安家落户，繁衍后代。只有这神奇、美丽、和平的地方，才能成为生气勃勃的鸟的世界，成为繁荣昌盛的鸟的王国啊！还有那满湖欢快地畅游着的鱼儿，恐怕谁也说不清楚究竟有多少吧。据说，到了盛夏时节，一群群、一层层的鱼儿自由自在地游着，金灿灿，红艳艳，美极了。

谁能相信这是大自然的现实，而不是大胆的梦幻呢？

啊，青海湖，梦幻般的湖！

第三章　播音创作的交流思维

人际间的交流思维，是指人与人之间、人与群体之间思想与感情的传递和反馈，以达成思想的一致和感情的通畅，也称沟通思维。它具有虚拟性、呼应性、广泛性、情感性的特点。

日常生活中与朋友交谈时，如果自己说得积极兴奋，对方会更有兴趣听下去，同理，如果对方听得津津有味，你也会更有愿望说下去。如果对方毫无反应，你便会不自觉地没了激情，不愿继续说下去。这就告诉我们，传播中需要交流思维、需要沟通技巧。

具体到播音创作中的交流思维，是指播音创作主体在受众不在场的情况下设想受众的存在和反应，从人际互动的层面假想受众的愿望、情绪、反馈等心理诉求，进而调动自己的思想感情，使之处于流动状态，最终产生与受众如同进行面对面交流的“拟态”效果。

交流思维是由有声语言传播的特殊性质所决定的。在传播中，播音员主持人往往需要在没有真正受众的情况下完成播音创作。但作为大众传播媒介的传播主体，为了取得良好的传播效果，播音员主持人又必须与受众进行交流，即在没有受众在场的情况下（“目中无人”），播音员主持人必须要像有受众在眼前一样（心中有人），以饱满的热情进行播音创作。

有声语言传播首先得让人接受、让人认同，进而才能使人获得审美享受、情感共鸣。因此，沟通交流是播音创作主体需要着力解决好的重要问题。如果说逻辑思维、形象思维帮助我们明确了“怎么播”的问题，那么，交流思维则帮助我们解决了“对谁播”的障碍。在播音创作中必须做到与想象中的受众进行交流，才能创作出更有感染力的有声语言艺术精品。

播音创作的交流思维，是以拟态交流为核心并兼容各种交流形态的综合性交流。为了便于大家理解，我们按照不同阶段，对交流思维进行区分并逐个分析。但在实际播音创作中，它们是不可分割的，从事先的准备，过程的展开到目的的达成，都贯穿着不同形式的交流，它们是融会贯通的交流整体。

第一节　播音创作的准备——“体验交流”

一、“体验交流”是实现交流的前提

在播音创作中，“体验交流”广义上包括了一切直接来源于自身体验的、可

以增强播音主持交流感的生活素材；狭义上是指在播音创作的准备阶段，播音创作主体为增强传播效果，要充分调动主观能动性，先于创作过程去体会受众存在、设想受众反馈的交流方式，这是播音创作主体交流思维实现的基础，也是对有声语言表达“排兵布阵”的重要前提。

学会与人打交道是播音创作者的必备技能。为了达到更好的传播效果，为了使设想的受众更具体而有依据，播音创作主体要尽可能熟知各个行业、各个阶层、各个年龄、各个地域等不同人群的情况，加强对人从心理状态到行为习惯等各方面的了解，使自己的生活体验不断丰富。夏青老师对播音员提出“读万卷书、行万里路、交一万个朋友”的要求也给我们提供了增强交流思维的路径。播音创作主体要广交朋友，尽量和各种人打交道，了解更多人的不同需要，这样在设想具体对象时才会更切合节目和稿件的内容，更好地达到播音创作的目的。

播音创作中，按照对创作依据的依赖程度，大致可以分为依据稿件进行创作的“有稿播音”和部分依据甚至几乎不依据稿件进行创作的“无稿播音”。无论哪种创作形式，掌握“体验交流”都是“前奏”，是能否完成好有声语言传播工作的前提。

对于“有稿播音”，体验交流的重要性不言而喻。不同的稿件会传达不同的思想情感，体现不同的态度倾向，实现不同的创作意图。这要求我们在播音创作中首先要深入地与作者的创作背景、创作历程进行交流，与稿件的中心思想、核心主旨进行交流，仔细体会稿件中段落、句子甚至词语所带来的不同感受。如果没有这样深入的体悟，就不能将稿件内容化为流动的创作情感，播音创作也就无从谈起了。

对于“无稿播音”，体验交流同样重要。随着时代的不断发展，媒体环境出现了新情况和新变化，有些播音主持工作很少用稿件甚至不用稿件就可以完成。因而，很多人就产生了可以完全抛掉体验环节，直接进入自由创作的错觉。殊不知，很少用稿件不代表不用稿件，不用稿件不代表不用事先体验。在实践中，播音创作主体很少用稿件是为了适应快速传播的需要，事先将稿件的精神实质和行文脉络完全内化于心，稿件变成了一个在必要时才翻看的提示，实际上播音创作仍要借助稿件才能完成。播音创作主体表面上不用稿件，但仍需要根据节目内容、流程推进、嘉宾身份等整理出不一定写在纸上的提纲、腹稿，这仍然是有创作依据的传播活动。“无稿播音”的体验交流表现得隐蔽些，但同样对播音创作有着举足轻重的作用。

总之，体验交流是实现交流思维的前提，不同表现形态的播音主持工作都要求对创作对象有全面细致的把握和充分深刻的了解。

二、“体验交流”的实现路径

播音主持工作是一项创造性的工作,播音员主持人的聪明才智在创作中得以发挥,并以声音的形式凝聚在作品中。然而,厚积才能薄发,播音创作前的体验和积累异常重要。那么该如何实现“体验交流”呢?

(一)把握稿件的主旨

稿件是播音创作的依据,对稿件的处理和把握直接影响播音创作的效果。稿件会直观地呈现出作者的种种表达意图,需要播音创作主体深入体会稿件,抓住稿件主旨,从字里行间中完成与稿件的直接交流。但很多人尤其是初学者嫌备稿的过程过于烦琐,想方设法省略甚至直接跳过这个过程,一拿到稿件就迫不及待地张口念,在没有弄明白稿件主旨的情况下匆忙“上马”,用嘴来“顺”稿件,最终陷入了见字出声、词不达意、不知所云的尴尬局面。

万丈高楼平地起,播音创作的地基就是对稿件的处理,没有细腻准确地理解稿件,创作就无从谈起。很多经验丰富的老播音员常年从事播音工作,在每次播音前仍要花大量时间与稿件交流,对稿件进行分析。即使是备稿时间非常紧迫的新闻节目,有经验的播音员也会在没有最终定稿的情况下,抓紧时间准备候选稿件。这都是保证播音质量、减少播音差错、达到与受众交流效果的保证。扎实地备稿,领会稿件主旨,是播音创作的必经途径,不能打折更不能跳过。

例 1.

《难忘的中国之声——广播传奇:齐越》(片段)
播音:长悦

1949 年 10 月 1 号,全世界的目光都在关注新中国诞生的那一刻,而中国人也从此记住了这个叫齐越的播音员。齐越爱人杨沙林回忆说,那一天,穿着刚刚做好的灰色中山装,27 岁的齐越站在天安门城楼上忍不住热泪盈眶。

【杨沙林】:他尽量控制着自己的感情,通过话筒向全国广播开国大典的盛况。齐越和丁一岚一直在话筒前工作了将近七个小时。那天我们从天安门回来,齐越同志对我和女儿讲了许多过去的事情。从他投奔解放区参加革命,在解放战争中播音,一直讲到新中国的诞生,我们差不多一夜都没睡。

从延安新华广播电台到北京新华广播电台,齐越在话筒前见证了新中国诞生前的浴血奋战。他曾说:“我传达的,是中国人民战胜艰难险阻走向胜利的声音,我传达的,是中国共产党的堂堂正正的真理之声,我以此引为自豪。”

1966 年 2 月 6 日下午 4 点,在家休息的齐越被紧急叫回播音间录制通讯《县委书记的榜样焦裕禄》。新华社老社长穆青当时也站在录音间门外听,可是听到的却是齐越边读边哭的声音。机器停了又开,开了又停,齐越拿着稿件播得泣不成声，录了好几遍才终于录制成功。

齐越播完一回到家就忍不住跟爱人念叨：今天太激动了，简直播不下去，稿子太好了！正是这篇让齐越几度落泪的通讯，让亿万听众在收音机旁也哭红了眼，好书记焦裕禄从此成为一个时代的烙印。

气势磅礴、热情似火的播音风格让齐越成了几代人心里的广播明星，有听众写信说："只有听到齐越的声音，这一天才算正式开始！"已是播音大家的齐越在话筒前却从未对自己满意过，著名播音员葛兰就时常听到齐越这样的询问：

【葛兰】：他善于播那种激情的，一播完出来擦擦汗，还呼哧呼哧的，说怎么样？播得怎么样？

1975年齐越调任北京广播学院任教，走之前跟老部下铁城留下一句掏心窝子的话：我舍不得话筒，离不开广播。

【铁城】：到后来他岁数已经比较大了，声音还行，气势什么的都差了，他还要上广播，他说他一辈子也不愿意离开广播。

以上是中央人民广播电台《难忘的中国之声——广播传奇：齐越》的录音稿，节目中呈现的"齐越精神"鼓舞了一代又一代广播人。演播者身处齐越老师工作、生活过的环境，在齐越老师过往的点点滴滴中耳濡目染，积累了深厚情感体验，在没有接触到这篇具体播音稿件前就完成了体验积累。这些先于播音的体验交流，为后期的互动交流和拟态交流打下了良好的基础。

稿件还原了齐越老师参加开国大典现场直播、录制《县委书记的榜样焦裕禄》、调任北京广播学院仍不舍话筒的具体事实。演播者在播音时另辟蹊径，以事实和旁证满足受众期待、以清晰的讲述还原事实，采用娓娓道来、徐徐诉说的方式来播送该篇稿件。没有夸张的感情宣泄，反而起到了还原史料的真实效果，让听众在演播者的讲述中，自然而然地为齐越老师的精神所感染。

可以说，深入体味作者的创作意图，把握稿件主旨的备稿过程，就是与稿件作者以及稿件所表达的客观事实，稿件所表现的人物、事件、情景、心理活动等交流的过程，也是通过稿件调动以往的交流感、形成"这一次"沟通的过程，这个过程是播音创作的基础。

（二）深入体验生活，了解群众

生活是艺术创作的不竭源泉，人民是推动艺术创作的原始动力，不断从生活中挖掘具有鲜活生命力的艺术元素融入播音创作中，并将它们"内化于心、外化于声"，给受众以知识的教益、精神的洗礼和真善美的熏陶，是播音员主持人不懈的追求。

“想群众所想、急群众所急”，只有多体验百姓生活、多关心百姓诉求，播音创作才能取得更好的传播效果。受众是播音员主持人的朋友，朋友越多，接触面越广，越能了解他们的需要和想法，越能具体地设想交流对象，拉近与受众的距离，从而最大限度地引起受众内心的共鸣。

以下是齐越老师播送《县委书记的榜样焦裕禄》的过程：

1966 年 2 月 6 日下午，北京。中央人民广播电台录音室里，气氛异常紧张。长篇通讯《县委书记的榜样焦裕禄》上午就要播出，可是录音制作中遇到了前所未有的“障碍”。稿子还没念到一半，播音员齐越已经泣不成声，中断、录音、再中断、再录音……到后来连录音编辑都挺不住了，趴在操作台上长哭不起……随着电波的传送，一个伟大的名字迅速传遍了全国，那苍劲有力、饱含激情的声音传遍了千家万户，震撼了亿万人民的心灵……

这是一部注定要被中国播音史铭记的作品。谈到播音创作经验，齐越老师在《献给祖国的声音》中这样写道：“作为一个播音员，我用声音重塑着这些生动光辉的形象，把他们的精神播向千万人心间。那是怎样的一个个不眠之夜啊，为他们的精神感动着，我全身心投入工作。我曾深入基层体验生活，与作者、编者促膝长谈，像导演分析剧本一样，逐字逐句推敲稿件中的每一个字句所表达的思想与情感……”

齐越老师正是在深入基层体验生活的过程中，从焦裕禄生前周边群众的深情讲述中体会到了伟大的焦裕禄精神。这种对焦裕禄的感动和敬仰之情，在齐越老师的心中久久回荡、挥之不去，让他产生了与焦裕禄似曾相识、一见如故的感觉。因而，在播音时，他似现身说法般深情讲述焦裕禄事迹，自然就有了直抵人心的力量。可见，播音创作主体必须深入体验生活，了解群众，才能高质量、高效率地完成播音创作。

第二节　播音创作的过程——“互动交流”

一、“互动交流”是实现交流的基础

“互动交流”最大的特点就是直接性。面对面的人际交流是最直接的互动交流方式，一方的态度情绪可以以最小的损耗传递给另一方，双方可以用最小的成本达成沟通的最大共识。具体到播音创作中，“互动交流”是指播音创作主体与节目播出中的所有实际参与者进行直接的、真实的、互动性的交流，是实现与

视听终端前的受众最终交流(即"拟态交流",详细内容见本章第三节)的基础。

播音创作是一项综合的系统工程,在创作的过程中,存在各种各样的互动交流。例如与合作者(如男女声对播情况下的对播搭档、节目中的其他主持人、新闻节目中的出镜记者或连线的现场记者、通过电话连线的评论员等)的交流,与节目嘉宾(如政府官员、专家学者、受访的各界人士等)的交流,与现场观众的交流,与打进热线电话参与节目的受众的交流,甚至与稿件中人物的交流等,这些都是互动交流的重要组成部分,可以引发播音创作主体实际交流的愿望。

(一)与合作者的交流

合作者也是创作的主体,是播音创作的"另一半",与合作者的沟通交流直接决定播音创作的质量。创作前,双方要提前沟通稿件和节目内容、中心主旨、整体基调、呈现方式、表达风格等问题;创作过程中,双方要紧密配合、默契沟通,在你来我往、言谈话语的互动中完成播出。与合作者良好的互动会让整部作品浑然一体、自然天成,反之,则会使作品寡然无味、黯然失色。

例 2.

我的南方和北方

赵凌云

男:大兴安岭雪花还在飞舞,长江两岸柳枝已经发芽,海南岛上到处盛开着鲜花,我们的祖国多么广大!

女:自从认识了那条奔腾不息的大江,我就认识了我的南方和北方;

男:自从认识了那条奔腾不息的大江,我就认识了我的北方和南方。

女:我的南方和北方相距很近,近得可以隔岸相望;

男:我的北方和南方相距很远,远得无法用脚步丈量。

女:大雁南飞,用翅膀缩短着我的南方与北方;

男:燕子归来,衔着春泥表达着我的北方与南方。

女:我的南方,也是柳永和李煜的南方。一江春水滔滔东流,流去的是落花般美丽的往事和芬芳。梦醒时分,定格在杨柳岸晓风残月中的那种忧伤,也注定只能定格在南方才子佳人忧怨的面庞……

男:我的北方,也是李白和高适的北方。烽烟滚滚,战马挥缰。在胡天八月的飞雪中,骑马饮酒的北方将士,正开进着刀光剑影的战场,所有的胜利与失败,最后都化作了边关冷月下的一排排胡杨……

女:我曾经走过黄山、衡山、峨眉、雁荡,寻找着我的南方,我的南方却在乌篷船、青石桥、油纸伞的深处隐藏。在秦淮河的灯影下,我凝视着我的南方;在寒山寺的钟声里,我倾听着我的南方;在富春江的柔波里,我拥抱着我的南方。我的南方啊！杏花春雨，小桥流水，莺飞草长。

男：我曾经走过天山、昆仑、长白、太行，寻找我的北方。我的北方却在黄土窑、窗花纸、蒙古包的深处隐藏。在风沙走石的戈壁滩，我与我的北方并肩歌唱；在塞外飞雪的兴安岭，我与我的北方沉思凝望；在苍茫一片的山海关，我与我的北方相视坚强。我的北方啊！大漠孤烟，长河落日，唢呐嘹亮。

女：都说我的南方富饶，可那万亩稻田、千里水乡，是父辈们用汗水和泪珠浇灌，是改革者用勇气和智慧酝酿。不论是大名鼎鼎的鱼米之乡，还是深圳、温州、小港，闪亮的名字，其实是斧凿刀刻一般，拓印在爸爸妈妈的皱纹上！

男：都说我的北方贫穷，可是我分明听到了，听到了振兴老东北，开发大西北的战鼓隆隆作响；听到了那停产多年的老机床又开始欢快地歌唱；听到了劳动号子、安塞腰鼓响彻九曲黄河旁；听到了爸爸用粗糙的大手拂去汗珠后的步履铿锵……我知道，你醒了，我的北方！

女：从古到今，那条奔腾不息的大江就像一根琴弦，弹奏着几多兴亡，几多沧桑；

男：从古到今，那条奔腾不息的大江就像一根琴弦，弹奏着几多兴亡，几多沧桑。

女：在东南风的琴音里，我的南方雨打芭蕉，荷香轻飘，婉约而又悠扬！

男：在西北风的琴音中，我的北方雪飘荒原，腰鼓震天，凝重而又张狂！

女：我的南方和北方，

男：我的北方和南方，

男女合：我的永远的故乡和天堂！

这是一篇改编自作家赵凌云同名诗歌的朗诵稿件，文字对仗工整、节奏起伏跌宕、情感澎湃汹涌，交替展现出南北方的不同风貌，抒发了作者对祖国大好河山的无限热爱之情。南北方的对比，突出了强弱的差异和情感的起伏，使得这篇稿件很适合男女搭配式的合作。双方配合使有声语言表达浑然一体，具有强烈的感染力。要注意双方要配合默契，在一高一低、一强一弱、一快一慢中实现互动，在对比推进中实现情感的渲染。

（二）与到访嘉宾的交流

到访嘉宾是节目的重要参与者，很多任务要求播音员主持人与嘉宾一同完成，嘉宾的表现会直接影响整体的节目质量。正因如此，很多节目往往会选择善于表达、乐于沟通，能与节目主持人及受众进行良好互动的嘉宾。在与嘉宾的互动交流中，播音创作主体扮演着重要角色，嘉宾表达欲望的调动、话语角度的引导以及谈话进程的推动都需要播音员主持人来把握。更何况有些嘉宾还是初次做节目,难免紧张,这就更需要积极引导和适时帮助了。

香港凤凰卫视的王牌谈话节目《锵锵三人行》是收视榜上的常青树,这与主持人窦文涛善于与嘉宾互动配合密不可分,与熟悉的嘉宾可以嬉笑怒骂,与不熟的嘉宾可以循循善诱;与娱乐明星可以调侃讽刺,与专家学者可以讨教请问;与上流精英可以侃侃而谈,与平民百姓可以耐心倾听……因而很多人也说,与其说是《锵锵三人行》助推了窦文涛的成功,不如说是窦文涛成就了《锵锵三人行》的持久生命力。

由此可见,与到访嘉宾等节目参与者的良好交流可以使播音创作事半功倍。

(三) 与现场其他受众的交流

众所周知,一个好的节目,需要一个特定的氛围,需要一个良好的"谈话场",因此,为了达到更好的播送效果,很多节目会邀请观众参加现场录制,或者在节目进行中通过各种途径如热线电话、微信等实时互动的环节来营造节目气氛。不管是旁听节目抑或参与其中,受众都是最好的信息反馈来源。与现场受众的良好交流可以为播音创作锦上添花。

播音创作主体可以依据受众的实时反应,动态调整播音创作状态和创作走向。播音创作主体要与受众充分互动,激发其参与热情,共同营造一个符合节目进程的良好氛围。同时,与参与节目的受众的互动交流也可以使播音创作主体把握节目的节奏,进一步提升播音创作主体的交流欲望,为最终与收音机、电视机前的听众、观众进行拟态交流打下基础。

二、"互动交流"的实现路径

互动交流是播音员主持人与受众进行的真实交流,但是这种交流是相对的,播音创作的主要对象是电视机、收音机前的受众,即使在演播室中,播音创作主体的主要交流状态仍是拟态交流,即与想象中的交流对象进行交流,不能顾此(互动)失彼(拟态)。当然,在演播室里进行的互动交流也不可放松,要抓住其特点:一是直接性,传受双方面对面零距离;二是双向性,你来我往,传受双方交替互动;三是综合性,多管齐下,传受双方借助视觉、听觉、感觉的合力准确接收对方的信息。

(一) 语言规范,思路清晰

媒体语言的一个显著特点是,它的内容和形式来源于生活但高于生活,是一种经过“媒体化”的、经过规范和修饰的语言。广播电视等媒体要想实现为大众服务的目的，播音创作主体的有声语言表达就必须规范，语音、词汇、语法精准无误；思路清晰，起始、铺陈、高潮合理恰当，这样才易于为受众接受。

从接受一方来说，注意力分散、知识储备不足、环境嘈杂等多重因素导致无法对有声语言保持有效注意和接收，这就对有声语言表达的清晰度、准确度提出了更高的要求。

著名演播艺术家曹灿曾是中央人民广播电台《小喇叭》节目中讲故事的“曹灿叔叔”，他的演播亲切生动、绘声绘色，他的声音陪伴了一代代青少年，成为童年的美好回忆。曹灿老师结合自身的演播经验谈道，为了适应少儿节目的语言特色，使自己的语言更规范更准确，他做了很多案头工作。一页页稿件用红笔密密地勾画着很多标记，有删掉的段落，也有修改的词句，比如“心中的”改成“心里的”，“尚有三四里处”改成“还有三四里的地方”。看似微不足道的改动，其实体现了演播者的良苦用心，目的是使语言更准确、思路更清晰、表达更生动。

从传播一方来说，在节目中，由于信息传播环境的特殊性可能会导致播音员主持人临场紧张，表达时“卡壳”“拌蒜”的情况偶有出现，这虽然是人在特殊传播环境下正常的心理反应，但仍要尽力避免。播音创作主体要苦练基本功，避免出现语音不准、咬字无力、用词不当的情况；还要提高心理素质，避免出现思路混乱、“嘴皮子快过脑子”的情况，增强语言的条理性和规范性，才能得到受众的认可和信任，产生良好的互动。

（二）充分准备，尊重为本

在节目制作前，要对稿件内容和谈话主题做充分准备，知道要说什么，什么时候说，怎么说，说到什么程度才能引发受众的反应，形成互动。只有做到成竹在胸，才能进入积极、镇定、真实、坦诚的表达状态，与受众的交流呼应也才能游刃有余。

在节目进行中，要对交流对象有足够的理解和尊重，平等的姿态、善意的微笑、适当的倾听都可以体现自身的修养。尊重对方才能得到对方的尊重，在和谐的气氛中，对方会给予积极的反馈，激发播音员主持人更强的互动交流欲望，如此一来，节目自然会取得理想的传播效果。

例 3.

鲁豫：其实对于一个男演员来说 33 岁这样，我们所谓的成名，其实一点都不晚。

王凯：不晚，一点都不晚，所以有很多人说“你觉得你是属于大器晚成型的吗？”我说，“我晚吗？”

鲁豫：我觉得真的不晚。

王凯：我觉得不晚呀，我说你如果非要这么说的话，那得看跟谁比，对吧。

鲁豫：你要是跟 TFBOYS 比的话你肯定是晚的。

王凯：所以说不能这么比，对吧。

鲁豫：真的，因为尤其是男演员他有很长的一个黄金时期，就是你从 20 多岁到 50 岁的状态都能够很好，所以真的是不晚。

王凯：而且我在 20 多岁的时候也会有一些前辈，跟我说不要着急。他说男孩儿、男演员在 30 岁以前基本上演不了什么太多的担纲的那些主角的戏，因为你没有太多的生活，你没有生活你就不会有一些感悟，没有感悟就不会有思想，有些东西你理解不了。所以道明老师说得很好，他说男演员 30 岁以后你再慢慢来吧，我就一直把这个话记心里了。我一直就是在 30 岁之前都是不慌不忙的，就觉得我有戏拍，我在北京能够存活下去，我有饭吃，我就行了。我当时的心态其实很平和的，那么心态一平和之后，我每拍一部戏的时候，我就永远不会想我为什么不是男一号，我为什么不是男二号，我为什么是这样的一个角色，我想的永远就是给我这个角色了我就好好演。本来我的性格也是这样的，所以我觉得及时调整心态是我 30 岁以前一直走过来支撑我的一个信念。

这是 2016 年初《鲁豫有约——王凯：我并非一夜爆红》的节目片段。2015 年凭借几部现象级的电视剧，王凯一跃成为全民热捧的偶像，33 岁的他终于迎来了自己事业的高峰。然而他的成名也让很多人困惑：为什么是他？鲁豫事先做了充足的准备，了解到王凯的成功并非一日之功，而是经年累月的积累和持续不断的努力才成就了今天的辉煌。因而，在访谈中处处为王凯着想，开头用理解的口吻引出了话题，以包容尊重的心态打开了王凯的话匣子，后面又反复肯定王凯的观点，继续挖掘他鲜为人知的心里话。充足的准备加上尊重的态度，使这期节目取得了较好的播出效果。

（三）借力副语言，双管齐下

在人际交往中经常有这样的情况，对方一蹙眉，就可能表示对某个观点质疑或不赞同；对方一个竖大拇指的手势，就表示对谈话内容的认可。这些表情、眼神、手势的运用起到了对有声语言的辅助作用。副语言，主要是体态语，是使用身体运动或动作（还包括境态语，即与身体相关的环境因素）来代替或辅助有声语言进行交流的一种方式。比如少儿节目主持人在主持节目时模仿动物姿态，做出各种夸张动作，张开双臂模拟飞翔的小鸟，手臂从鼻尖画一个弧表示大象的长鼻子……这些个性化的体态语符合节目定位，起到了很好的传播效果，更能引发小朋友的共鸣和互动。

在广播节目中，播音创作主体也经常使用副语言来辅助有声语言的表达。很多广播主持人在与合作者交流时加入丰富的肢体动作、表情神态，使对方能够受到情绪的感染进而投入到特定的氛围中，使节目得以顺利进行。这也就是为什么在直播间外看到只需要出声音的播音员表情丰富、动作不断甚至“手舞足蹈”的原因。

另外，很多播音员主持人之间配合得也很默契，一个动作一个眼神就可以给对方有效的提示，为双方交流提供准确的参考。一些新闻节目通常会播送紧急送来的稿件，需要播音员主持人在极短的时间内，甚至没有备稿时间的情况下，一字不差地播送出去。这既考验播音员主持人的心理素质和业务能力，也考验与对播伙伴的默契程度。对播伙伴往往可以根据对方的副语言来提供帮助，比如对方一努嘴就知道他可能出现了不认识的字需要帮助查询，一个眼神就知道可能他的稿件即将播完需要自己往下接等等。在以有声语言为主要传播手段的广播中，副语言取得了“此时无声胜有声”的效果，足见副语言的重要性。

在电视节目中，播音创作主体更是会经常使用一些手势来辅助自己的表达，有时一个恰当的手势比有声语言更具表现力。如央视《朝闻天下》节目的开场白：“各位观众早上好，您正在收看的是中央电视台综合频道和新闻频道并机直播的早间新闻节目《朝闻天下》，现在是北京时间上午 6 点钟，首先，我们来看时政要闻。”主持人在表达这些语言时，嘴角上扬、面含笑意，给人带来和蔼亲切、平易近人的清新感受，使观众心情十分舒畅。

但需要注意的是，副语言的使用一定要遵循“少而精”的原则，要运用得恰到好处，过多过滥会让人眼花缭乱，甚至给人装腔作势之感。一般来说，手势的上界不超过对方的视线，下界不低于自己胸部，是较为妥当的。

第三节 播音创作的目的——“拟态交流”

一、“拟态交流”是实现交流的关键

“拟态交流”是指为了实现播音创作的最终目的，播音创作主体与所有身在场外（收音机、电视机、视听终端前）的实际受众进行间接的、虚拟的交流方式，是播音创作主体通过广播电视等媒体与受众交流的最终结果。

体验交流是实现播音创作交流思维的前提，互动交流是实现交流思维的动力，而面向视听终端广大受众的虚拟形态的交流是实现交流思维的关键，它们都统一于传播目的，是为实现最终的大众传播效果服务的。“拟态交流”的运用可

以使受众对并没有实际面对他们的播音创作主体产生真实的交流感，从而实现更好的传播效果。

根据现场是否有受众，广播电视节目分为两种情况。一是现场没有嘉宾、也没有受众直接参与的节目，如《新闻联播》《中国之声——此时此刻》《第一时间》《新闻直播间》等，这种交流是间接的、虚拟的。二是现场有嘉宾和受众参与的节目，如《海峡两岸》《鲁豫有约》《中国之声——新闻晚高峰》《开讲啦》等，这种交流是直接、现实的交流与间接、虚拟交流杂糅的复合形态。

在现场没有合作者、嘉宾或观（听）众时，播音创作主体的有声语言表达是"独白言语"，在言语过程中没有来自他人的直接语言和现场反馈的"刺激"，是虚拟语境的单向传播。

在现场有合作者、嘉宾或观（听）众时，播音创作主体的有声语言表达则是"对话言语"，在言语过程中伴随他人直接语言和情绪的反馈，是现实语境的双向传播。

传播媒介的大众传播性质决定了传播对象是广大的人民群众，无论哪一种情况，针对广大受众的拟态化交流都是实现交流的关键和核心。播音创作主体不仅要与现场的合作者、嘉宾、观（听）众进行交流，更要照顾到不在现场的电视机、收音机、视听终端前的受众，让他们产生置身现场的感受。可以说，广大视听终端前的受众才是交流的主体，对传播效果起决定作用；现场的观（听）众是交流的重要组成部分，处于从属地位。我们要善于抓重点，以真实交流为中介激发拟态交流，以拟态交流为主干引导真实交流。

例 4.

亲爱的小朋友，你好！我是××姐姐，在咱们节目一开始呢，我还是先给小朋友们说一件新鲜事吧。你知道鱼类也打呼噜吗？据国外媒体报道，新西兰的科学家最近研究发现，海底世界并不安静，鱼类能够发出各种声音来相互交谈，它们会发出呼噜声、啾啾声或者呼呼声来传达它们的信息，达到交流的目的。

这是中央人民广播电台《小喇叭》播出的一期节目。节目的主要受众是收音机前的少年儿童，播音员在播音间里并没有实际的听众，但为了达到良好的播出效果，必须与想象中的小朋友们进行虚拟的交流。

又如央视的《新闻联播》，主播在播报新闻时，面对的只是冰冷的提词器和摄像机，演播室内除了工作人员并没有现场观众，但主播在内心中不断与设想的观众进行交流（拟态交流），仍然使电视机前的观众产生了主播就在面前与我们真实交流的感觉。

二、“拟态交流”的实现路径

“拟态交流”的实现路径，就是播音创作主体心中装着受众，时时处处感受到受众的存在，想象与受众进行交流、呼应。虚拟语境是节目中的一种常态语境，有些人因交流对象是虚拟的，而将播音创作应有的交流感、呼应感丢失殆尽，导致自己的播音创作变成了毫无互动感的“背词”或“自说自话”。

传播的虚拟性，使播音创作主体大多数时间不能直接或立即收到受众的反馈，但在有声语言表达时还必须要做出有回馈的反应，这样才能构成说与听的双向交流。这就为播音创作主体与受众交流提出了更高要求：播音创作主体必须有调整语言状态和表达方式的能力，在模仿人际互动的“呼应”中获得强烈的拟态交流感。

要做到与受众的“交流”，就要下功夫弥补无法即时接收反馈的缺陷，做到“目中无人，心中有人”。

（一）自信从容——调整心理状态

大多数时候，播音员主持人在演播室里面对的是摄像机、提词器、话筒等不会说话的机器，视野范围内并没有直接的交流对象。要做到“目中无人，心中有人”，必须从心态上做到积极主动、自信从容。心态调整好了，才能有感而发，气随情动，声随情走，气声相和，声情并茂，达到理想的传播效果。

例 5.

原文	分析
观众朋友大家好！欢迎您收看中央电视台中文国际频道《海峡两岸》，我是李红，一起来关注这一期节目的主要内容。	国际频道对台节目，既要让外界了解中国，又要让海峡两岸观众相互了解，在声音样式、思想感情、心理上要感受到受众的存在。
国民党秘书长金溥聪表示，外界看好台湾经济，主要是因为两岸和平。	“两岸和平”是其中关键，也是海峡两岸的民心所向。此处的拟态交流应为“一对众”。
台湾教育部门负责人要状告媒体，反驳不实言论。	“反驳”的是什么？引起受众关注，推动交流向具体化发展。
美国官员称，没收扁家财产是为了提醒贪官不要把赃款弄到美国逍遥。	联系国际背景，进一步抓住受众注意力，拟态交流会越发具体。

续表

原文	分析
在日前召开的民进党全代会上，民进党无异议地通过敦促前主席林义熊重新入党。有分析说，如果林义熊顺利归队，将对民进党“五都”选举与2012台湾地区领导人大选深具意义，那么，为什么会有这样的说法？稍后“热点透视”，两位台湾来宾共同分析。	又设置一个疑问，使问题的展开水到渠成，拟态交流逐步发展为“一对一”。

（中央电视台中文国际频道《海峡两岸》2010年7月23日）

该节目在录制时，主持人没有实际的交流对象（嘉宾为远程视频连线），面前只有摄像机、话筒和视频监控器，要独自一人完成开场、沟通、点评、结尾等播音创作任务。再加上所驾驭的是较为敏感的两岸关系的选题，主持人的心理压力可想而知。此时，首先要充分相信自己，相信自己事先所做的“功课”足以出色地完成好节目，给自己积极的心理暗示。其次，要充分设想具体受众的存在以及考虑到受众获取信息的迫切需求，进而把压力化为动力，才能保持自信从容的播音状态。

（二）张弛有度——调整声音状态

播音创作主体的声音应该具有弹性，收放自如、张弛有度，要根据不同的受众，调整好自己的声音状态。如在播少儿节目时，描述要具象化、形象化，少用书面语，有声语言表达要充满童真、童趣，避免刻板僵硬。在声音样式、感情呼应、吐字清晰度上，都要与成年人节目不同，时时处处照顾到小听（观）众的反应。又如在老年节目中，语速可以适当放缓，吐字应该更加清晰，语气应该更加亲切，将有声语言表达调整到适合老年人接收的状态。再如在深夜谈话节目中，音高降低、语速平缓、字音延展，就可以很好地适应夜晚静谧的氛围和受众舒缓的心理状态。

例6.

原文	分析
收音机旁亲爱的小朋友，你好！我是春天姐姐。	语言亲切、真诚，语势上扬，避免灌输、说教方式，设想收听节目的是一群幼儿园小朋友，缩短交流距离。
小朋友，在今天节目的一开始（呢），我还是要和你们说一件新鲜事（儿）。	加上语气词“呢”，“新鲜事”加上儿化，设想自己与小孩子说新鲜事时候的表情。

续表

原文	分析
有一只小猫用了两年多的时间，穿越了3条国境线，走了3 200多公里，终于找到了已经搬到俄罗斯的主人一家。	关照小朋友的接受心理，将稿件进行必要的处理。如“3 200多公里”，不读“三千二百公里”，不妨读为“三千两百多公里”。
一位叫做哈伊莫娃的人（停顿）在两年以前（停顿）从乌兹别克斯坦的老房子搬走了，（她呢）把心爱的宠物小猫卡里姆送给了邻居照顾。	多用停顿的表达方法，增加听众好奇感。加上“她呢”，变为提问语势，引发后面的叙述。自问自答，形式活泼，使听众保持心理上的兴奋状态。
就在前几天（呀），哈伊莫娃在回家的时候惊喜地发现（停顿）小猫卡里姆（停顿）竟然在她俄罗斯家的门口（停顿）等着她呢！	加上语气词“呀”，使表达更加自然轻松，适合小听众的收听习惯。用多个停顿的表达方式，引起听众对结果的期待和兴趣。
小猫卡里姆独自走了这么远的路，用了那么长时间，终于找到了自己的主人，哈伊莫娃一家（啊）非常高兴。这只忠心耿耿的小猫（呢），现在在主人的新家里过得非常的愉快！	语气词“啊”“呢”的使用，使语言更亲切，与小朋友更贴近，更具交流感。

（中央人民广播电台《小喇叭》2010年7月12日）

要注意这篇稿件的收听对象是学龄前儿童，在播音创作时，不能照本宣科，要突出轻松活泼、亲切自然的口语表达，拉近与小朋友之间的距离。

（三）参差错落——调整起伏变化

“文似看山不喜平”，有声语言的表达也要避免平淡，做到交替变化、参差错落。播音创作主体根据稿件的具体内容，使自己的思想感情处于积极的运动状态，并适当调整有声语言的起伏变化。当然，“感人心者莫先乎情”，表情达意是有声语言创作的根本目的，只有做到思想感情充沛丰富，才能使语言表达参差错落。

例7.

《新闻和报纸摘要》播音：大卫

原文	分析
本台消息：第19届世界杯决赛，北京时间今天凌晨5点落幕，西班牙队经过加时赛1∶0击败荷兰队，历史上第一次捧起大力神杯。	要体现稿件的新鲜感和时效性，想象球迷正迫切期待结果。

续表

原文	分析
比赛一开始双方就力拼边路进攻,场上的火药味十足,双方的危险动作不断,整场比赛可以说西班牙队略占上风,但是双方都有多次破门良机,尤其是下半时比赛,荷兰队的罗本撕破了对方的后卫线,获得了单刀球机会,但是球被门将卡希里亚斯神奇化解。加时赛阶段,西班牙队的法布雷加斯的单刀球又被对方门将神奇挡出。比赛第110分钟,荷兰队的海廷加累计两张黄牌被罚下场,胜利的天平发生了倾斜。5分钟之后,西班牙队的伊涅斯塔接法布雷加斯传球终于把球打进了球网,避免本场比赛陷入点球。	最能表现起伏变化的部分,"撕破""化解""挡出""打进",跌宕起伏,使听众的心理也紧张起来。这里应随着比赛的进程,设想出受众心理节奏的变化,用有声语言的抑扬顿挫把它们表现出来。
整场比赛主裁判韦伯出示了14张黄牌1张红牌,为世界杯决赛史上之最。	比赛的与众不同之处,速度放慢,以留给听众深刻印象。

(中央人民广播电台《新闻和报纸摘要》2010年7月12日)

该稿件的内容比较紧凑。首段开宗明义地介绍比赛的结果。第二段为全篇重点,紧张、急促的语流和出人意料的语气贯穿始终,要突出"撕破""化解""挡出""打进"等重点词语,用语气的起伏变化体现动感,将紧张的比赛氛围表现出来,吸引听众的注意力。第三段是背景材料,语速稍慢,节奏放缓,叙述感增强。为避免单一声音传播的枯燥乏味、单调平淡,可以适当加大有声语言的起伏变化,使稿件更具节奏性和感染力。

总之,播音创作的交流思维包括体验交流、互动交流和拟态交流。这三者你中有我、我中有你,互不可分。同时,这三者又是不可互相代替更不可颠倒顺序的。在实际的播音创作中,交流思维是一个以体验交流为前提、互动交流为基础、拟态交流为最终目的的系统、综合、有机的整体。

第四节　例稿解析和练习材料

一、例稿解析

例8.

各位观众,大家好,欢迎收看本期《中国诗词大会》。天生我材必有用,千金散尽还复来。一千两百多年前的诗句，今天读来，依然让人血脉偾张。诗人如椽巨笔下喷涌而出的跌宕起伏的情感，让我们感受到震动古今的气势和力量。这就是中国古诗词的魅力。从今天开始，我们将和大家一起展开一场诗词之旅，去重温那些历久弥新的经典诗句。我想这样的温故知新，可以拂去我们记忆上的灰尘，而古代文人的情怀和智慧，也同样能点亮我们今天的生活。人生自有诗意，来吧，一起加入我们的诗词狂欢！

这是《中国诗词大会》的开场白，通过简洁生动的语言，调动起观众的情绪，唤起观众对诗词的热爱。在练习时，要把握住“倾诉”的交流感，要注意把观众对诗词的关注和诗词给人带来的美好感受表达出来，用声要朴实、语流要顺畅、节奏要渐变。

例 9.

桂林山水

陈　淼

人们都说：“桂林山水甲天下。”我们乘着木船，荡漾在漓江上，来观赏桂林的山水。

我看见过波澜壮阔的大海，玩赏过水平如镜的西湖，却从没看见过漓江这样的水。漓江的水真静啊，静得让你感觉不到它在流动；漓江的水真清啊，清得可以看见江底的沙石；漓江的水真绿啊，绿得仿佛那是一块无瑕的翡翠。船桨激起的微波扩散出一道道水纹，才让你感觉到船在前进，岸在后移。

我攀登过峰峦雄伟的泰山，游览过红叶似火的香山，却从没看见过桂林这一带的山。桂林的山真奇啊，一座座拔地而起，各不相连，像老人，像巨象，像骆驼，奇峰罗列，形态万千；桂林的山真秀啊，像翠绿的屏障，像新生的竹笋，色彩明丽，倒映水中；桂林的山真险啊，危峰兀立，怪石嶙峋，好像一不小心就会栽倒下来。

这样的山围绕着这样的水，这样的水倒映着这样的山，再加上空中云雾迷蒙，山间绿树红花，江上竹筏小舟，让你感到像是走进了连绵不断的画卷，真是“舟行碧波上，人在画中游”。

这是一篇描写景物的文学稿件，通过清丽生动的文字描述，将桂林美丽的风光景致活灵活现地展示在读者面前。在练习时，要充分设想受众的存在，采用“推介者”或“体验者”的身份与其进行交流。态度要真诚质朴、表达要生动活泼，可以对第二、三段中各种比喻进行适度夸张处理，以突出桂林的水和山的不同特点。

二、练习材料

例 10.

乍得外长法基当选新一届非盟主席

本报亚的斯亚贝巴消息：乍得外长穆萨·法基·穆罕默德30日在第二十八届非盟首脑会议上当选为新一届非盟委员会主席，加纳前副外长托马斯·奎西·夸蒂当选副主席。

当天经过7轮投票，最终法基击败另外4名候选人成功当选。据悉，法基现年56岁，拥有多年处理非洲地区和国际事务经验。他曾担任乍得总理，并自2008年起担任该国外交部长。2016年乍得成为非盟轮值主席国，法基出任当年的非盟执行委员会主席。

法基此前接受媒体采访时曾表示，若当选非盟委员会主席，将着重关注非洲的安全和发展问题。

法基曾于2011年10月和2013年8月到访中国。2016年7月，曾赴华出席中非合作论坛约翰内斯堡峰会成果落实协调人会议。

（《人民日报》2017年2月1日）

例 11.

中国8月大幅减持337亿美元美债　规模降至近4年新低

美国财政部当地时间18日公布的最新数据显示，中国今年8月大幅减持337亿美元美债，持债规模降至近4年来新低，但仍居美国最大“债主”位置。

财政部数据显示，截至8月，中国持有美债规模为1.185 1万亿美元，低于上月修正后的1.218 8万亿美元，系连续第三个月减持。美国彭博新闻报道称，此次减持系2013年以来最大减持幅度，中国持债规模降至自2012年11月以来新低。

美国第二大债权国日本同样减持美债，规模从7月的1.154 6万亿美元降至8月的1.144 0万亿美元，系3个月以来首次减持。美国盟友沙特连续7个月减持，截至8月共持有930亿美元美债。

其他减持美债的国家包括瑞士、英国、印度等。增持美债的国家包括巴西、比利时等。

截至今年8月底，外国主要债权人持有美债总额为6.196 4万亿美元，低于上月修正后的6.247 9万亿美元。

财政部报告还显示，8月海外投资者购买美国长期证券的总规模为483亿美元，包括短期证券在内的跨境资金流入规模为738亿美元。

（中新网2016年10月18日）

例12.

诚信出好米 致富打品牌

方 圆

春节刚过，在黑龙江省五常市民意乡北兴屯，家家户户的红灯笼高高挂起。

记者见到王青林的时候，他刚开车回到家里。王青林告诉记者，家里的45亩地，一亩地产出1 000斤水稻，水稻收入每斤2.45元，今年收入11万元，除去前期投入的两万元，纯利润达到9万元。但他说："在我们村，比我富的太多了！"

王青林所在的民意乡是五常大米的种植地，作为闻名全国的优良一季寒地粳稻产区，五常境内360万亩耕地，有超200万亩稻作区，灌溉农田的大小河流200多条，水质中矿物质含量丰富，土质肥沃，产出的大米颗粒饱满、色泽清白透明。

"这几年有机水稻价格高，农民自然收成好。"金禾香有机水稻农民种植专业合作社理事长张国军介绍，大多数农户都买了轿车，还有不少在市里买了商品房。村民的好日子，得益于五常市委市政府"品质+诚信"的战略计划。

"为保证品质，五常有机种植'三用、三不用'——用生物肥、有机肥、农家肥，不用化肥；用生物农药，不用化学药剂；用纸膜覆盖、田鸭以及人工除草，禁用除草剂。为了实行统防统治，市里统购了300架无人机进行航空植保作业，10天就能覆盖全市215.5万亩水稻。"五常市农业局党委书记、局长伊彦臣说，"在诚信方面，建立'三确一检一码'溯源防伪体系，持续开展五常大米市场整顿，打造诚信体系。"

"三确"是确地块、确种子、确投入品，依托的是五常农业物联网平台。"一检"即质量检测环节，通过光谱技术比对，鉴定大米真伪，并开具检验单。在"一码"环节，采用第三代博码技术，对五常大米包装进行防伪。博码有别于二维码、条形码等，不可复制，可保证终端溯源的可靠性。

"博码分为AB两个，消费者在购买之前可用手机扫描包装盒外部的A码进行查验，回家后打开包装，在大米塑料袋外部还有个B码，这是为了防止商家从内部调包。"伊彦臣告诉记者，通过严格监管种出的水稻，稻农凭身份证登记卖到当地的大米加工厂，若发现大米有质量问题，就可以追溯到具体的种植户，进行处罚，同时还能防止稻农掺杂外地的稻谷以次充好，"比如，农户家5亩地打了5 000斤水稻，他就不能卖5 001斤。五常220万亩的水稻，只有23亿斤左右的稻谷，超过这23亿斤就不是五常水稻了，溯源防伪体系就不予确认。”

“政府的严加管控保证了企业效益逐年增长，以前大米多了就开始拼价格，拼到底线一些商家就掺米卖，成了恶性循环。”五常金禾米业总经理王国良说，“政府追溯体系的建立对企业来说是一种监督，更是一种保护，企业的干劲儿足了，利润高了，农民也就丰收了。”

“从种子研发到种子培育、种植、销售，形成了全产业链，走中高端路线，我们的产品80%销往江浙沪一带，政府帮我们联系在天猫旗舰店上销售，效果很好。”王国良说。

2016年，五常市水稻面积为215.5万亩，产量21.71亿斤，水稻合作社3 000余家，全市35万稻农，人均增收2 000元。当年12月12日，中国品牌建设促进会、中国资产评估协会等联合在京发布“2016年中国品牌价值评价信息”榜单，哈尔滨五常大米品牌价值由2015年的425.92亿元升至639.55亿元，位列地标产品全国第五，大米类全国第一。

（《人民日报》2017年2月11日）

例13.

医患关系不会因摇摆的个案而改变

宋　潇

近日，重庆市万州区一名老人倒地受伤，当地卫生院女医生谭永超恰好看到，她忘记了自己已身怀六甲，只记得自己是一名医生，不畏严寒，跪地对其进行抢救，直到救护车到来。

一则冬日里的暖文，包含了众多话题争议，在“老人跌倒扶不扶”“医患关系是否紧张”仍旧众说纷纭之时，这种争议显然已成为老生常谈。虽说医生的举动确实值得点赞，但相比于点赞，更值得思考的是人们“过山车”式的情绪，为何总会因个案摇摆。

在日常生活的各个方面，都存在这种被过度渲染的“情绪陷阱”。譬如，前不久网上热传的一则“杀医声明”，就明显是在刻意将医患关系引导至对立面，人们纷纷谴责这则声明的始作俑者，为医生鸣不平。可问题在于，如果将“杀医声明”和“女医生跪地救人”联系起来，就会发现，一边是紧张的批驳氛围，一边却是高调的赞美，负面新闻和暖闻的共同出现，导致一种极端的摇摆舆论。

不敢扶老人，是因为围观的路人惧怕被讹诈，存证意识还没到位，而医生跪地救人，则是救死扶伤的天职，习惯使然。可偏偏就是这种自然而然的帮扶，被众多网友和媒体渲染成了“国民好医生”。过于极端的情绪摇摆，只会让医生的形象一下子在天上，一下子又在地下，非但不会给他们带来实质性的褒奖，反而会将医患关系引入一个恶性循环的传播链条。

一些周而复始的社会现象，背后必然有其反复发生的深层原因，仅凭一些个案就改变对一类职业的信任，只能说明社会心态尚处于一种极端对立的状态。过于情绪化、摇摆化的舆论氛围，只会恶化本身就已千疮百孔的社会道德困境。

或许，当老人倒地不敢扶、女医生跪地救人不再成为新闻时，才是扶正道德脊梁的开始。反复提及这些话题的表层争议，不去深究背后的深层机理，明天依然会有“老人倒地无人敢扶”“女医生跪地救人”的热点新闻。

（《中国青年报》2017 年 1 月 11 日）

中　编

第四章　播音创作的稿件层次

事物存在着普遍的层次性,层次的“划分”能够探析事物的客观规律,帮助人们理解并解决问题。

播音创作的稿件层次就是播音创作主体在播音创作中要抓住和把握的稿件的内部结构。稿件的作者通过生动形象的文字和清晰有序的结构来表达稿件的内容,播音创作主体则是通过分析稿件的层次来理清稿件的逻辑关系、主次关系,理解作者写作目的,从而为进一步深入理解和表达全篇稿件打下基础。

播音创作是在“深入理解——具体感受——形之于声——及于受众”的过程中实现的。播音创作主体准备稿件的过程是“深入理解”的重要一环。通过对稿件的理解,进而达到正确理解与准确表达的统一,思想感情与尽可能完美的语言技巧的统一,语言形式与体裁风格的统一,准确、鲜明、生动地传达出稿件的精神实质。在这过程中,稿件层次的分析对播音创作起着至关重要的作用。

稿件是播音创作主体在有声语言表达中赖以表情达意的依据。播音创作主体在准备稿件的过程中,要搞清楚稿件层次所体现出的布局结构,从而挖掘稿件的中心思想、主次关系,表达时的感情色彩及态度,才能在有声语言表达中对稿件结构进行符合收听规律的整合,做到“形之于声,及于受众”。因此层次划分在准备稿件的过程中,起着相当重要的作用。

当然,稿件层次分析的结果势必会受到播音创作主体个体的素质、修养、文化底蕴、理解能力以及思维、观念等方面的影响,创作主体对语言学、修辞学、教育学、社会学、民俗学、心理学等学科掌握的水平,也对稿件层次分析的效果起着至关重要的作用。因此,不同的播音创作主体对同一篇稿件的层次结构有不同划分也是正常的。这一方面提示我们,要加强多方面的学习和修养,提高分析问题的能力;另一方面也说明,播音创作主体的独特个性和独特思维能给稿件表达带来新意,在准确理解稿件的基础上展现播音创作主体的风格和特点。

第一节　稿件的多级层次划分

稿件由段落(自然段)、语群(意群)、语句(语义)、语结(词组)组成,稿件的层次像大树的枝干一样支撑起整篇稿件。

在准备稿件时，按照稿件总的逻辑和形象线索，将语言单位一级级条分缕析，从全篇直至词语，划分为多级层次，使播音创作主体能细致入微地理解稿件，并最终全面掌握稿件的内容，准确、鲜明、生动地传达出稿件的精神实质。

一、稿件结构多层级关系

播音创作主体依据对稿件整体结构的理解，将稿件按照从宏观到微观、从全篇到语句的顺序，逐级划分成不同级别的层次关系。这种层次关系称作结构层次。

（一）一级层次

播音创作主体在准备稿件的过程中，把整篇稿件按结构关系的疏密程度，分成具有关联性的表达意义的大层次，作为播音创作总的逻辑链条。这常常是能够体现稿件逻辑线索的最大段落，我们把这个大的段落称作一级层次。一级层次可以参考但不拘泥于稿件的自然段，它可以是由某个或若干个自然段组成的段落，特殊情况下有的篇幅较短的稿件也可能在段内划分一级层次。一级层次体现了稿件总的脉络关系，有利于我们提纲挈领地把握稿件的线索。

（二）二级层次

确定一级层次后，再往深处、细处分析，将稿件分成若干既相互区别又相互联系的下一级层次，就是二级层次。二级层次的划分能帮助我们理清稿件枝蔓的走向，使播音创作能进一步体现稿件本身的结构关系，清晰地传达稿件的思想脉络，使有声语言表达错落有致。和一级层次的划分一样，二级层次也可参考稿件的自然段落，但不必拘泥于此。

（三）三级层次及多级层次

无论是事实的展开过程，观点的推理进程，还是感情的抒发，都有一个表达结构，例如支撑中心思想的叙述部分，支撑论点的分论点和论据，支撑感情的理由等等。播音创作主体按照这种表达结构进一步分析，在一级、二级层次划分的基础上，将二级层次再细分为更小的层次，可以成为稿件的三级层次。进一步更细致地划分，还可以有四级层次甚至更多层次。

例 1.

《话说老实人》
朗读:孙阳

话说老实人

各级层次				原文	自然段
一	二	三	四		
提出问题	(一)	1		老实本来是个褒义词,意思是诚实或规规矩矩,不惹事。	1
		2		我们党一直号召要“说老实话、办老实事、做老实人”。	
		3		在我们周围,老实人还是多数,老实人受到好评。	
	(二)	1		然而,在另外一些人眼里,“老实”却是一个令人无奈的词语。	
		2		人们开始不愿意接受这一说法,似乎被称为“老实人”比被称为傻瓜好不到哪儿去。	
		3		连词典上对“老实”的释义都加了一条:“婉词,指不聪明。”	
	(三)	1		有些人之所以不愿意接受老实人的说法,是因为在现实生活中有的老实人常常吃亏。	2
		2	(1)	生意场上,诚实劳动、合法经营所创造的利润,有时无法与个别制假售假、偷税漏税、坑蒙拐骗之徒所攫取的暴利相提并论。	
			(2)	机关里,努力工作、成绩显著的人,往往没有个别见风使舵、溜须拍马、跑官要官、行贿受贿之辈提升得快。	
		3		一句话,老实人通过正常途径应该办到却办不到的事,个别不老实的人却通过非正常的途径办成了。	
分析问题	(一)	1	(1)	个别人不老实,问题还不大;	3
			(2)	如果不老实成为风气,就是个严重的问题。	
		2	(3)	这必然对以法律为基础的制度建设产生极大杀伤力,阻碍国家改革和建设。	
	(二)	1		道理显而易见:	
		2	(1)	老实人多了,社会就会在法律的规范下得以顺利运转,社会发展的成本就会降低;	
			(2)	不老实的人多了,社会秩序就会混乱,就会增加经济和社会发展的成本。	

续表

<table>
<tr><th colspan="4">各级层次</th><th rowspan="2">原文</th><th rowspan="2">自然段</th></tr>
<tr><th>一</th><th>二</th><th>三</th><th>四</th></tr>
<tr><td rowspan="10">解决问题</td><td>(一)</td><td></td><td></td><td>公民道德教育的一个重要内容就是诚实守信。</td><td rowspan="5">4</td></tr>
<tr><td rowspan="4">(二)</td><td rowspan="2">1</td><td>(1)</td><td>要真正使诚信成为一种风尚,让老实人的利益不受伤害,首先要从政府职能和领导干部做起,</td></tr>
<tr><td>(2)</td><td>讲原则,讲正气,遵纪守法,正直无私。</td></tr>
<tr><td>2</td><td></td><td>对失德者、不老实的人课以重罚,令其付出沉重代价。</td></tr>
<tr><td>3</td><td></td><td>更要使大家懂得,一个诚信社会需要所有公民来营造,人人诚实守信,是提高全社会诚信水平的前提。</td></tr>
<tr><td rowspan="5">(三)</td><td rowspan="2">1</td><td>(1)</td><td>我们应该相信,说老实话,办老实事,做老实人终将在我们这个社会受到尊重,</td><td rowspan="5">5</td></tr>
<tr><td>(2)</td><td>而那些不遵纪守法、搞歪门邪道的不老实的人,也终将自毁前程。</td></tr>
<tr><td rowspan="2">2</td><td>(1)</td><td>随着市场经济体制的逐步完善,一个讲道德、讲诚信、讲规则,按法律办事的现代化文明社会一定会形成,</td></tr>
<tr><td>(2)</td><td>老实人将越来越多。</td></tr>
<tr><td>3</td><td></td><td>对此我们应该有信心。</td></tr>
</table>

二、稿件多级层次划分过程的原则

(一)从宏观到微观

划分层次的过程可以是从宏观到微观的过程。在对全篇稿件了解的基础上,通过对全篇稿件结构、布局的细致分析,弄清从整体逻辑结构、细分结构以至语句内部结构的划分,做到层层剥茧、步步深化。我们主张在训练阶段,要严格按这种方法进行稿件多级层次分析,在宏观把握稿件主旨和内容的基础上再进行具体操作,尽管这样做往往使备稿不能一次完成,但会使播音创作更理性、更准确,取得更好的备稿效果。

划分层次的过程也可以是由局部到整体的过程。以阅读为序,把顺序出现的语言单位以语义、语法、逻辑、感情为线索,组合成语结、语句、语群,进而归结为稿件结构层次,而稿件结构层次的组合又产生上一级层次,直至全篇。整合层次的过程也是稿件从具体“零件”到完整“机体”的过程，是稿件从具有局部意义的书面文字到具有表情达意的整体意义的有声语言的过程。这个方法，往往是播音创作主体在具备较为深厚的备稿能力的基础上，在时间较为仓促、准备稿件时间不充裕的情况下不得不为之的处理方式，且准备稿件过程中应眼、脑、口、耳、手（笔）并用，随时对稿件进行调整和修正。平时训练中可以与从宏观到微观的划分过程相互参照，加深对层次划分的认识。

分析稿件的一级层次，要掌握稿件总的逻辑关系或形象线索。然后分析稿件中的段落构成、展开方式，即二级及以下级别层次。例如，通过稿件总分关系来展开段落，按时间、空间的推移转换来展开段落，借助因果关系来展开段落，通过分论点来展开段落，通过展开联想或是定义、分类来展开段落等。

分析稿件的二级层次和三级层次，除了依然要遵循逻辑关系或形象线索外，还要抓住自然段之间或大的意群、句群间的关系，如并列、承接、递进、因果、解说、转折、条件等，这样会使逻辑链条顺畅、语句间关系清晰，同时层次中的中心句也很容易找到。在有声语言表达时注意对中心句的处理，将会使主次关系更加鲜明。

（二）注意结构层次和自然段的对应关系

我们在分析稿件结构层次时，要注意宏观层次（一般是一级层次或二级层次）和自然段间的关系。

1. 自然段小于一级或二级结构层次

这是指由几个内容联系较紧密的自然段构成一个一级结构层次。在进行播音创作时，不能因自然段而割裂层次，而要根据一级层次的内在关系——二级及其他下级层次，将联系较紧密的自然段用语流连接起来，做到自然流畅。

2. 自然段等于一级或二级结构层次

这是指每个自然段构成一个结构层次，各个自然段之间体现或并列、或顺接、或递进等的内在关系，同时又各自独立。在进行播音创作时，应根据各个自然段之间的逻辑关系，合理运用声音休止、连接等手段，体现段落间的内在关系，做到分合有致。

3. 自然段大于一级或二级结构层次

这是指一个自然段中包括不同的结构层次，自然段的容量大于结构层次。在进行播音创作时，不能简单、笼统地以自然段为单位，对稿件做粗糙的连接处理，而要将自然段中意思明显不同的部分单独划分，并找出它们之间的关系，用声音休止、连接等手段加以区分，做到细腻、清晰。

朱自清的散文《春》借用孩子的眼睛对春天做了全面、精细的观察，抓住了春天的特点，准确、生动地描绘出了江南春天所特有的景象。这篇稿件的所有自然段均小于一级层次，等于二级层次，比较容易划分。

一、二两个自然段组成一级层次的第一层——盼春，每段又各为二级层次，分别虚写和实写春天。在播音创作时应该将其连在一起。

三、四、五、六、七这五个自然段共同组成一级层次的第二层——描春，每段为一个二级层次，分别从草、树、风、雨、人的角度体现春的气息，是并列的，也是独立的。在播音创作时，应利用自然段的区别，体现出层次内部的并列关系，从不同角度描述春天的美好。

八、九、十这三个自然段组成一级层次的第三层——颂春，每段各为一个二级层次，分别描写了春天的新、美、健。

在播音创作时不能一味地见自然段就转换做停顿处理，而应考虑到句群之间的关系，将其顺畅地连在一起。

例 2.

春

朱自清

一级层次及意义	说明	二级层次及意义	自然段	说明	原文
一 盼春	自然段小于一级层次	（一）虚写	1	自然段等于二级层次	盼望着，盼望着，东风来了，春天的脚步近了。
		（二）实写	2		一切都像刚睡醒的样子，欣欣然张开了眼。山朗润起来了，水涨起来了，太阳的脸红起来了。
二 描春	自然段小于一级层次	（一）草	3	自然段等于二级层次	小草偷偷地从土地里钻出来，嫩嫩的，绿绿的。园子里，田野里，瞧去，一大片一大片满是的。坐着，躺着，打两个滚，踢几脚球，赛几趟跑，捉几回迷藏。风轻悄悄的，草软绵绵的。
		（二）树	4		桃树，杏树，梨树，你不让我，我不让你，都开满了花赶趟儿。红的像火，粉的像霞，白的像雪。花里带着甜味；闭了眼，树上仿佛已经满是桃儿，杏儿，梨儿。花下成千成百的蜜蜂嗡嗡地闹着，大小的蝴蝶飞来飞去。野花遍地是：杂样儿，有名字的，没名字的，散在草丛里像眼睛像星星，还眨呀眨的。

续表

一级层次及意义	说明	二级层次及意义	自然段	说明	原文
二 描春	自然段小于一级层次	（三） 风	5	自然段等于二级层次	“吹面不寒杨柳风”，不错的，像母亲的手抚摸着你，风里带着些新翻的泥土的气息，混着青草味儿，还有各种花的香，都在微微润湿的空气里酝酿。鸟儿将巢安在繁花嫩叶当中，高兴起来了，呼朋引伴地卖弄清脆的歌喉，唱出婉转的曲子，跟清风流水应和着。牛背上牧童的短笛，这时候也成天嘹亮地响着。
		（四） 雨	6		雨是最寻常的，一下就是三两天。可别恼。看，像牛毛，像花针，像细丝，密密地斜织着，人家屋顶上全笼着一层薄烟。树叶却绿得发亮，小草也青得逼你的眼。傍晚时候，上灯了，一点点黄晕的光，烘托出一片安静而和平的夜。在乡下，小路上，石桥边，有撑着伞慢慢走着的人，地里还有工作的农民，披着蓑戴着笠。他们的房屋稀稀疏疏的，在雨里静默着。
		（五） 人	7		天上的风筝渐渐多了，地上的孩子也多了。城里乡下，家家户户，老老小小，也赶趟似的，一个个都出来了。舒活舒活筋骨，抖擞抖擞精神，各做各的一份事儿去。“一年之计在于春”，刚起头儿，有的是工夫，有的是希望。
三 颂春 （意群）	自然段小于一级层次	（一） 新	8	自然段等于二级层次	春天像刚落地的娃娃，从头到脚都是新的，它生长着。
		（二） 美	9		春天像小姑娘，花枝招展的，笑着走着。
		（三） 健	10		春天像健壮的青年，有铁一般的胳膊和腰脚，他领着我们向前去。

为了直观地说明自然段和结构层次间的关系，此处没有继续划分三级及以下层次，大家在练习时可以继续划分。

碧野的《天山景物记》是一篇优美的散文，再现了天山的迷人景色。这篇作品开篇部分的结构层次大多属于自然段大于一级、二级层次类型。

例 3.

天山景物记(节选)

碧　野

<table>
<tr><th>一级
层次
及意义</th><th>说明</th><th>二级
层次
及意义</th><th>说明</th><th>自然
段</th><th>原文</th></tr>
<tr><td>一
总领全篇</td><td rowspan="7">自然
段
大于
一级
层次</td><td></td><td></td><td rowspan="3">1</td><td>朋友,你到过天山吗?</td></tr>
<tr><td rowspan="2">二
描写
天山的
自然环境</td><td>(一)
分 1</td><td rowspan="6">自然
段
大于
二级
层次</td><td>天山是我们祖国西北边疆的一条大山脉,连绵几千里,横亘准噶尔盆地和塔里木盆地之间,把广阔的新疆分为南北两半。</td></tr>
<tr><td>(二)
分 2</td><td>远望天山,美丽多姿,那长年积雪高插云霄的群峰,像集体起舞时的维吾尔族少女的珠冠,银光闪闪;那富于色彩的连绵不断的山峦,像孔雀开屏,艳丽迷人。</td></tr>
<tr><td rowspan="4">三
用比喻的
方法描写
对天山的
感情</td><td>(一)
总</td><td rowspan="4">2</td><td>天山不仅给人一种稀有美丽的感觉,而且更给人一种无限温柔的感情。</td></tr>
<tr><td>(二)
分 1</td><td>它有丰饶的水草,有绿发似的森林。</td></tr>
<tr><td>(三)
分 2</td><td>当它披着薄薄云纱的时候,它像少女似的含羞;当它被阳光照耀得非常明朗的时候,又像年轻母亲饱满的胸膛。</td></tr>
<tr><td>(四)
分 3</td><td>人们会同时用两种甜蜜的感情交织着去爱它,既像婴儿喜爱母亲的怀抱,又像男子依偎自己的恋人。</td></tr>
<tr><td>四
归总全篇</td><td colspan="2">自然段等于
一级层次</td><td></td><td>3</td><td>如果你愿意,我陪你进天山去看一看。</td></tr>
</table>

第二节　稿件多级层次分析的方法

一、寻找稿件的逻辑和形象线索

稿件的层次分析,就是在表象和感性的基础上对稿件进行综合、抽象,从而完成分析、判断和推理。在稿件分析时首先找到稿件的逻辑线索和形象线索，对把握稿件的层次会起到事半功倍的效果。

稿件的逻辑线索是依据事实展开的顺序自然形成的条理。理清稿件的逻辑线索，是播音创作主体在备稿时将稿件内容进行梳理和凝聚，使之连缀、贯通、融汇起来的思维过程。稿件的形象线索是在逻辑推理的基础上以稿件中人物、事件、情节、场面、景物等为依据而形成的条理。理清形象线索的过程，是通过联想形成再造性想象的思维过程。将逻辑线索和形象线索相结合，可以为准确划分稿件层次打下良好的基础。

播音创作主体在具体划分稿件层次之前，应抓住稿件中具有代表性的事件和事实、情节和细节、观点和论点，进而产生对稿件的总体感受，然后抓住稿件作者带有倾向性的叙述、议论、描述、抒情等语言，体会作者的思想脉络，进而得出符合稿件主旨的层次划分。

例 4.

《山村教师李丛政照料孤寡 30 年》播音：贾宁

山村教师李丛政照料孤寡 30 年

层次	大意	段落	原文	逻辑线索	形象线索
一	活雷锋	1	一个山村民办教师，30 年如一日义务照料十多位孤寡老人，被当地群众誉为“活雷锋”。他就是湖北省蕲春县株林镇小学民办教师李丛政。	总述：民办教师照顾孤寡 30 年。	李丛政行为，群众，口碑。
二	最近还在照料孤寡老人	2	今年 2 月 26 日晚，雷雨交加，第二天一大早，李丛政就穿起长筒套鞋，踏着雨后的泥泞小道，来到本村孤寡老人陈焱舟的家里。	时间长，次数多，照料周到。 分述 1：坚持至今不间断。	李丛政冒雨，艰难。
		3	双目失明的陈焱舟听到脚步声，喊了一声“李老师”，就激动得说不出话来……		陈焱舟熟悉，激动。
		4	从腊月二十四到正月初九，李丛政上门 3 次，为老人送去鱼、肉、糖果等年货，为老人贴春联，陪老人聊天。		李丛政经常上门。

续表

层次	大意	段落	原文	逻辑线索	形象线索
三	坚持照顾孤寡老人的过程	5	1975年，李丛政高中毕业后到株林镇小学当民办教师，从那时起，他就为学校附近的孤寡老人打柴、挑水、扫地，30多年来从未间断。	时间早，照顾老人，延续时间长。 分述2：长期服务30年。	李丛政当教师，坚持服务。
		6	16年前，株林老街边住着一个名叫"冷婆"的老人，李丛政为她买盐、送菜，直到1994年老人去世。		李丛政16年前照顾冷婆。
		7	离"冷婆"不远，住着一位孤寡老人张婆婆，老伴去世，儿子在外地工作。李丛政隔三岔五地为老人做家务、送柴草、捎吃的东西……2003年6月，82岁的张婆婆含笑九泉。老人去世的几天前，李丛政登门看望。张婆婆拉着李丛政的手说："伢儿呦，要不是你这么多年的帮助，我只怕早不在了。"		李丛政2003年前照顾张婆婆。
四	延伸了"学雷锋"	8	李丛政上有老下有小，教学事务繁忙，家务担子沉重，照顾老人有时候忙不过来。于是，他在班里组织了以孤寡老人为服务对象的"学雷锋小分队"。学生们以李老师为榜样，都争着报名。	分述3：教师带动学生，受到表彰。	李丛政组织学生"学雷锋"。
		9	李丛政30多年如一日扶助弱者、救助孤寡老人的高尚品德，受到广泛赞誉。2004年他被评为蕲春县优秀教师。		李丛政被评为优秀教师。
五	总结	10	有人问他为什么像对待亲人那样厚待非亲非故的孤寡老人，他憨厚地说："我是教师，应该为学生作出表率。何况，我们每个人都有老的时候……"	阐述意义：教师的表率作用	李丛政总结。

（《中国教育报》2007年3月20日）

在通读整篇稿件后，可以归纳出全篇稿件的逻辑线索：

总述（第一自然段）：山村教师义务照料孤寡30年；

分述1（二、三、四自然段）：多次上门看望陈猋舟老人；

分述2（五、六、七自然段）：长期服务30年，以冷婆婆、张婆婆为例；

分述3（八、九自然段）：发挥教师带动作用——带动学生，受到表彰。

总结（第十自然段）：教师的表率作用。

这就是通过分析文字信息而产生的逻辑线索。

同时，在阅读稿件时还可以梳理出人物、事件、环境、语言等形象线索：

1. 总体形象

第一段：李丛政——30年如一日，义务照料十多位孤寡老人，被誉为"活雷锋"。

2. 最新事件

第二段：雷雨交加（冒雨），李丛政——穿起长筒套鞋，踏着雨后的泥泞小道（艰难）。

第三段：陈猋舟——听到脚步声，喊李老师（熟悉），激动得说不出话来。

第四段：李丛政——短时间内三次服务，做日常事务（经常）。

3. 持续至今

第五段：李丛政——1975年开始（时间早），30年不间断（坚持）。

第六段：李丛政——16年前（持续）服务冷婆婆。

第七段：李丛政——持续服务张婆婆直至老人去世。

4. 新的发展

第八段：李丛政——组织学雷锋小分队（带动学生）。

第九段：李丛政——被评为优秀教师（榜样）。

5. 总结提升

第十段：李丛政——对自己行为的总结（表率）。

通过对李丛政的言行、他人的反应和评价的具体描写，我们可以全面地了解人物形象，同时，再发挥丰富的想象力，就可以把一个朴实、热情、坚韧的山村教师形象丰满地树立在我们的脑海中，在表达人物形象时更容易突出主题。

二、分析稿件的内容和形式

在稿件分析时，我们可以从内容和形式两个方面来进行。例如以叙述为主的新闻消息，可以根据对事件的概述、详述、说明、结束的内容变化及导语、主体、背景、结尾的结构特点来划分层次；以情节描述、情感抒发为主的通讯稿件，可以根据事件发生、发展、终结的顺序或是情感、矛盾的发展变化来划分层次；以议论为主的评述性稿件，可以按照提出问题、分析问题、解决问题的顺序来划分层次。通过把握稿件层次，播音创作得以逻辑严密、主题明确、重点突出。

例 5.

层次	段落	原文	形式	内容
一	1	山林掩映之中，7 条狭长的雪道从近千米高的山顶蜿蜒而下；山脚之下，全长 1 900 多米的雪车雪橇赛道蜿蜒回转……北京 2022 年冬奥会延庆赛区核心区场馆规划日前出炉。延庆赛区将打造“山林场馆”，让建筑景观融于自然山林之中。	导语	场馆规划已经出炉。
二	2	延庆赛区核心区位于小海坨山南麓，将建设两个竞赛场馆即国家高山滑雪中心、国家雪车雪橇中心和两个非竞赛场馆：延庆冬奥村、山地新闻中心。	主体	规划的详细情况。
	3	国家高山滑雪中心包括竞速、竞技赛道及训练道、高山集散广场、媒体转播区、山顶平台出发区，竞速、竞技结束区等，可提供 8 000 个观众席位。		
	4	国家雪车雪橇中心位于延庆赛区核心区南区中部，将进行雪车、钢架雪车和雪橇项目比赛，总观众席位数 7 500个。赛道垂直落差 127 米，设置 16 个弯道，最高设计时速 134.4 公里，设置 5 个赛道出发区。		
	5	延庆冬奥村可为运动员及随队官员提供约 1 430 个床位，包含国际区、运营区、居住区等功能区。延庆冬奥村赛后将转换成为山地滑雪旅游度假酒店，为冰雪运动及山地活动爱好者提供服务。		
三	6	记者 5 日从北京市重大项目办了解到，延庆赛区已经基本完成规划设计，开始进入全面建设阶段。目前，国家高山滑雪中心、国家雪车雪橇中心已经开工建设，延庆冬奥村、山地新闻中心今年将实现开工建设。	结尾	规划已进入建设阶段。
四	7	据了解，国家高山滑雪中心将承办北京冬奥会滑降、超级大回转、大回转、回转等比赛项目，国家雪车雪橇中心将承办北京冬奥会雪车、钢架雪车、雪橇等比赛项目。	背景	规划的目的。

（新华网 2018 年 7 月 5 日）

本稿件为新闻消息，从形式上看，符合常规消息结构：第 1 段为导语，第 2、3、4、5 段为主体，第 6 段为结尾，第 7 段为背景。从内容上看，第 1 段指明场馆规划已经出炉。第 2、3、4、5 段，介绍场馆规划的详细情况。第 6 段，指出规划已进入建设阶段。第 7 段，介绍规划的目的和初衷。

在篇章层次上，2、3、4、5 段之间内容连接紧密，要相对紧凑，使同一个问题得以集中呈现。其余段落则相对独立，语言表达时两段之间的间歇相对较长，以区分不同的内容。从内容和形式两方面来分析稿件，更有利于我们理清稿件的脉络，明确表达目的，突出表达重点。

第三节　稿件各层次间的转换

稿件结构层次的划分是把稿件分解为一个个具体可感的片段，有助于我们更清晰地梳理稿件、更准确地抓住稿件核心。在紧随其后的有声语言表达中，无论是大层次还是小层级，我们都需要将它们恰如其分地组合起来，使之成为一个和谐统一的整体，既条理清晰又浑然一体、既逻辑严密又生动感人。要想完成好这一步就需要特别注意各个结构层次的转换，为连接各部分提供有效的“润滑剂”。

一、平稳过渡，协和型转换

该类型转换的核心是“协和”，即结构层次的转换在时间间隔上比较长，有一定缓冲空间，总体波动不大，处在一种较为稳定、平和的状态。大多数稿件的大层次之间的转换属于协和型转换。

例 6.

层次	原文	框架	层次大意
一	新西兰统计局 12 日发布的最新数据显示，7 月到新西兰旅游的海外游客数同比增长 14%，达 23.79 万人次，其中中国游客数增长最快。	导语	赴新旅游的中国游客大幅增长。
从导语概述，向具体内容推进			
二	据新西兰官方统计，截至 7 月的过去一年内，抵达新西兰的中国游客数同比增加 8.79 万人次，达 40.32 万人次。过去一年内来新西兰旅游人次最多的是澳大利亚游客，达 137 万人次，但新增数量不及中国游客。中国已成为新西兰增长最快的海外游客来源国。	主体	中国游客增长的具体情况。

续表

<table>
<tr><th>层次</th><th>原文</th><th>框架</th><th>层次大意</th></tr>
<tr><td>二</td><td>新西兰统计局表示，赴新旅游的海外游客不仅人数增长快，停留时间也在不断延长，7 月入境游客停留时间同比增加 6.9%。</td><td></td><td></td></tr>
<tr><td colspan="4">从主体展开，向背景补充过渡</td></tr>
<tr><td>三</td><td>旅游业一直是新西兰经济发展的重要引擎，近年来新西兰旅游当局通过多种方式加强了海外推介活动。</td><td>背景</td><td>旅游业对于新西兰的意义。</td></tr>
<tr><td colspan="4">从背景展开，向结尾总结过渡</td></tr>
<tr><td>四</td><td>新西兰商业、创新和就业部的统计显示，今年 7 月游客在新西兰消费总额达 17 亿新西兰元（约合 12.28 亿美元）。</td><td>结尾</td><td>游客消费总额。</td></tr>
</table>

（新华网 2016 年 9 月 13 日）

该消息的结构层次较为标准，清晰地显示了其写作框架，我们可以根据这个框架对稿件划分层级。全篇都围绕“赴新西兰旅游的中国游客人数大增”这个关键信息，不同层级间的内在联系较为密切，均属于协和型转换，表达时平稳过渡、稳步推进即可。

二、急转直入，冲击型转换

该类型转换的核心是“变化”，即结构层次间的衔接波动较大，处在一种较为激烈、紧张的状态。

此种转换，可使用在层次间关联不是特别紧密，情绪、感情的对比较为明显的段落。

例 7.

鹰　之　击

周　涛

一级层次	二级层次	原文
一 鹰发现了狼	（一） 鹰的描绘	哦，我看见一只鹰，正从峭壁上飞起， 它刚才还立在山巅，立在一块突兀的岩石上， 凝着神，敛着翅，一动也不动， 像一尊褐灰色的石雕， 从高峻的积雪山峦俯瞰大地——

《鹰之击》（片段）朗诵：申兴华、武文

续表

<table>
<tr><th>一级层次</th><th>二级层次</th><th>原文</th></tr>
<tr><td rowspan="3">一
鹰发
现了狼</td><td>(一)
鹰的
描绘</td><td>这是深秋的旷野,
在枯黄的草色中还隐隐透着淡绿;
如一幅刚刚绘好的地图。
坦荡的世界醉于色彩变幻的漩流,
杂色的树丛和银灰色的河流,
合拍于大地缓缓起伏的旋律。
哦,它是只年轻的鹰,
翅膀异常有力
它有被太阳烘暖的热血,
闪电般犀利的目光,
飞卷的鳞状雨云所剪裁而成的翎羽。
它还有迅雷一般易怒的脾气,
它盘旋着,凭借着风和气流,
划出巨大的弧线旋转上升……</td></tr>
<tr><td colspan="2">二级层次间,鹰从平静到警觉:冲击型转换,从静到动。</td></tr>
<tr><td>(二)
鹰发现
了狼</td><td>它发现了什么?谁是它的仇敌?
为什么那飘向青天极处的黑点,
突然发出尖利激扬的啸叫?
它伸展帆影般的双翼,
开始在天风中兴奋地颤抖啦,
胸脯前狂流的热血涌向咽喉,
渴望着属于鹰的荣誉……
哦,它看见了:一只狼。</td></tr>
<tr><td colspan="3">一级层次间,与高傲的鹰形成对比的阴暗的狼出场:协和型转换,平起。</td></tr>
<tr><td rowspan="2">二
狼与
鹰斗智
斗勇</td><td>(一)
狼的
描绘</td><td>一只狼,正从通向牧场的山凹处走过来,
穿过那片投着阴影的松林,
远处,暴怒的吠犬正在搜索山丛。
这个在逃犯,是只老狼了。
灰色的皮毛像秋草那样杂乱,
蹒跚地走在布满石片的干涸的溪底。
它垂着头,目光冷漠而暗淡,
仿佛掩盖在灰烬中的两粒火星;
一条蹶碍的前腿像挨过狼夹子,
那破布般的尾巴
正无精打采地拖在身后,
像败兵倒拖在身后的破旗。</td></tr>
<tr><td colspan="2">二级层次间,从狼的蹒跚到鹰的出击:冲击型转换,从低沉到高昂。</td></tr>
</table>

续表

<table>
<tr><th>一级层次</th><th>二级层次</th><th>原文</th></tr>
<tr><td rowspan="8">二
狼与
鹰斗智
斗勇</td><td>（二）
鹰的
出击</td><td>这时，那只发现了目标的鹰，
从空中投下死神的阴影！
那猎鹰是那样愤怒而且自信，
它盘旋到最适合的角度，
就果敢地压低翅膀，猛一侧身；
掠过了山脊，掠过了树梢，
在瓦蓝的天际，
划出一道长长的裂缝……</td></tr>
<tr><td colspan="2">二级层次间，从鹰的出击到狼的沉稳：协和型转换，从高昂到低沉。</td></tr>
<tr><td>（三）
狼的
沉稳</td><td>那老狼正暴露于旷野之上，
它只是蹒跚地小跑着，
都不曾抬起头，瞥一眼天上的流云；
但它的眼睛却死死盯住鹰的投影，
锋利的牙齿间紧紧咬着一个仇恨。
狼已经感到了背脊上，
鹰的锐目射向它的两道正义的寒光；
听到自空而降的猎猎雄风
正向它压下来，渐渐逼近……</td></tr>
<tr><td colspan="2">二级层次间，从狼的沉稳到鹰的出击：冲击型转换，从低沉到高昂。</td></tr>
<tr><td>（四）
鹰的
出击</td><td>年轻的鹰发起了第一次打击，
它伸出一只利爪，抓住狼的后臀，
让那利刃深深扎进骨缝，它知道，
这剧疼是岩石也无法忍受的，
狼一定会本能地反扑，扭头来咬，
那正好，它的另一只利爪
会不失时机地伸过去，
插进它毛茸茸的两耳之间，掠过额顶
闪电般抠住狼的眼睛……</td></tr>
<tr><td colspan="2">二级层次间，从鹰的出击到狼的隐忍：协和型转换，从动态到静态。</td></tr>
<tr><td>（五）
狼的
应对</td><td>但是那老灰狼没有扭头，
它把一声狂嚎关在喉咙里，只挤出一丝呻吟；
老辣的计谋扼制了本能，
它反而更低地向前伸着头，开始狂奔；
像一只拖着褐色风帆的快船，
直奔一片枝干交错、密如蛛网的灌木林。</td></tr>
</table>

续表

<table>
<tr><th>一级层次</th><th>二级层次</th><th>原文</th></tr>
<tr><td rowspan="2">二
狼与
鹰斗智
斗勇</td><td colspan="2">二级层次间，从狼的隐忍、角力到鹰的不幸结局：冲击型转换，从快速到慢速。</td></tr>
<tr><td>（六）
鹰的
困境</td><td>鹰的铁爪锁在它的骨肉之中了，
扑着翅膀挣扎，像一架倒拖的犁……
被拖向灌木林，被拖进灌木林，
劈面而来的枝杈，抽打它，引诱它，
引诱它那只铁爪抓住树枝的本能。
它抓住树枝，想借以重新腾空，
然而，这只年轻的鹰，却抓住了不幸——
两个铁钩似的利爪都已无法脱开了，
它被劈胸撕成两半，灌丛深处
传出一阵凄厉的啸声……</td></tr>
<tr><td colspan="3">一级层次间，从紧张的角力到最终结局：协和型转换，从紧张到平静。</td></tr>
<tr><td rowspan="3">三
鹰与
狼两败
俱亡</td><td>（一）
鹰的
结局：
壮烈
地死</td><td>当那只狼，从树丛中窜出来的时候，
就像在那里刚刚进行了一场谋杀！
那鹰的一半牢牢钉在树上，
被冲力撕开的胸腔鲜血淋淋。
但它的神经肌肉却还活着，
像钉在树上的一面迎风的旗帜。
它的翅膀还在不停地扑打着、动着……
所有的鹰都会从高空、从陡峭的悬崖上，
看到它的形象，听到它的声音，
哦，这属于天空和大地的勇敢的子孙！</td></tr>
<tr><td colspan="2">二级层次间，从鹰的壮烈到狼的痛苦：协和型转换，从高亢到低沉。</td></tr>
<tr><td>（二）
狼的
结局：
痛苦
地死</td><td>而那只老狼，它真的胜利了吗？
不，它从此不能再有一刻安宁了，
它将不停地长嚎、奔跑、打滚，
从白天跑到黑夜，从黑夜跑到黎明；
因为一只鹰爪还留在它身后，
深嵌在骨缝，紧紧掐住它的神经！
它永远也摆脱不掉这只手了，
直到精疲力竭地死去……</td></tr>
<tr><td colspan="3">一级层次间，作者对鹰的精神的赞美：协和型转换，从具体事件中跳脱出来，从低沉到平静。</td></tr>
</table>

续表

一级层次	二级层次	原文
四 鹰的 精神 永存		哦！我又看见一只鹰,和那只鹰一样年轻。 它又从峭壁上飞起,轻轻地一耸, 滑翔得那么自如,俯冲得那么英勇, 偶尔也从云层飘下一两声欢叫, 它是在召唤它的同类吗？这雄禽 连欢叫的声音也是悲壮的, 如同直射长空的飒飒秋风…… 是的,鹰是不死的。 峭壁上依然有鹰的石雕, 和那只鹰一样是褐灰色的, 褐灰色的,一动不动； 天空中依然有鹰的身影, 也和那死去的鹰一样, 划着巨大的弧线,旋转上升。

该作品描述了鹰和狼的一场战斗。在一高傲一阴暗的对比中,两种鲜明的性格被衬托出来,给人以惊心动魄的冲击。表现鹰的高傲、勇敢、悲壮,语流高亢、鲜明；表现狼的阴暗、老辣,语流平稳、低沉。衔接时,鹰之后的狼的出现,总是较为平静(变化隐藏在平静之中),属于协和型转换；狼之后的鹰的出现,总是较为动感,属于冲击型转换。

此种转换,除了用于层次间关联不是特别紧密之处,也可用于层级较低(关系更为紧密),甚至在一个层次内部内容关联较为紧凑,或情绪变化较为明显之处。

例 8.

海　　燕

高尔基

一级层次	二级层次	三级层次	原文
一	(　)	1	在苍茫的大海上,狂风卷集着乌云。
		2	在乌云和大海之间,
			停顿不明显,但语气发生变化,从严峻环境的描述转换为主人公海燕的动态描述,主人公的第一次出现就占据了主导地位:冲击型转换。
			海燕像黑色的闪电,在高傲地飞翔。

续表

一级层次	二级层次	三级层次	原文
一	（二）	1	一会儿翅膀碰着波浪，一会儿箭一般地直冲向乌云，它叫喊着，
		稍有停顿，语气发生变化，从海燕动态的描述转换为昂扬积极的欢乐情绪：冲击型转换。	
		2	——就在这鸟儿勇敢的叫喊声里，乌云听出了欢乐。
			情绪继续发酵引起语气变化，从欢乐情绪转换为温暖色调：冲击型转换。
			在这叫喊声里——充满着对暴风雨的渴望！
			情绪继续发酵引起语气变化，从温暖色调转换为力量的体现：冲击型转换。
			在这叫喊声里，乌云听出了愤怒的力量、热情的火焰和胜利的信心。

一级层次间，停顿明显，语气大幅变化，从热情的歌颂骤然转换为轻蔑的口吻，形成强烈对比：冲击型转换。

一级层次	二级层次	三级层次	原文
二	（一）	1	海鸥在暴风雨来临之前呻吟着，——呻吟着，
			停顿不明显，语气稍有变化，从静态的呻吟转换为稍有动态的飞窜。
			它们在大海上飞窜，想把自己对暴风雨的恐惧，掩藏到大海深处。
		三级层次间，从一种轻蔑向另一种轻蔑过渡：协和型转换。	
		2	海鸭也在呻吟着，
			停顿不明显，语气稍有变化，从静态的呻吟转换为稍有动态的颤抖。
			——它们这些海鸭啊，享受不了生活的战斗的欢乐：
			停顿不明显，语气稍有变化，从稍有动态的颤抖转换为静态的呻吟。
			轰隆隆的雷声就把它们吓坏了。
		三级层次间，从一种轻蔑向另一种轻蔑过渡：协和型转换。	
		3	蠢笨的企鹅，胆怯地把肥胖的身体躲藏在悬崖底下……
	停顿明显，语气陡然变化，从轻蔑的口吻骤然转换为热情的歌颂：明显的冲击型转换。		

续表

<table>
<tr><th>一级层次</th><th>二级层次</th><th>三级层次</th><th>原文</th></tr>
<tr><td>二</td><td>(二)</td><td></td><td>只有那高傲的海燕,勇敢地,自由自在地,在泛起白沫的大海上飞翔!</td></tr>
<tr><td colspan="4">一级层次间,停顿明显,语气大幅度变化,从明亮的冲击又转换为阴暗的压力:冲击型转换。</td></tr>
<tr><td rowspan="19">三</td><td rowspan="7">(一)</td><td rowspan="4">1</td><td>乌云越来越暗,越来越低,向海面直压下来,</td></tr>
<tr><td>停顿明显,语气大幅度变化,从明亮的冲击又转换为阴暗的压力:冲击型转换。</td></tr>
<tr><td>而波浪一边唱歌,一边冲向高空,去迎接那雷声。</td></tr>
<tr><td>顺接,从一种明亮的冲击向另一种明亮的冲击过渡:协和型转换。</td></tr>
<tr><td rowspan="3">2</td><td>雷声轰响。波浪在愤怒的飞沫中呼叫,跟狂风争鸣。</td></tr>
<tr><td>从明亮的冲击转换为阴暗的压力:冲击型转换。</td></tr>
<tr><td>看吧,狂风紧紧抱起一层层巨浪,恶狠狠地将它们甩到悬崖上,把这些大块的翡翠摔成尘雾和碎末。</td></tr>
<tr><td colspan="3">停顿明显,语气陡然变化,从压力背景的描述骤然转换为冲击主体的歌颂,主人公又占据了中心位置:明显的冲击型转换。</td></tr>
<tr><td rowspan="5">(二)</td><td>1</td><td>看吧,它飞舞着,像个精灵,——高傲的、黑色的暴风雨的精灵,——它在大笑,它又在号叫……它笑那些乌云,它因为欢乐而号叫!</td></tr>
<tr><td colspan="2">从明亮的冲击转换为对阴暗的压力的蔑视:冲击型转换。</td></tr>
<tr><td rowspan="3">2</td><td>这个敏感的精灵,——它从雷声的震怒里,早就听出了困乏,</td></tr>
<tr><td>一种逐渐但明显从蔑视到自信的转换:含蓄的冲击型转换。</td></tr>
<tr><td>它深信,乌云遮不住太阳——是的,遮不住的!</td></tr>
<tr><td colspan="3">又一次强化压力,从自信的怒吼转化为阴暗压力的垂死挣扎:冲击型转换。</td></tr>
<tr><td rowspan="5">(三)</td><td>1</td><td>狂风吼叫……雷声轰响……</td></tr>
<tr><td colspan="2">从一种压力向另一种压力过渡:协和型转换。</td></tr>
<tr><td>2</td><td>一堆堆乌云,像青色的火焰,在无底的大海上燃烧。</td></tr>
<tr><td colspan="2">从一种压力向另一种压力过渡:协和型转换。</td></tr>
<tr><td>3</td><td>大海抓住闪电的箭光,把它们熄灭在自己的深渊里。</td></tr>
</table>

续表

一级层次	二级层次	三级层次	原文
三	（三）	从一种压力展开，向另一种压力过渡：协和型转换。	
		4	这些闪电的影子，活像一条条火蛇，在大海里蜿蜒游动，一晃就消失了。
尽管处在一级层次，但停顿并不明显，而语气大幅度变化，是对压力的无惧和挑战，主人公占据中心位置，压倒一切：冲击型转换。			
四	（一）		——暴风雨！暴风雨就要来啦！ 这是勇敢的海燕，在怒吼的大海上，在闪电中间，高傲地飞翔；
		从小高潮进入大高潮，是渐进的变化：推进式的协和型转换。	
	（二）		这是胜利的预言家在叫喊： ——让暴风雨来得更猛烈些吧！

高尔基的《海燕》，歌颂了暴风雨的预言家、海上的勇敢者“海燕”所代表的俄国革命先驱无畏、坚强、乐观的战斗豪情，抨击了“乌云、狂风、雷电”所象征的黑暗的沙皇专制制度和“海鸥、海鸭、企鹅”所象征的在革命暴风雨来临前害怕革命、反对革命的俄国资产阶级各阶层的代表。行文酣畅有力，运用了强烈的对比、衬托和反差来持续强化作者对待不同人群的鲜明立场和态度，这既是本文的突出艺术特色，也是必须考虑的有声语言表达重点。在播音创作时，必须注意这些层次间的转换（特别是冲击型转换），用声音、停顿、语气、节奏等变化，来突出文章中情感和态度的巨大反差。

第四节　例稿解析和练习材料

一、例稿解析

《外来工总支委员的一天》播音：贾宁

例 9.

外来工总支委员的一天

陈伟光

江南三月，春寒犹浓。刚过凌晨 4 时，浙江省慈溪市胜山头村寂静的街道上，就响起王永全有节奏的扫地声。自 2001 年 2 月他从河南省郸城县老家来到这里做保洁员，至今已整整 7 年，这凌晨的扫地声几乎没有间断过。

去年 11 月 12 日，在胜山头村党总支换届选举中，王永全因“踏踏实实工作，赢得村民认同”，全票当选为村党总支委员，成为浙江省第一个外来工“村官”，广受关注。

老王进入村党组织班子经过了严格的组织程序。胜山镇党委副书记王晓引介绍，镇村两级组成联合调查组，广泛开展走访座谈，经过多个层次考察、听取各方面意见后，确定进入村党组织班子的人选。办理组织关系转接手续、报镇级党委审核批准，提交村党员大会投票表决后，才有了老王这个首位外来工“村官”。

当选委员之初，打扫大街的老王总会遇到村民们惊讶的目光：“当领导了还干清洁啊？”对此老王总是憨憨一笑，“为村子干事嘛，当领导也得干好本职工作。”胜山头村 3 500 多村民，85%从事布料经营和服装加工，外来务工人员达 4 000多人。全村几千人生活垃圾的清运，道路、绿地、公厕的保洁，就是老王的本职工作。

一口气忙碌了 6 个多小时，老王清扫了自己分管的街道，又把 3 个小区的生活垃圾运走。回到家里，妻子已经做好了中饭。住在村里提供的一套外来人口公寓里，房租和水电费全免，每月有 2 000 多元收入，老王对现在的生活十分满意，“感觉自己是胜山人了”。

上午干完卫生，下午老王照常去自己的办公室。自从他当选村党总支委员后，村里给他专门安排了个办公桌。下午 2 时，老王往村委办公楼走去，“老王上班了啊！”一路上村民的招呼声不断。走进门厅，老王爱看看“胜山头村党总支”公示栏，那里有一张他的 2 寸标准照，是老王亲自贴上去的，照片下方写着：“王永全职责：村子环保；协助村里其他事务。”

今天，村干部们聚在一起，主要讨论 2008 年工作计划。讨论环境整治工作时，老王提出两点建议：“一是春节后，外来人口公寓居住的务工人员不断增加，希望村里配置更多的垃圾桶等保洁用具；二是村里的环保志愿活动不仅要发动本地人参加，也要吸收更多的外来务工人员加入，使他们有主人翁意识，共同保护我们的环境。”大家都很赞同，村干部们都愿意支持老王的建议。

晚上 7 时，老王准时收看《新闻联播》。他说，不了解党的政策和国内外大事，就做不好工作。

老王的同事、村党总支政工委员罗丽萍，现在主动担起了督导老王学习的任务。每月的 15 日和 30 日晚上，罗丽萍都会提醒老王去村里的远程教育中心，与村民和外来务工人员一起学习交流，听取大家的建议。现在，老王的笔记本已记录了70多条建议,其中有20多条被村委会采纳。

(《人民日报》2008年3月19日,有删改)

(一) 中心思想

这篇稿件,标题中似乎每个词都是关键词,但读完全文才明白,"外来工"和"总支委员"才体现了文章的中心思想。虽然稿件写了王永全的一天,但不是单纯按早晨、上午、中午、下午、晚上的时间顺序建构脉络。开头三段介绍概况和背景。第4、5段是王永全的外来工(本职)生活——打扫卫生;第6、7、8、9段是外来工王永全的村党总支委员生活(党内职责)——开会提建议、看新闻联播、参加学习充电。"一天"反而不重要了,所以在标题中"外来工"和"总支委员"这两个词应强调处理,抓不住这两个词就抓不住脉络线索,抓不住脉络就无法体现中心思想。

同时这两个词也成为贯穿全文的线索。开头三段分别抓住"扫地""保洁员""7年"与"组织程序""投票表决"等对应标题中的"外来工""总支委员";第4、5段突出与"本职工作"以及"生活"相关的词语;第6、7、8、9段抓住与"办公""职责""学习"相关的词语加以强调,又对应了标题中"外来工"和"总支委员"。这样一来,全篇稿件所表达的民主、民生的主题在字里行间被挖掘出来。

(二) 多级层次

1. 一级层次

该例文按照稿件的逻辑线索可划分成四个一级层次。分别为:

一级层次	段落	层次大意	说明
一	1—3	概况和背景:外来保洁员王永全通过民主程序当选村党总支委员。	不完全根据时间顺序,而是依据逻辑线索。
二	4—5	王永全当选后仍坚守自己原先的工作。	
三	6—7	王永全作为村党总支委员的公务及其发挥的作用。	
四	8—9	王永全为当好村党总支委员而学习提高的过程。	

通过一级层次的划分也可以弄清稿件的形象线索,即揭示王永全其人、王永全的生活、王永全的公务以及他不断学习提高的过程。在理清稿件的线索后,稿件中的重点、中心句、关键词也就更加清晰了。

2. 二级层次

二级层次的划分，是将稿件一级层次再分成若干既相互区别又相互联系的下一级层次。

如：本文一级层次的第一层，可以再细分为二级层次。

<table>
<tr><th>一级层次</th><th>二级层次</th><th>原文</th><th>层次大意</th><th>表达手法</th></tr>
<tr><td rowspan="5">一
1—3
自然段
概述和
背景</td><td>（一）</td><td>江南三月，春寒犹浓。刚过凌晨4时，浙江省慈溪市胜山头村寂静的街道上，就响起王永全有节奏的扫地声。自2001年2月他从河南省郸城县老家来到这里做保洁员，至今已整整7年，这凌晨的扫地声几乎没有间断过。</td><td>描述性地引出主人公。</td><td>第一句描述环境，语速舒缓。第二句为重点句，开头语速稍快，在“王永全”前有一小停顿同时语速减慢。随后第三句再渐渐加快。</td></tr>
<tr><td colspan="4">二级层次间，从现实描写向背景回述过渡：协和型转换</td></tr>
<tr><td>（二）</td><td>去年11月12日，在胜山头村党总支换届选举中，王永全因“踏踏实实工作，赢得村民认同”，全票当选为村党总支委员，成为浙江省第一个外来工“村官”，广受关注。</td><td>王永全当选村党总支委员。</td><td>后半句是中心。在原有语速基础上在“第一个”后减慢语速。</td></tr>
<tr><td colspan="4">二级层次间，从背景回述的总述，向分述过渡：协和型转换</td></tr>
<tr><td>（三）</td><td>老王进入村党组织班子经过了严格的组织程序。胜山镇党委副书记王晓引介绍，镇村两级组成联合调查组，广泛开展走访座谈，经过多个层次考察、听取各方面意见后，确定进入村党组织班子的人选。办理组织关系转接手续、报镇级党委审核批准，提交村党员大会投票表决后，才有了老王这个首位外来工“村官”。</td><td>当选村党总支委员的组织程序。</td><td>第一句为全段段意，语速稍慢。
第二句罗列事实，语速稍快。
第三句为中心句，“首位”语速稍慢。</td></tr>
</table>

3. 三级层次

在一级、二级层次划分的基础上，可将稿件再细分为更小的层次，形成三级层次。本段的三级结构，可以在句群与句群之间造成起伏对比。以一级层次的局部为例。

<table>
<tr><th>一级层次</th><th>二级层次</th><th>三级层次</th><th>原文</th><th>层次大意</th><th>表达手法</th></tr>
<tr><td rowspan="7">一
1—3
自然段
概述和
背景</td><td rowspan="5">（一）
描述
性地
引出
主人公</td><td>1</td><td>江南三月，春寒犹浓。</td><td>环境介绍</td><td rowspan="4">声音状态舒缓平静。</td></tr>
<tr><td colspan="3">三级层次间，从环境描写向行为描写过渡：协和型转换</td></tr>
<tr><td>2</td><td>刚过凌晨4时，浙江省慈溪市胜山头村寂静的街道上，就响起王永全有节奏的扫地声。</td><td>以描绘的方式引出主人公。</td></tr>
<tr><td colspan="3">三级层次间，从行为描写向背景回述过渡：协和型转换</td></tr>
<tr><td>3</td><td>自2001年2月他从河南省郸城县老家来到这里做保洁员，至今已整整7年，这凌晨的扫地声几乎没有间断过。</td><td>介绍背景：
外来务工7年，融入当地。</td><td>声音状态轻松愉悦。</td></tr>
<tr><td>（二）</td><td>略</td><td>略</td><td>略</td><td>略</td></tr>
<tr><td>（三）</td><td>略</td><td>略</td><td>略</td><td>略</td></tr>
</table>

注：例稿分析的二级、三级层次，只分析了稿件的一部分，其他部分请依照此方法进行练习。三级、四级及更低层级的内容，将在下一章中讲述。

二、练习材料

例10.

大山深处的“支教奶奶”

曾　毅　干杉杉

开学第一天，湖南省怀化市溆浦县九溪江乡前进村小学的学生黄香玲早早到了教室，当一个熟悉的身影映入眼帘时，她一下子蹦得老高：“周奶奶！”教室里一阵骚动——孩子们盼回了他们的“支教奶奶”周秀芳。与大众印象中的支教老师不同，周秀芳今年已是69岁高龄。两年前，为了实现自己的“支教梦”，从浙江省宁波市江东区李惠利小学退休的周秀芳放弃高薪返聘机会，辗转贵州、湖南两地进行长期支教。两年里，她筹款近200万元，让一个又一个爱心学校在溆浦县拔地而起。

“我要当老师！”16岁那年，周秀芳许下了这样的心愿。1971年，周秀芳如愿到象山县东门岛上做代课老师。两年后，周秀芳被调入象山县石浦小学，教科学、数学和音乐等课，并担任班主任，与学生建立起深厚的情谊。

2003年退休后，她又被一所私立学校返聘。然而，就算拿着与年轻教师不相上下的丰厚薪水，周秀芳的内心却依然不平静，只因她还有另外一个未实现的梦想。

“50岁那年，我还在李惠利小学教书，听说江东区教育局招募去贵州支教的老师，就去报了名，但因为年龄过大被拒绝了。”直到2014年，周秀芳偶然得知贵州省惠水县正在招募教师去支教，内心又燃起了这把火。在家人的理解与支持下，她带着简单的行囊奔赴贵州，毅然踏上了“大龄支教路”。

刚到贵州，周秀芳就急着家访。四五个小时的山路，让她带病的膝盖阵阵刺痛。医生曾经告诫过她，如果不善保养膝盖，晚年就得在轮椅上度过。而她说：“只有实地了解情况，才能更好地帮助孩子。”不到半年，她访遍了代课班级所有学生的家庭。

2015年春节，回宁波过年的周秀芳听好友说，湖南省溆浦县九溪江乡或许更加需要支援，便决定去看看。3月初，当她站在九溪江乡桐林小学门口时，她看到的是永远也忘不了的情景——教室是用茅草棚搭建起来的，没有玻璃窗，没有水泥砖头，17个孩子蜷缩在火盆旁，听着一位拄着拐杖、口音浓厚的老先生讲课，这也是桐林小学唯一的老师。见此情景，原定要重返贵州的周秀芳当即决定留在湖南。

孩子学到了知识，可境遇如何改变？周秀芳一直琢磨着。在来湖南之前，她把贵州学校的照片发到朋友圈。“周老师，您竟然在支教。”“周老师，我能帮上什么忙？”……朋友圈顿时热闹起来。建群、设基金会、购买物资，她原来的一些学生反应迅速，没过多久，就为孩子们送去了100张铁床和300条被子。

小小的成功启发了周秀芳。到了湖南，她又将湖南的所见所闻做成幻灯片，发到聊天群里，信息更加全面、直观。早年的学生张刚看到，立即出资捐建了溆浦县第一所希望小学。在周秀芳的牵线搭桥下，张刚及其大学同学、爱心企业家、石浦镇政府又陆续出资近200万元建立起5所爱心学校。目前，第6所希望小学正在紧张筹备中。

短短两年间，从高薪返聘教师到大龄支教老师，再到“爱心搬运工”，周秀芳不断转换着角色，却更加坚定了决心。“只要我的膝盖允许我走路，我就会一直留在这里。”周秀芳说。

（《光明日报》2016年10月11日）

例11.

空气污染治理别总靠上面来驱动

朱昌俊

近日，山西省临汾市频现超高浓度二氧化硫污染事件。1月15日，山西省环保厅对外发布称，环保部与山西省政府联合派出专家组调查发现，临汾二氧化硫居高不下存在五大原因，包括临汾市区86台130蒸吨燃煤锅炉基本上无脱硫措施；东城集中供热没有安装在线监测，脱硫装置形同虚设，厂区面貌脏乱，管理措施不到位等。（《新京报》1月16日）

从专家调查组的意见和结论看，由环保部与山西省政府联合派出的专家组，与其说是对于二氧化硫浓度爆表原因的挖掘，不如说是对当地政府部门在严重污染天气中表现的一次"问诊"。调查结论揭示了重污染天气的形成原因，也拨开了当地所存在的"治理阴霾"。

首先是事件应对中充斥的"文字游戏"。比如，此前临汾市环保局副局长张文清曾表示，临汾70%的二氧化硫为居民燃用散煤，该数据经过了专家组的测算。但环保部专家组负责人柴发合予以否认，他透露，这一结论是临汾当地自算的。遭到质疑后，张文清又辩称，外界公布的临汾市区概念不同。他的市区概念是指外环线以内的155平方公里，"这里面一个企业都没有，所以说70%。"然而，临汾市环保局一位工作人员坦言，临汾周边有山西同世达、山西海姿等焦化企业，"大企业如果没做好排污，排量能超过成千上万户居民燃煤的量，所以不能说70%来自居民散煤燃烧。"

其次，官方展示的治理成绩与实质效果之间的断裂。有媒体报道，2016年，临汾为打赢环保战役，对钢铁、焦化、电力等工业企业进行环保设施的提标改造；投入3.1亿元对居民煤烟污染进行治理……爆表事件当天，官方公布了"铁腕治污"的成绩。若仅看这些表述，人们几乎看不到任何漏洞。但事实真是如此吗？

仅举一例。在这次省环保厅公开的第5个原因中，涉及的东城集中供热项目即为临汾海姿供气供热公司。而在去年12月5日，山西省环保厅在官方网站通报，海姿供热公司的母公司，山西海姿焦化有限公司污染源废气在线监控设施未验收，并称该公司已完成在线监控设施调试工作，预计在12月20日前完成验收。可近日环保部专家组前去调研，该公司所属的东城电热又被查出污染问题。这难道仅仅是巧合？看来，对于治污，不仅要看官方部门说了什么，更要看没说什么，真正做了什么。

山西省环保厅和环保部介入后，临汾相关负责人坦言"心急如焚"，并表示"专家把脉问诊，可谓雪中送炭"。然而，此前多次爆表而无任何预警行动，实在让人感受不到当地官方的"心急如焚"。上级调查组来了再进行这样的表态，该负责人"急"的到底是严重污染天气本身，还是事件引发上级关注而可能影响自己的"乌纱帽"？

环保部和省环保厅介入调查，体现了上级部门对于污染事件的重视。这项关系到民众切身利益的事情，非要等到上级部门出手才看到"真相"，到底只是技术原因,还是地方政府本就积极性不够,心存侥幸,不愿揭开真相？如果所有地方的污染天气治理都要靠上面推着走,是不是一种悲哀？耐人寻味的是,专家组调查报告刚发布,媒体向临汾市环保局询问“86台锅炉是工业生产使用还是居民供暖使用”等问题,又未得到回复。二氧化硫爆表事件,真的能够成为临汾环境治理的转折点吗？

（《中国青年报》2017年1月17日）

例12.

鸟的天堂

巴 金

我们吃过晚饭,热气已经退了。太阳落下了山坡,只留下一段灿烂的红霞在天边。

我们走过一段石子路,很快就到了河边。在河边大树下,我们发现了几只小船。

我们陆续跳上一只船。一个朋友解开了绳,拿起竹竿一拨,船缓缓地动了,向河中心移去。

河面很宽,白茫茫的水上没有一点波浪。船平静地在水面移动。三支桨有规律地在水里划,那声音就像一支乐曲。

在一个地方,河面变窄了。一簇簇树叶伸到水面上。树叶真绿得可爱。那是许多株茂盛的榕树,看不出主干在什么地方。

当我说许多株榕树的时候,朋友们马上纠正我的错误。一个朋友说那里只有一株榕树,另一个朋友说是两株。我见过不少榕树,这样大的还是第一次看见。

我们的船渐渐逼近榕树了。我有机会看清它的真面目,真是一株大树,枝干的数目不可计数。枝上又生根,有许多根直垂到地上,伸进泥土里。一部分树枝垂到水面,从远处看,就像一株大树卧在水面上。

榕树正在茂盛的时期,好像把它的全部生命力展示给我们看。那么多的绿叶,一簇堆在另一簇上面,不留一点儿缝隙。那翠绿的颜色,明亮地照耀着我们的眼睛,似乎每一片绿叶上都有一个新的生命在颤动。这美丽的南国的树！

船在树下泊了片刻。岸上很湿,我们没有上去。朋友说这里是“鸟的天堂”,有许多鸟在这树上做巢,农民不许人去捉它们。我仿佛听见几只鸟扑翅的声音,等我注意去看,却不见一只鸟的影儿。只有无数的树根立在地上,像许多根木桩。土地是湿的,大概涨潮的时候河水会冲上岸去。“鸟的天堂”里没有一只鸟,我不禁这样想。于是船开了,一个朋友拨着桨,船缓缓地移向河中心。

第二天，我们划着船到一个朋友的家乡去。那是个有山有塔的地方。从学校出发，我们又经过那“鸟的天堂”。

这一次是在早晨。阳光照耀在水面，在树梢，一切都显得更加光明了。我们又把船在树下泊了片刻。

起初周围是静寂的。后来忽然起了一声鸟叫。我们把手一拍，便看见一只大鸟飞了起来。接着又看见第二只、第三只。我们继续拍掌，树上就变得热闹了，到处都是鸟声，到处都是鸟影。大的，小的，花的，黑的，有的站在树枝上叫，有的飞起来，有的在扑翅膀。

我注意地看着，眼睛应接不暇，看清楚了这只，又错过了那只，看见了那只，另一只又飞起来了。一只画眉鸟飞了出来，被我们的掌声一吓，又飞进了叶丛，站在一根小枝上兴奋地叫着，那歌声真好听。

当小船向着高塔下面的乡村划去的时候，我回头看那被抛在后面的茂盛的榕树。我感到一点儿留恋。昨天是我的眼睛骗了我，那“鸟的天堂”的确是鸟的天堂啊！

例 13.

挑　山　工

冯骥才

在泰山上，随处都可以碰到挑山工。他们肩上搭一根光溜溜的扁担，两头垂下几根绳子，挂着沉甸甸的物品。登山的时候，他们一只胳膊搭在扁担上，另一只胳膊垂着，伴随着步子有节奏地一甩一甩，保持身体平衡。他们的路线是折尺形的——先从台阶的左侧起步，斜行向上，登上七八级台阶，就到了台的右侧；便转过身子，反方向斜行，到了左侧再转回来，每次转身，扁担换一次肩。他们这样曲折向上登，才能使挂在扁担前头的东西不碰在台阶上，还可以省些力气。担了重物，如果照一般登山的人那样直上直下，膝头是受不住的。但是路线曲折，就会使路线加长。挑山工登一次山，走的路程大约比游人多一倍。

奇怪的是挑山工的速度并不比游人慢，你轻快地从他们身边越过，以为把他们甩在后边很远了。你在什么地方饱览壮丽的山色，或者在道边诵读凿在石壁上的古人的题句，或者在喧闹的溪流边洗脸洗脚，他们就会不声不响地从你身旁走过，悄悄地走到你的前头去了。等你发现，你会大吃一惊，以为他们是像仙人那样腾云驾雾赶上来的。

有一次，我同几个画友去泰山写生，就遇到过这种情况。我们在山下买登山用的青竹杖，遇到一个挑山工，矮个子，脸儿黑生生的，眉毛很浓，大约四十来岁，敞开的白土布褂子中间露出鲜红的背心。他扁担一头拴着几张木凳子，另一头捆着五六个青皮西瓜。我们很快就越过了他。到了回马岭那条陡直的山道前，我们累了，舒开身子躺在一块被山风吹得干干净净的大石头上歇歇脚。我们发现那个挑山工就坐在对面的草茵上抽烟。随后，我们跟他差不多同时起程，很快就把他甩在后边了，直到看不见他。我们爬上半山的五松亭，看见在那株姿态奇特的古松下整理挑儿的正是他，褂子脱掉了，光穿着红背心，现出健美的黑黝黝的肌肉。我很惊异，走过去跟他攀谈起来，这个山民倒不拘束，挺爱说话。他告诉我，他家住在山脚下，天天挑货上山，干了近二十年，一年四季，一天一个来回。他说："你看我个子小吗？干挑山工的，给扁担压得长不高，都是又矮又粗的。像您这样的高个儿干不了这种活儿，走起路晃悠！"他浓眉一抬，咧开嘴笑了，露出洁白的牙齿。山民们喝泉水，牙齿都很白。

谈话更随便些了，我把心中那个不解之谜说了出来："我看你们走得很慢，怎么反而常常跑到我们前头去了呢？你们有什么近道吗？"

他听了，黑生生的脸上显出一丝得意的神色。他想了想说："我们哪里有近道，还不和你们是一条道？你们走得快，可是你们在路上东看西看，玩玩闹闹，总停下来呗！我们跟你们不一样，不像你们那么随便，高兴怎么就怎么。一步踩不实不行，停停住住更不行。那样，两天也到不了山顶。就得一个劲儿往前走。别看我们慢，走长了就跑到你们前边去了。你看，是不是这个理？"

我心悦诚服地点着头，感到这山民的几句朴素的话，似乎包蕴着意味深长的哲理。我还没来得及细细体味，他就担起挑儿起程了。在前边的山道上，我们又几次超过了他；但是总在我们流连山色的时候，他又悄悄地超过了我们。在极顶的小卖部门前，我们又碰见了他，他已经在那里交货了。他憨厚地对我们点头一笑，好像在说："瞧，我可又跑到你们前头来了！"

从泰山回来，我画了一幅画——在陡直的似乎没有尽头的山道上，一个穿红背心的挑山工给肩头的重物压弯了腰，他一步一步地向上登攀。这幅画一直挂在我的书桌前，因为我需要它。

第五章　语句内部层次关系——停连的处理

在日常人际交往中，口语表达受其随意性的影响有时会出现语不达意的情况，此时，我们可以通过表情、眼神、手势动作等副语言来弥补，也可以通过追问、解释、更正等重新获得信息。而在播音创作中，语言表达往往是我说你听式的单向交流，如果出现口误很难再进行修正。所以，播音创作在强调表意性、表情性，强调与对象交流、呼应的同时，还应特别注意表达的规范性和准确性。

无论是书面写作，还是有声语言表达，都要语意明确、清楚明白。写作，可以通过标点符号的设置，让读者轻松阅读。而有声语言的表达，则要依靠停连的准确处理，才能使受众理解内容。所以，播音创作主体面对稿件时，不但要做好宏观（中心思想、情感基调等）的理解、分析，还应做好微观（停连、重音等）工作。

第一节　语句内部层次关系

一篇稿件中的较高层级如一级、二级、三级层次体现了稿件总体结构和大体脉络（这是"备稿六步"中"划分层次"的含义）。而在四级及以下层次中，既包括稿件结构层次关系，也包括一些在复句之内甚至较长单句之内的更小的层次（即语句内部层次关系）。在篇幅较长的稿件中，复句中语句与语句之间的关系以及单句内部的层次关系，往往体现在较低层级中；而在篇幅短小的稿件中，甚至三级层次中就会有此现象。

从微观的角度来看，这些较低层次关系和复句、单句内的更小层级，就是体现语句意义的语句内部的层次、结构关系。为体现这种层次、结构关系而进行的有声语言表达上的处理，被称作"停连"。

体现语句意义的语句内部层次关系即为语意结构关系，是指通过分析语句意义、弄清语句结构而得出的语句内部的分合、停连关系。对语句内部层次、结构关系的研究，可以帮助播音创作主体在有声语言表达中，更好地体现语句意义，并通过停连的处理，达到表情达意的目的。

上一章《外来工总支委员的一天》中的四级结构，就属于语句内部层次的范围。从语法结构出发将语句划分成更小的层次，结合声音技巧休止和连接的运用，可以使语意更加明确突出。例如：

<table>
<tr><th>一二三级</th><th>四级层次</th><th>语句成分</th><th>原文</th><th>表达手法</th></tr>
<tr><td rowspan="4">一
（一）
2</td><td>1</td><td>时间状语</td><td>刚过凌晨4时，</td><td>舒缓、略快</td></tr>
<tr><td>2</td><td>主语</td><td>浙江省慈溪市胜山头村寂静的街道上</td><td>舒缓、略快</td></tr>
<tr><td>3</td><td>谓语</td><td>就响起</td><td>停顿</td></tr>
<tr><td>4</td><td>宾语</td><td>王永全有节奏的扫地声</td><td>略慢、突出</td></tr>
</table>

又比如：

<table>
<tr><th>语句层次</th><th>四级层次</th><th>语句成分</th><th colspan="3">原文</th><th colspan="2">表达手法</th></tr>
<tr><td rowspan="8">一
（二）
（二级为单句层，没有三级层次）</td><td>1</td><td>时间状语</td><td colspan="3">去年11月12日</td><td colspan="2" rowspan="3">连接</td></tr>
<tr><td>2</td><td>方位状语</td><td colspan="3">在胜山头村党总支换届选举中</td></tr>
<tr><td>3</td><td>主语</td><td colspan="3">王永全</td></tr>
<tr><td>4</td><td>原因状语</td><td colspan="3">因“踏踏实实工作，赢得村民认同”，</td><td colspan="2">停顿</td></tr>
<tr><td>5</td><td>谓语</td><td>全票当选</td><td rowspan="3">连动</td><td>成为</td><td>连接</td><td>连接</td></tr>
<tr><td>6</td><td>定语</td><td></td><td>浙江省第一个</td><td></td><td>停顿</td></tr>
<tr><td>7</td><td>宾语</td><td>村党总支委员</td><td>外来工“村官”，</td><td>停顿</td><td>突出</td></tr>
<tr><td>8</td><td>补语</td><td colspan="3">广受关注。</td><td colspan="2">收束</td></tr>
</table>

将有声语言表达技巧与层次划分有机结合，可以使稿件的脉络更加清晰，也可以使整篇稿件的起伏变化，段落间的参差变化，以及词语间的疏密变化得到更鲜明的展示。

在下面这篇较为短小的稿件中，有些层次就体现了复句之间或单句内部的语句关系。

例1.

有这么一位营长

<table>
<tr><th colspan="5">各级层次</th><th rowspan="2">原文</th></tr>
<tr><th>一</th><th>二</th><th>三</th><th>四</th><th>五</th></tr>
<tr><td>一</td><td></td><td></td><td></td><td></td><td>他是中国人民解放军一个普通军官。</td></tr>
<tr><td rowspan="2">二</td><td rowspan="2">（一）</td><td rowspan="2">1</td><td>（1）</td><td></td><td>我第一次见到他，是在保卫大庆油田南部战斗中。</td></tr>
<tr><td>（2）</td><td></td><td>那时，他还显得相当英俊，相当精神。</td></tr>
</table>

《有这么一位营长》播音：贾宁

续表

各级层次					原文
一	二	三	四	五	
二	（一）	2	（1）	①	他在向自己的部下喊话：
				②	“你们必须手拉手，你们必须肩并肩，大家谁也不许掉队。”
				③	话说得干净利落。
			（2）	①	这时有些战士掉在水里，
				②	他就回过头来一个一个把他们拉起来。
		3		①	这是我第一次见到他，
				②	我觉得作为一个指挥员他很爱兵。
	（二）	1		①	再见他的时候，
				②	堤坝已经决口了，要堵。
		2	（1）	①	这两天两夜的时间，我们多次去那个堤坝采访，
				②	每次都能见到这个军官的身影。
			（2）		他总是冲在最前面，不论是白天还夜里。
		3			我想，这个人是个什么人？他怎么能够不休息呢？
	（三）	1	（1）		到了前天晚上我最后一次见到他，
			（2）	①	他声音已经全部嘶哑了，
				②	他眼睛里布满血丝。
		2	（1）	①	他还在领着自己的战士，还在喊。他喊一二，战士喊三。
				②	但他后来实在喊不出来了，就用一个哨子喊一二，战士喊三，一二，三。
			（2）	①	最后这个堤坝由于洪水太大，太急了，
				②	一万多名解放军没有挡住这个洪水。
			（3）	①	后来在撤退的时候，
				②	我看到他站在岸边，眼睛里有一些泪水。
三	（一）	1			我想，
		2	（1）	①	那些赢得胜利的人是英雄，
				②	这样一些解放军也是英雄。

续表

<table>
<tr><th colspan="5">各级层次</th><th rowspan="2">原文</th></tr>
<tr><th>一</th><th>二</th><th>三</th><th>四</th><th>五</th></tr>
<tr><td rowspan="4">三</td><td rowspan="2">（一）</td><td rowspan="2">2</td><td rowspan="2">（2）</td><td>①</td><td>也许他只是千千万万个抗洪将士中的一个，</td></tr>
<tr><td>②</td><td>但仍然希望人民记住他。</td></tr>
<tr><td rowspan="2">（二）</td><td rowspan="2"></td><td rowspan="2"></td><td>①</td><td>他是中国人民解放军某部渡海先锋团二营营长，</td></tr>
<tr><td>②</td><td>他的名字叫李奇。</td></tr>
</table>

（上海人民广播电台《新闻 990》1998 年 9 月 5 日）

本篇稿件篇幅比较短小，稿件结构层次划分可以尽量细致，在层次关系中，已经有相当多处既属于稿件结构层次关系、又属于语句内部层次关系。可见，“层次”（稿件结构层次关系）和“停连”（语句内部复句间的关系）并不是截然分开的。

应该指出，本章中，我们把语句内部关系（也就是传统播音创作基础中的停连问题）作为层次分析的一部分。推出这个观点有助于播音创作主体捋顺稿件的层级，也符合准备稿件的过程是系统地同步推进、而非割裂地每次完成一个动作（划分层次、确定停连）的规律。在刚开始训练时，初学者可以由简到繁，不求一次完成，等熟练之后，这个过程就可以一气呵成了。

稿件宏观层次分析——研究稿件结构层次关系的意义在于，把握住稿件总的逻辑线索，让播音创作沿着逻辑链条的走向运行，避免见文生义、任意游走、飘忽不定；而微观层次分析——研究语句内部层次关系的意义在于，以细化的表达手段诠释细节，使稿件所反映的思想不空洞、不抽象、不笼统，以形象、细节、概念、推理等表现形式使逻辑关系具体化，以小层次使逻辑关系更丰满。

例 1 的层次划分到五级，如果具体划分，还可以达到六级、七级甚至更细。如：“他是｜中国人民解放军｜一个普通军官。”（“｜”表示分隔）具体分析语句内部层次的过程细化到语群（意群）、语句（语义）、语结（词组）甚至词语，可以使停连、重音、语气、节奏等表达手段更加具体、更有针对性。

第二节　停连的基本类型

稿件的文字内容通过标点符号的运用可以使读者更易理解（视觉接受），但在有声语言表达时，若仍按照标点符号来处理，则会出现语意不明，甚至语意倒转的情况。因而，在将文字语言转化为有声语言时需要遵循听觉接受的习惯对稿件进行再处理，这其中重要的手段就是停连。

一、语意停连

语意是我们划分停连的根本依据。语意即语句的本质意义，语意的表达是播音创作的重要目标。通过研究语句的语意结构，可以明确如何对语句进行停顿、连接处理，以便有声语言表达可以准确体现语句意义。

例 2.

"老实"本来是个褒义词，意思是"诚实"，或"规规矩矩，不惹事"。我们党一直号召要"说老实话、办老实事、做老实人"。在我们周围，老实人还是多数，老实人受到好评。

在有声语言表达时，如果简单地按照标点符号去处理停顿、连接，就会意思不清。现在我们按照语意，把这段话的内部结构梳理一下：

	老实	本来是个		褒义词，
		意思是		"诚实"，或"规规矩矩，不惹事"。
	我们党	一直号召	要	"说老实话、办老实事、做老实人"。
在我们周围，	老实人	还是多数，		
	老实人	受到好评。		

在这个表格里，竖线代表声音的停顿。可以发现，很多没有标点符号的地方，却需要在有声语言表达时分开一些，而有些有标点符号的地方是需要联系紧密的。于是，这段话的处理如下：

老实┃本来是个褒义词，‖意思是┃"诚实"，≈或"规规矩矩，≈不惹事"。∨我们党一直号召┃要｜"说老实话、≈办老实事、≈做老实人"。∨在我们周围，‖老实人还是多数，≈老实人受到好评。

这里，用"┃""‖""｜"三个符号表示体现语意的声音停顿，"∨"表示语句间的声音停顿，"≈"表示连接。大家可以在此基础上，用同样的方法把稿件的其他部分做出标示。

二、语法停连

语法主要是指语句的构成和变化规则，也就是语句内部结构的法则。播音创作的基本语言单位是语句，处理语句时遵循语句规则，才能使有声语言表达清晰、规范。具体来说，语法关系是我们处理停连的重要依据，通过分析语句的语法关系弄清语句的内部结构。在理解了语句的语法关系之后，在有声语言表达时，可以对语句特别是对容易看懂而不容易听懂的长句子，通过停顿、连接的处理，体现出语句意义。

例 3.

随着市场经济体制的逐步完善，一个讲道德、讲诚信、讲规则，按法律办事的现代化文明社会一定会形成，老实人将越来越多。

这是一个标点符号很多、句子很长的例句。当然，只按语意分析虽然费些周折但也可搞清语句结构。如果按照语法关系，就能较为轻易地做出下列划分：

分句	短语	成分	原文
第一分句	前置状语		随着市场经济体制的逐步完善，
	主语部分	定语 1	一个
		定语 2	讲道德、≈讲诚信、≈讲规则，≈按法律办事的
		定语 3	现代化文明
		主语	社会
	谓语部分	状语	一定会
		谓语	形成，
第二分句	主语	主语	老实人
	谓语部分	状语	将
		谓语	越来越多。

我们再把语句还原为用分合符号标注的句子：

随着市场经济体制的逐步完善，∨一个｜讲道德、≈讲诚信、≈讲规则，≈按法律办事的｜现代化文明社会‖一定会｜形成，∨老实人‖将｜越来越多。

当然，我们没有必要在稿件中把每个语句都做语法分析，但对比较复杂的长句子做一下语法分析，则会起到事半功倍的效果，比只从语意上分析要来得直接、准确、清晰。况且，在平时训练中经常做语法分析，会提高对语句的细腻理解、分析能力，为播音创作打下良好的基础。

三、逻辑停连

狭义上的逻辑是指形式逻辑，形式逻辑即用推理的方法对事物进行判断。在播音创作中，我们把借助各种推理来判断语句关系、进而确定停连的方法称作逻辑停连。研究语句逻辑关系，可以通过对语句特别是复句的逻辑关系的分析，对语句内部进行停顿、连接处理，从而在有声语言表达中体现出语句意义。

例如复句间体现并列关系、转折关系、递进关系、因果关系等逻辑关系的分句间应有一个声音的停顿，而分句内部体现并列等逻辑关系的词语间一般应做声音的连接（也可按语法结构关系处理），并以声音状态的对比变化体现出逻辑关系。

例 4.

生意场上，诚实劳动、≈合法经营所创造的利润，有时无法与个别制假售假、≈偷税漏税、≈坑蒙拐骗之徒所攫取的暴利相提并论。∨机关里，努力工作、≈成绩显著的人，往往没有个别见风使舵、≈溜须拍马、≈跑官要官、≈行贿受贿之辈提升得快。

此复句为并列关系，复句间做停顿处理（例句中用∨表示），以证明观点。两个分句内部一些词语间是并列关系，用连接来处理（例句中用≈表示），以体现它们的整体性。

例 5.

我们应该相信，说老实话，≈办老实事，≈做老实人，终将在我们这个社会受到尊重；∨而那些｜不遵纪守法、≈搞歪门邪道的不老实的人，也终将自毁前程。

此复句为转折关系，复句间用停顿来处理（例句中用∨表示），以形成对比。两个分句内部一些词语间的并列关系，用连接来处理（例句中用≈表示），以体现其整体性。

例 6.

个别人不老实，问题还不大；∨如果不老实成为风气，就是个严重的问题。

此复句为转折关系，两个分句内部又分别是体现条件关系的小分句。小分句间的停顿时长（甚至可以做连接处理）要小于两个大分句间的停顿时长。

四、强调停连和感情停连

一般情况下，根据语意、语法、逻辑关系进行停顿、连接，可以在有声语言表达中达到表情达意的目的。但是,有时为了强调和突出一些词语,需要在语句中被强调、突出的词语前或后分别加以停顿,或在前后各增加一处停顿。有时,为了使要表达的感情色彩更强烈、更醒目,也可以在体现感情色彩的词语前或后分别加以停顿,或在前后各加一处停顿。

例 7.

要真正使诚信成为一种风尚,让老实人的利益不受伤害,首先要从 | 政府职能和领导干部 | 做起。

在语句重点词组"政府职能和领导干部"的前后各加一处停顿,可以使重点词组更加突出,强调的力度更大。

例 8.

让暴风雨来得 | 更 | 猛烈些吧!

在最能体现感情色彩的"更"的前后各加一处停顿,使感情抒发更饱满。

对于语句内部的语意结构、语法结构、逻辑结构,既可分别分析和运用,很多情况下又可配合使用。在学习过程中分别研究、分别练习,目的是为了找到有声语言表达和语句之间的对应关系,找到播音创作的一般规律,使有声语言表达更准确、鲜明、生动。

这样细致全面的练习对初学者很有益处,可以为播音创作打下扎实的基础。在实际工作中,经常会遇到准备稿件时间短、工作任务急迫的情况,很难按部就班、细致周全地分析稿件,而上述基本功将有助于以宏观带微观,用训练的经验解决现实的问题,因此必须在初期学习时打牢。

第三节　稿件层次的表达技巧

包括全篇稿件的结构层次和具体语句的内部层次在内的稿件层次分析,可以帮助我们更好地理解稿件,将稿件的逻辑、结构关系有目的、有意识地传达给受众。但是,脑海中很清晰的层次关系,还必须用听觉上很流畅的有声语言传达出去,所以我们还要研究与层次相关的有声语言表达技巧。

稿件的层次关系,在有声语言的表达中体现为层次间的疏密关系,为了突出这一点,就要让各部分语言单位或连得更紧,或分得更开。在有声语言的声音形式中,"连"表现为声音的连接,"分"表现为声音的停顿。也就是说,体现稿件层次的有声语言表达技巧,大都与声音形式的停顿和连接有关。

一、停顿的基本技巧

（一）时间长短

停顿时间的长短，既可区分稿件结构关系，又可表达语句意义、语法、逻辑关系，还可表现强调的程度和感情色彩。

一般来说，稿件每个层级内部的停顿处理要相对均衡，一级层次、二级层次、三级层次等不同层级之间的停顿，相对来说时长要逐级递减。

稿件的层次关系确定之后，各级层次间的疏密关系也就确定了。以下用不同间隔符号，如“▼▼”“▼”“∨∨”“∨”，表示从停顿时间较长到较短的相对时长，以声音休止时间的长短体现稿件的层次关系。

例 9.

话说老实人

一（一）1 老实本来是个褒义词，意思是“诚实”，或“规规矩矩，不惹事”。∨2 我们党一直号召要“说老实话、办老实事、做老实人”。∨3 在我们周围，老实人还是多数，老实人受到好评。▼（二）1 然而，在另外一些人眼里，“老实”却是一个令人无奈的词语。∨2 人们开始不愿意接受这一说法，似乎被称为“老实人”比被称为傻瓜好不到哪儿去。∨3 连词典上对“老实”的释义都加了一条：“婉词，指不聪明。”▼

（三）1 有些人之所以不愿意接受老实人的说法，是因为在现实生活中有的老实人常常吃亏。∨∨2（1）生意场上，诚实劳动、合法经营所创造的利润，有时无法与个别制假售假、偷税漏税、坑蒙拐骗之徒所攫取的暴利相提并论。∨2（2）机关里，努力工作、成绩显著的人，往往没有个别见风使舵、溜须拍马、跑官要官、行贿受贿之辈提升得快。∨∨3 一句话，老实人通过正常途径应该办到却办不到的事，个别不老实的人却通过非正常的途径办成了。▼▼

二（一）1（1）个别人不老实，问题还不大；∨1（2）如果不老实成为风气，就是个严重的问题。∨∨2 这必然对以法律为基础的制度建设产生极大杀伤力，阻碍国家改革和建设。▼（二）1 道理显而易见：∨∨（二）2 老实人多了，社会就会在法律的规范下得以顺利运转，社会发展的成本就会降低；∨（二）3 不老实的人多了，社会秩序就会混乱，就会增加经济和社会发展的成本。▼▼

三（一）公民道德教育的一个重要内容就是诚实守信。▼（二）1（1）要真正使诚信成为一种风尚，让老实人的利益不受伤害，首先要从政府职能和领导干部做起，∨1（2）讲原则，讲正气，遵纪守法，正直无私。∨∨2 对失德者、不老实的人课以重罚，令其付出沉重代价。∨∨3 更要使大家懂得，一个诚信社会需要所有公民来营造，人人诚实守信，是提高全社会诚信水平的前提。▼(三)1(1) 我们应该相信，说老实话，办老实事，做老实人，终将在我们这个社会受到尊重；∨(2) 而那些不遵纪守法、搞歪门邪道的不老实的人，也终将自毁前程。▼ 2(1) 随着市场经济体制的逐步完善，一个讲道德、讲诚信、讲规则，按法律办事的现代化文明社会一定会形成，老实人将越来越多。▼(2) 对此我们应该有信心。▼▼

以上标示的符号“▼▼”“▼”“∨∨”“∨”，在有声语言表达过程中起到对疏密关系的提示作用。在具体准备稿件时不必统一规定符号，用自己惯用、熟悉的符号标示即可。

停顿处理也要依据语意关系，关系紧密则停顿时间短，关系松散则停顿时间长，只用于区分词语关系的停顿甚至可以只是象征性地用介于停顿和连接之间的小小“一挫”，即顿挫，也就是停顿后迅速连接，以使内容紧凑。如：

老实┃本来是个褒义词，‖意思是┃“诚实”，≈或“规规矩矩，≈不惹事”。∨我们党一直号召┃要｜“说老实话、≈办老实事、≈做老实人”。∨在我们周围，‖老实人还是多数，≈老实人受到好评。

这里用“｜”“┃”“‖”“∨”四个符号表示时间从短到长的停顿(“≈”表示连接)。当然，停顿时间的长短是相对的，在有声语言表达中，实际停顿时间的长短远比这几种变化要多得多，并且这几个符号也并不表示停顿时间的绝对长短。

停顿时间长短也与内容主次有关。一般来说，重点内容语流延展，停顿时间相对较长，给人以准备与回味的时间；次要部分语流加快，停顿时间相对较短，可以顺势带过。

停顿时间长短还与形式体裁有关。一般来说，新闻性、叙述性内容多连少停，以体现其新鲜性和简捷性；议论性、抒情性、描绘性内容停顿则较灵活，停顿时间较为宽松，用以再现情景、体现逻辑关系。

（二）语尾升降

停顿时语尾的升降，大多数情况用于区分语意和结构的疏密程度，有时也用于体现播音创作主体的态度和感情。

一般来说，一个完整的意思表达完毕处的停顿，可以顺势而落，给人以结束之感；一个完整的意思表达过程中，如表明语意关系、语法关系的词语之间的停顿，或逻辑关系复句之间的停顿，根据紧密程度可以稍上扬或平直拉开，给人以未完待续之感。如：

老实ˊ本来是个褒义词,ˉ意思是ˊ“诚实”,≈或“规规矩矩,≈不惹事”。ˋ我们党一直号召ˊ要|ˊ“说老实话、≈办老实事、≈做老实人”。ˋ在我们周围,ˉ老实人还是多数,≈老实人受到好评。ˋ

这个段落中,用“ˊ”符号的停顿处是上扬的,用“ˉ”符号的停顿处是平直拉开的,用“ˋ”符号的停顿处是稍平直拉开或下落的。

所谓上扬、平直拉开,是指停顿前的音节、词或词组要保持上行的趋势,给人持续感、前进感。无论是否有标点符号,停顿时都可以这样处理。不少人在播音时语句不抱团、不连贯,往往是因为每遇到停顿时语势便下落,总给人结束感造成的。

当然,语势的升降幅度也是相对的,这里“平直”“稍平直”用语的模糊性就说明了这一点。掌握语势升降幅度的变化要靠对稿件的细致分析、理解和表达经验的积累。

停顿时语尾的升降形式和播音创作主体的态度、感情有关。一般来说,表现坚定、凝重的情绪,语势多降;表现轻松、活泼、畅快的情绪,语势常扬。

停顿时语尾的升降形式和稿件的文体及语体也有关系。一般来说,新闻消息的播音中,以及叙述性、描绘性的语体,语尾的语势常扬,而议论类的语体,语尾的语势多降。

(三)气息控制

停顿时也有气息控制的变化。

较高层级的结构层次间(如一级层次各部分之间,但并不限于一级层次)停顿时间较长,声音中止的同时换气,且气息吐尽。例如上一章提到的大多数“协和型转换”,即属此类。

较低层级的结构层次间(如二级以下层次各部分之间)和语句内部层次之间的停顿,气息控制的变化受到稿件内容和形式的影响,会有诸多变化:

如完整语意表达完毕语势收束时的停顿,声音中止同时换气,不一定气息吐尽;

如语句间意思转换,但语意并未表达完毕时的停顿,声音中止并屏气相持;

如为表示强调或出于感情目的的停顿,声音短暂中止而气息如常;

如大多数只以区分语意而非区分结构为目的的语句内部的停顿,或紧密型复句间的停顿,声音短暂中止或只是象征性地“一挫”(接近曲折连接的“连中带停,停中带连”的方法)。例如:

老实∘本来是个褒义词,⊙意思是∘“诚实”,≈或“规规矩矩,≈不惹事”。

×我们党一直号召。要。“说老实话、≈办老实事、≈做老实人”。×在我们周围，⊙老实人还是多数，≈老实人受到好评。×

“×”处声音中止同时换气：

“⊙”处声音中止而屏气相持；

“。”处声音短暂中止而气息如常或“一挫”。

这里的“≈”处就是连接，也可以处理成介于停连间的“一挫”。

二、“落停”和“扬停”

以往的播音创作基础教材中常常提到“落停”和“扬停”两种停顿方法。

落停的特点是：停顿时间较长，停时声止气也尽，句尾声音顺势而落，停住。

扬停的特点是：停顿时间较短，停时声停气未尽，停之前声音稍上扬或平直拉开。

这两种方法概括性、对比性很强，便于初学者学习和掌握。

例 10.

新华社消息，∨湖北省住建厅┃近日发布｜进一步加快推进全省城镇“厕所革命”工作的通知，∨要求┃按照服务半径｜老城区 800 米、≈新城区 500 米的覆盖标准┃，通过┃新建、≈改建、≈公共设施开放共享等方式，确保┃全省城镇公共厕所设置密度｜达到｜建成区每平方公里 3 座以上，≈基本解决城镇如厕难问题。∨

（新华网 2018 年 6 月 28 日）

以上标注“┃”“｜”符号处的停顿，符合停顿时间较短、停时声停气未尽、声音上扬的描述，标注“∨”符号处的停顿，有的（如“新华社消息”后的停顿）虽符合停顿时间较长，声停气也尽，但并不一定句尾下落，也不会停住，因而称作落停有些牵强。

所以在停顿问题上要有辩证的眼光，用辩证的方法，既要了解和掌握落停和扬停，又不要拘泥于这两种方法。这两种方法不是非此即彼、黑白分明的，而是有很多中间状态。在播音创作时应当仔细分析停顿处关于时间长短、语势升降、气息状况等具体情况，才能使表达更符合稿件实际意图，更细腻地表情达意。

二、连接的基本技巧

（一）连接的松紧

和停顿时间的长短同理，连接时，有完全不露痕迹的紧密连接，显得较为

“紧凑”;也有稍做语流延展的非紧密连接,显得较为“宽松”。如:

老实 ┃ 本来是个褒义词,‖ 意思是 ┃“诚实”,≈ 或“规规矩矩,≈ 不惹事”。∨ 我们党一直号召 ┃ 要 |“说老实话、≈ 办老实事、≈ 做老实人”。∨ 在我们周围,‖ 老实人还是多数,≈ 老实人受到好评。

由 ≈ 符号连接且有下划线的部分(“规规矩矩,≈ 不惹事”),连接得非常紧密,几乎没有痕迹。而由 ≈ 符号连接没有下划线的部分(“说老实话、≈ 办老实事、≈ 做老实人”,“老实人还是多数,≈ 老实人受到好评”),则连接得不那么紧密,在连的同时有一些停的痕迹。

需要指出的是,和停顿一样,紧密与否并非非此即彼的关系,其中会有多种变化,可以更细致、微妙地体现语句关系和情感变化。

(二)连接的曲直

和停顿时语尾的升降同理,连接较为紧密处语势平稳、连接平直,几乎完全不露痕迹。这种平直连接的特点是:语势连环,语流平顺,不露接点。

在既需要连接又需要有所区分时语势曲折,像一条上下跳动的带子将两端连在一起。曲折连接的特点是:连而不断,曲折相接,悠荡回环。

老实 ┃ 本来是个褒义词,‖ 意思是 ┃“诚实”,≈ 或“规规矩矩,≈ 不惹事”。∨ 我们党一直号召 ┃ 要 |“说老实话、≈ 办老实事、≈ 做老实人”。∨ 在我们周围,‖ 老实人还是多数,≈ 老实人受到好评。

由 ≈ 符号连接且有下划线的部分(“规规矩矩,≈ 不惹事”),连接得非常紧密,语势平稳、连接平直,几乎没有痕迹。而由 ≈ 符号连接没有下划线的部分(“说老实话、≈ 办老实事、≈ 做老实人”,“老实人还是多数,≈ 老实人受到好评”),被连接的两部分中的前半部分尾字有一个甩腔(曲折),在似断似连之间靠悠荡的语势与后半部分连接起来。

四、“直连”和“曲连”

以往的播音创作基础教材中关于连接有“直连”和“曲连”两种方法,其特点描述也基本同于上述“连接的曲直形式”,且基本与连接的紧密程度对应。一般来讲,直连较为紧密,曲连则相对宽松。

老实 ┃ 本来是个褒义词,‖ 意思是 ┃“诚实”,≈ 或“规规矩矩,≈ 不惹事”。∨ 我们党一直号召 ┃ 要 |“说老实话、≈ 办老实事、≈ 做老实人”。∨ 在我们周围,‖ 老实人还是多数,≈ 老实人受到好评。

"诚实",≈或"规规矩矩,≈不惹事",几处连接都不必过紧,且应连接曲折,符合曲连的规律。

但"说老实话、≈办老实事、≈做老实人"之间的连接就介乎于紧密与疏松之间,连接不必过于平直,可以适当加入些曲折的特点。

所以在连接的问题上也要有辩证的眼光,用辩证的方法。在掌握连接的关系后,根据具体情况灵活把握连接处的曲直和疏密关系,使有声语言的表情达意更准确、细腻。

五、停顿与连接的关系

声音形式的停顿和连接是一对对立统一的技巧。一般来说,首先确定需要声音停顿的位置,处理好停顿,其余就是相对的连接了。因而,在研究停顿和连接的关系时主要从停顿入手,在准备稿件时对停顿和连接的标注也多是以停顿为主、以连接为辅。

但连接也并非无足轻重。语流中所有不停顿处都可看做连接,但我们说的连接主要指稿件中有标点符号但并不停顿的情况,注意这些地方连接方法的变化,有助于与停顿配合,使有声语言的表达断连得当、错落有致、层次分明。

停顿与连接有时也有相互交叉的情况。例如停顿技巧中的"一挫"(要｜"说老实话、≈办老实事、≈做老实人")和连接技巧中的曲连非常相像,如用于语句中并列关系的词语间的连接("说老实话、≈办老实事、≈做老实人")、用于介词结构中"在""把""将"(老实人将≈越来越多)等介词后等多种情况。二者在概念和使用目的上是不同的,但在表达上却极其相近。因为每个人对稿件的理解不同,对有声语言技巧的运用也不同,所以对停顿和连接的处理存在交叉也很正常。

停顿与连接的使用也与稿件文体和语体有关。例如新闻消息和叙述性语体等简洁、明快的稿件,一般来说应多连少停,干净利落;而通讯、特别是文学作品以及描绘性、抒情性语体等情节丰富的稿件,则应敢停敢连、收纵自如;新闻评论和议论性语体等说理性强、态度鲜明的稿件,重点部分要适当延展,给人思考的余地。经过系统学习后再研究不同文体与语体稿件的有声语言表达,对这一问题会有更深的体会。

第四节　例稿解析和练习材料

一、例稿解析

例 11.

新京报消息∨藏药、≈藏香，≈牦牛肉，‖中秋节期间，≈这些颇具地方特色的产品｜都可｜在北京展览馆举办的｜北京市对口支援地区特色产品展销会上买到。∨相关负责人介绍，‖这次展销会｜汇集｜来自西藏、≈新疆等｜17个≈北京对口支援地区的特色产品，≈并首次展示｜来自西藏的｜特色藏香、≈藏药。‖展会将持续至9月19日。

北京对口支援拉萨指挥部相关负责人介绍，‖这次特色展会｜希望｜加强北京与受援地区的交流，≈帮助受援地区｜全面开拓北京市场，≈助力精准扶贫。

此次展会｜涵盖西藏拉萨、≈新疆和田以及青海玉树等｜17个北京对口支援地区的产品。‖以拉萨为例，≈共有81种产品参展，｜多是｜青藏高原独特的环境和自然条件孕育出的｜健康、≈绿色、≈无污染产品，‖包括｜牦牛制品、≈羊绒制品、≈卡垫、≈高原奶制品、≈高原水系列、≈藏香以及藏药等。

（《新京报》2016年9月15日）

“∨”“‖”“┃”“｜”处分别表示停顿时间的长短。“≈”处表示连接。

从该稿件的分析可以看出，播音创作中有声语言表达的停连关系划分明显区别于文字稿件的标点符号。如果按照“句号停一秒，逗号停半秒，叹号停两秒……”这个僵硬的标准去处理，就会造成语意不明。

按照有声语言表达规律划分后的稿件，整个意思更加连贯，形成了“意群”。如：

相关负责人介绍，‖此次展销会‖汇集｜来自西藏、≈新疆等｜17个≈北京对口支援地区的特色产品，≈并首次展示｜来自西藏的｜特色藏香、≈藏药。‖展会将持续至9月19日。

从语意、语法及逻辑的角度，“展销会”是主语，“汇集”和“展示”是谓语，“产品”和“藏香、藏药”是宾语，在主语后停顿，将谓语和宾语连在一起（顿挫也可视为连接），就可以把意思交代得更清楚。

二、练习材料

例 12.

习近平就泰国国王普密蓬逝世向泰国王后诗丽吉致唁电

10 月 13 日，国家主席习近平就泰国国王普密蓬不幸逝世向泰国王后诗丽吉致唁电。习近平代表中国人民并以个人名义，对普密蓬逝世表示深切哀悼，向泰国其他王室成员和泰国人民表示诚挚慰问。

习近平在唁电中表示，普密蓬陛下是泰国国家发展的领路人，是中泰友好的重要推动者。中泰友好关系能够发展到今天这样好的程度，与国王陛下高度重视和身体力行分不开。在他的亲自关心和推动下，通过双方共同努力，中泰友谊枝繁叶茂，硕果累累。普密蓬国王的逝世是两国人民的重大损失，他将永远活在两国人民心中。

习近平重申，中方重视中泰友好关系发展，愿同泰方一道，继往开来，不断巩固睦邻友好，深化互利合作，造福两国和两国人民。

（新华网 2016 年 10 月 14 日）

例 13.

北京二维码乘地铁正式运行

北京轨道交通正式进入"扫码"时代。记者从北京市交通委了解到：经过近 20 天的"试用期"，5 月 19 日，北京市轨道交通全网（不含西郊线）二维码乘车业务已正式运行。

据了解，4 月 29 日北京轨道交通全网开通试运行二维码乘车，在近 20 天的"试用期"内，有超过 500 万人次的乘客使用刷二维码进出站方式乘坐地铁。作为北京轨道交通单程票互联网票务服务平台，截至 5 月 18 日，易通行 APP 累计注册用户已达 293.10 万人，系统总体运行平稳。

通过易通行 APP 互联网技术，乘客可以根据自己的出行需求，自由选择直接刷二维码乘车、线上购票车站取票、现场购票等多种方式，线上服务不受时间、空间限制，不需押金，大大提升了服务体验、节约了时间成本。

（《人民日报》2018 年 5 月 21 日）

例 14.

守护七里海湿地

夏日的七里海湿地，万顷碧波，芦苇荡漾，一派"北国江南"的自然风光。近年来，为了保护修复湿地，当地20多万村民作出了“舍”与“得”的艰难抉择：拆除鱼塘围埝、砍掉农家乐、乡村游，而难上加难的，是在今年清明前后，村民们将856座祖坟迁出了湿地。

村民的决心，来自于天津在生态保护上的动真碰硬。三年来，天津市委主要领导五次到七里海湿地调研，提出要以习近平总书记对天津提出的“三个着力”要求为元为纲，坚持“绿水青山就是金山银山”的理念，严守生态红线，坚决守护好七里海湿地这一“京津绿肺”。昨天的宁河现场办公会上，天津市委强调，七里海湿地是宁河的一块美玉，是玉就不能当作石用！要坚定信念，不为一时增长数字所动，不为各种说法所动，这让与会党员干部坚定了方向。

舍得投入、舍得时间，不能等到金山银山也换不回绿水青山时，再“望绿兴叹”。去年以来，天津以问题为导向，大力推进七里海湿地的退耕还湿、退渔还湿，加快实施历史遗留清理、土地流转、引水调蓄等“十大工程”，按期完成了230处整改任务，核心区6.8万亩土地已经全部流转。坚持生态优先，正在倒逼高质量发展。在近邻七里海湿地的宁河现代产业区，一个占地200亩、年税收5 000多万的建材项目，最近被拒之门外。管委会主任陈仪，对宁河现场办公会上的新要求印象深刻：贪图一时增长数字，盲目追求铺满，引进高能耗高污染项目，不是新时代的政绩，而是贻害子孙的包袱。

保护生态环境，要坚持集约、集中用地，惜绿如金、惜土如金。按照现场办公会提出的要求，今年，宁河还将腾出环境容量，重点发展人工智能等高端产业，但是作为传统产业密集区，要实现这样的发展，并不容易。在宁河现场办公会上，市规划局、科委、农委等多部门与宁河区对接、共同解决问题。

绝不“以玉换石”“以金换铁”，为后代守护好永续之基。目前，宁河区七里海的生态移民工程正在有序推进，6万亩芦苇补种和养护工程即将全面实施，产业园区、特色小镇、轨道交通规划建设等也在加快，以生态效益和经济效益的共赢，推动高质量发展。

（天津广播电视台2018年5月24日）

例15.

洪水与猛兽

蔡元培

二千二百年前，中国有个哲学家孟轲，他说国家的历史常是“一乱一治”的。他说第一次大乱是四千二百年前的洪水，第二次大乱是三千年前的猛兽，后来说到他那时候的大乱，是杨朱、墨翟的学说。他又把自己的距杨、墨比较禹的抑洪水，周公的驱猛兽。所以崇奉他的人，就说杨、墨之害，甚于洪水猛兽。后来一个学者，要是攻击别种学说，总是袭用“甚于洪水猛兽”这句话。譬如唐、宋儒家，攻击佛、老，用他；清朝程朱派，攻击陆王派，也用他；现在旧派攻击新派，也用他。

我以为用洪水来比新思潮，很有几分相像。他的来势很勇猛，把旧日的习惯冲破了，总有一部分的人感受苦痛；仿佛水源太旺，旧有的河槽，不能容受他，就泛滥岸上，把田庐都扫荡了。对付洪水，要是如鲧的用湮法，便愈湮愈决，不可收拾。所以禹改用导法，这些水归了江河，不但无害，反有灌溉之利了。对付新思潮，也要舍湮法用导法，让他自由发展，定是有利无害的。孟氏称“禹之治水，行其所无事”，这正是旧派对付新派的好方法。

至于猛兽，恰好作军阀的写照。孟氏引公明仪的话：“庖有肥肉，厩有肥马，民有饥色，野有饿莩，此率兽而食人也。”现在军阀的要人，都有几百万几千万的家产，奢侈的了不得，别种好好作工的人，穷的饿死；这不是率兽食人的样子么？现在天津、北京的军人，受了要人的指使，乱打爱国的青年，岂不明明是猛兽的派头么？

所以中国现在的状况，可算是洪水与猛兽竞争。要是有人能把猛兽驯服了，来帮同疏导洪水，那中国就立刻太平了。

例 16.

少年闰土

鲁　迅

深蓝的天空中挂着一轮金黄的圆月，下面是海边的沙地，都种着一望无际的碧绿的西瓜。其间有一个十一二岁的少年，项戴银圈，手捏一柄钢叉，向一匹猹尽力地刺去。那猹却将身一扭，反从他的胯下逃走了。

这少年便是闰土。我认识他时，也不过十多岁，离现在将有三十年了；那时我的父亲还在世，家景也好，我正是一个少爷。那一年，我家是一件大祭祀的值年。这祭祀，说是三十多年才能轮到一回，所以很郑重；正月里供祖像，供品很多，祭器很讲究，拜的人也很多，祭器也很要防偷去。我家只有一个忙月（我们这里给人做工的分三种：整年给一定人家做工的叫长年；按日给人做工的叫短工；自己也种地，只在过年过节以及收租时候来给一定的人家做工的称忙月），忙不过来，他便对父亲说，可以叫他的儿子闰土来管祭器的。

我的父亲允许了；我也很高兴，因为我早听到闰土这名字，而且知道他和我仿佛年纪，闰月生的，五行缺土，所以他的父亲叫他闰土。他是能装弶捉小鸟雀的。

我于是日日盼望新年，新年到，闰土也就到了。好容易到了年末，有一日，母亲告诉我，闰土来了，我便飞跑地去看。他正在厨房里，紫色的圆脸，头戴一顶小毡帽,颈上套一个明晃晃的银项圈,这可见他的父亲十分爱他,怕他死去,所以在神佛面前许下愿心,用圈子将他套住了。他见人很怕羞,只是不怕我,没有旁人的时候,便和我说话,于是不到半日,我们便熟识了。

我们那时候不知道谈些什么,只记得闰土很高兴,说是上城之后,见了许多没有见过的东西。

第二日,我便要他捕鸟。他说:“这不能。须大雪下了才好。我们沙地上,下了雪,我扫出一块空地来,用短棒支起一个大竹匾,撒下秕谷,看鸟雀来吃时,我远远地将缚在棒上的绳子只一拉,那鸟雀就罩在竹匾下了。什么都有:稻鸡,角鸡,鹁鸪,蓝背……”

我于是又很盼望下雪。

闰土又对我说:“现在太冷,你夏天到我们这里来。我们日里到海边捡贝壳去,红的绿的都有,鬼见怕也有,观音手也有。晚上我和爹管西瓜去,你也去。”

“管贼吗?”

“不是。走路的人口渴了摘一个瓜吃,我们这里是不算偷的。要管的是獾猪,刺猬,猹。月亮地下,你听,啦啦地响了,猹在咬瓜了。你便捏了胡叉,轻轻地走去……”

我那时并不知道这所谓猹的是怎么一件东西——便是现在也没有知道——只是无端地觉得状如小狗而很凶猛。

“它不咬人吗?”

“有胡叉呢。走到了,看见猹了,你便刺。这畜生很伶俐,倒向你奔来,反从胯下窜了。它的皮毛是油一般的滑……”

我素不知道天下有这许多新鲜事:海边有如许五色的贝壳;西瓜有这样危险的经历,我先前单知道它在水果店里出卖罢了。

“我们沙地里,潮汛要来的时候,就有许多跳鱼儿只是跳,都有青蛙似的两只脚……”

啊!闰土的心里有无穷无尽的希奇的事,都是我往常的朋友所不知道的。他们不知道一些事,闰土在海边时,他们都和我一样只看见院子里高墙上的四角的天空。

可惜正月过去了,闰土须回家里去。我急得大哭,他也躲到厨房里,哭着不肯出门,但终于被他父亲带走了。他后来还托他的父亲带给我一包贝壳和几支很好看的鸟毛,我也曾送他一两次东西,但从此没有再见面。

第六章 播音创作的稿件重点

播音主持工作是通过有声语言(以及副语言)进行信息、观点、立场、情感、思想的传达,并影响受众的过程。要达到良好的传播效果,就必须准确把握稿件重点,使之得到凸显,让稿件的核心内容得到精准的传达和有效的接收。

突出稿件重点是实现播音创作目的的保证。稿件的重点是稿件的精华所在,是稿件传播目的得以实现的载体。稿件中信息的重要性是不一样的,有些信息至关重要,有些信息相对来说“可有可无”;有些信息是“雪中送炭”,有的信息是“锦上添花”……使稿件中那些相对关键的、重点的信息凸显出来,就可以使有声语言传播的效率和质量大大提升,起到事半功倍、以一当十的作用。

突出稿件重点是信息有效接收的条件。在收听、收看节目时保持高度注意力是相当困难的,特别是在单纯使用听觉(收听广播节目)的时候,人们的注意力很容易被其他因素干扰。因而,将稿件重点部分充分突出,使之与其他部分形成听觉反差,在“伴随”收听的状态下成为“主角”,是集中受众注意力的重要途径,也是让受众接收有效信息的必要条件。

突出稿件重点也是快节奏生活的必然要求。由于现代生活节奏加快,受众逐渐习惯于迅速地接收简短、直白的信息,这就要求播音创作者必须尽可能简洁、鲜明地呈现出关键信息,适应新的传播要求。

从整体上看,稿件的重点既包括宏观统领有声语言表达全过程、体现稿件中心思想和表达目的的思维线索,即“稿件的重点”,也包括为了体现这一思维线索而在有声语言表达中要抓住的、加以突出和强调的部分。因此在播音创作中,突出重点的关键步骤有两个:一是确定稿件的重点,即确定能体现稿件中心思想和表达目的的核心部分;二是确定表达的重点,即选用恰当的有声语言表达手段,对稿件重点加以突出、强调,以实现准确、有效的传播目的。

第一节 稿件重点的层级

稿件是播音创作的文字依据。通常情况下,稿件中最能表明作者写作意图、最能揭示中心主旨的部分就是稿件的重点。与稿件层次关系一样,稿件的重点也存在层级的梯度结构,一般来说,稿件重点按宏观到微观的顺序可以分为:篇章重点、层次重点、段落重点、语句重点和词语重点。局部重点要服从于篇章重点，次级重点要服从于稿件核心重点，在系列报道中，单篇文稿的重点要服从于整个系列报道的总体意图。

一、稿件的篇章重点

稿件的篇章重点是最能体现稿件核心信息、观点、价值立场或情感倾向的总体线索。作为宏观重点的篇章重点，是通过梳理和取舍稿件中的层次重点、段落重点、语句重点、词语重点等微观重点而得到的，其重要性不言而喻。尽管如此，我们仍然强调稿件微观重点的独立意义和积极作用，毕竟“九层之台，起于垒土”，稿件微观重点的准确和恰当表达，是实现宏观重点的重要保证。

稿件的篇章重点，可以是稿件中一个或几个层次，也可以是一个或几个最重要的段落。它可以集中在稿件的某一部分，也可以分散于稿件不同部分。篇章重点的确定和表达直接决定着播音创作水平的高低，必须引起高度重视。

例 1.

自媒体时代的自律和他律

韩晓丽

《自媒体时代的自律和他律》播音：顾瑞雪

层次	自然段	原文（稿件重点）	分析
一	1—2	在互联网上，每一个账号，都像一个小小的媒体。发帖子、转微博、评新闻……信息、观点、态度便汇入了互联网的比特之海。自媒体——自我的小媒体，在近 5 亿网民、3 亿微博的努力之下，焕发出巨大能量：境内 50 余家微博客网站，每天更新帖文达 2 亿多条。 不过，并不是所有人在所有时候，都会把赞赏的掌声献给自媒体。社交网站、微博上“日本核辐射空气抵沪”的无稽之谈，让上海市民惊出一身冷汗；而“滴血食品传播艾滋病”的失实传言，也在一定程度上造成了公众恐慌。谣言不是自媒体的主流，但其危害也不容小视。	指出现象
二	3	自媒体也是一种“自组织”，有着“自我净化”的功能。近 5 亿网民与 9 亿多手机用户，十几亿支麦克风、十几亿个自媒体，难免会有杂音。**要让自媒体更好地发挥媒体作用、承担媒体责任，他律同样重要。**	提出观点

续表

层次	自然段	原文(稿件重点)	分析
三	4	立法机构、司法机关、互联网管理部门完善法规、加强监管,是更为有效、也更为根本的“谣言粉碎机”。互联网企业是“第一把关人”,尤需多一些社会责任感,多一些有效管理。传统媒体面对真假莫辨的网上信息,要通过认真细致的调查、求证,披露真相、以正视听。更重要的是,作为“被谣言”的主体之一,各级党政机关和社会团体应及时发布信息,回应热点疑点,说明真实情况,使谣言止于公开透明。每一位严格自律、抵制谣言的网民,每一家秉持“真实、客观、公正”原则的媒体,每一个正视网络舆情、积极应对、及时回应的部门,都构成对造谣者的他律。	展开论据
四	5	这样的他律,与网络、网民的自律,正是自媒体的两侧护栏。有了护栏的引导和保障,这一全新的、快速发展的媒介形式,才能在信息民主化的大潮中推动社会进步,与国家、人民一起,走向更好的未来。	论述证明

(《人民日报》2011 年 12 月 2 日)

根据稿件的内容,我们可以将全文分为四个层次。

前两个自然段为第一层:互联网的每一个账号都是一个自媒体,自媒体传出谣言,危害不小——指出现状。

第三自然段为第二层:自媒体有“自净功能”,但“他律”同样重要——中心论点。

第四自然段为第三层:具体论述“他律”的内容和作用——论据。

第五自然段为第四层:论述“自律”和“他律”的关系——证明论点。

通过这样的分析我们可以发现,稿件的第三自然段最后一句和第四自然段全段(加下划线部分)是全篇的重点(篇章重点),集中论述“他律”的具体内容和作用。抓住这一篇章重点,也就把握住了稿件的重点。

二、稿件的层次重点和段落重点

稿件的层次重点和段落重点,是稿件各层次和段落中最重要的部分,即使是在非重点层次、段落中,也有相对重要的内容,应在播音创作中予以注意。同样,层次重点可以是该层次中的一个或几个最重要的段落,一个或几个最重要的语句、最重要的词语；可以集中在层次、段落的某一部分，也可以分散在层次、段落的不同位置。

层次	自然段	原文(层次重点)	分析
一	1—2	在互联网上，每一个账号，都像一个小小的媒体。发帖子、转微博、评新闻……信息、观点、态度便汇入了互联网的比特之海。自媒体——自我的小媒体，在近5亿网民、3亿微博的努力之下，焕发出巨大能量：境内50余家微博客网站，每天更新帖文达2亿多条。 不过，并不是所有人在所有时候，都会把赞赏的掌声献给自媒体。社交网站、微博上“日本核辐射空气抵沪”的无稽之谈，让上海市民惊出一身冷汗；而“滴血食品传播艾滋病”的失实传言，也在一定程度上造成了公众恐慌。**谣言不是自媒体的主流，但其危害也不容小视。**	自媒体影响力巨大，其中谣言的危害不容小觑。

第一、二自然段为第一层：指出现象——自媒体的谣言危害不小。与第一段对自媒体正面现象的叙述相比，第二段“不过”后是作者提出问题的事实依据，更体现作者倾向。最后一句“谣言不是自媒体的主流，但其危害也不容小视”，是提出中心论点的理由，是第二自然段的段落重点，也是这一层次的重点。

层次	自然段	原文(段落重点)	分析
一	1—2	在互联网上，每一个账号，都像一个小小的媒体。发帖子、转微博、评新闻……信息、观点、态度便汇入了互联网的比特之海。自媒体——自我的小媒体，在**近5亿网民、3亿微博**的努力之下，焕发出巨大能量：境内**50余家微博客网站，每天更新帖文达2亿多条。**	自媒体的巨大影响力

第一自然段是对自媒体总体情况的判断，如上文所述，从作者的论述倾向和稿件的论述目的看，意在为指出“谣言不是自媒体的主流，但其危害也不容小视”作铺垫，指出这“小媒体”的“大”——“近5亿网民”“3亿微博”“50余家微博客网站”“每天更新帖文达2亿多条”。虽然这些内容不直接作用于论点——“他律”同样重要，但也衬托出“不他律不行”的严重性。画线部分应是第一自然段的段落重点。

尽管稿件的第一层次(第一、二自然段)不是稿件的重点层次、重点段落，但在准确理解稿件写作意图的基础上，以恰当的方法指出问题，可以吸引受众关注，为中心论点的提出和篇章重点的强调做好铺垫。

层次	自然段	原文	分析
二	3	自媒体也是一种"自组织"，有着"自我净化"的功能。近5亿网民与9亿多手机用户，十几亿支麦克风、十几亿个自媒体，难免会有杂音。**要让自媒体更好地发挥媒体作用、承担媒体责任，他律同样重要。**	提出观点（中心论点）

第三自然段的中心论点是全篇稿件的篇章重点，自然也是这一层次（同时也是自然段）中的层次重点和段落重点。

层次	自然段	原文	分析
三	4	立法机构、司法机关、互联网管理部门完善法规、加强监管，是更为有效、也更为根本的"谣言粉碎机"。互联网企业是"第一把关人"，尤需多一些社会责任感，多一些有效管理。传统媒体面对真假莫辨的网上信息，要通过认真细致的调查、求证，披露真相、以正视听。**更重要的是，作为"被谣言"的主体之一，各级党政机关和社会团体应及时发布信息，回应热点疑点，说明真实情况，使谣言止于公开透明。**每一位严格自律、抵制谣言的网民，每一家秉持"真实、客观、公正"原则的媒体，每一个正视网络舆情、积极应对、及时回应的部门，都构成对造谣者的他律。	展开论据（篇章重点）

第四自然段整段都是这篇稿件的篇章重点，而这一层次（自然段）内部，重中之重是第三句："更重要的是，作为'被谣言'的主体之一，各级党政机关和社会团体应及时发布信息，回应热点疑点，说明真实情况，使谣言止于公开透明。"该句也就成为这一层次（自然段）的层次重点、段落重点。

层次	自然段	原文	分析
四	5	这样的他律，与网络、网民的自律，正是自媒体的两侧护栏。有了护栏的引导和保障，这一全新的、快速发展的媒介形式，才能在信息民主化的大潮中**推动社会进步，与国家、人民一起，走向更好的未来。**	论述证明

最后一个自然段也不是篇章重点，但"推动社会进步，与国家、人民一起，走向更好的未来"展望了他律的成果，指出了评论的目的，相对比较重要，应成为

这一自然段(层次)的层次重点和段落重点。

需要指出的是,篇章重点是针对全篇稿件而言的,一般集中于稿件的某个部分,稿件其余部分可能没有篇章重点。但是,即使在非重点的部分(层次、段落,包括下面要提到的语句、词语)还会有属于这个局部本身的重点。尽管这些重点与篇章重点并非同等重要,甚至从稿件的总体来说并不重要,但从局部着眼它们仍有自己的意义。同时也要注意重点是分层级的,低级重点要服从高级重点,切忌喧宾夺主。

三、语句重点和词语重点

稿件中的语句重点、词语重点,是稿件中各个语句或词语中最重要的部分。

为了表达语句意思、揭示语句本质、传达语句目的而在有声语言表达中对某些重点词语加以突出、强调,被强调的重点词语就是语句的重点,也就是传统播音创作基础理论中说的"重音"。仍以例 1 为例:

在互联网上,每一个账号,都像一个小小的**媒体**。

强调"媒体",指出网上信息具有了"大众传播"的某些特点。

发帖子、转微博、评新闻……信息、观点、态度便汇入了互联网的**比特之海**。

强调"比特之海",指出网络世界的巨大,是由比特信息组成的海洋。

词语重点是词或词组内部语音轻重格式的表现样式。其中包括词语内部约定俗成的发音规律。以双音节词为例:

人民、集团、强化、达到、缥缈、宝贵等词,后音重于前音,为中重格式;

任务、战士、消息、命运、质量等词,前音重于后音,为重中格式;

面子、相声、意思、唠叨、价钱、便宜、玫瑰等词,前音重,后音短而轻,为重轻格式。

这些词语的轻重格式,是根据约定俗成的原则,在长期语音实践中逐渐固定下来的。应该说明,约定俗成的词语重点不属于本章所说的稿件重点的范畴,因为它是一种公认的语音形式(不可更改),而这些语音形式本身并没有负载稿件所要表达的核心信息、价值立场或情感倾向。

需要指出的是,有些词语在具体的语句或语流中,受到特定语言环境、逻辑关系、感情色彩等因素的影响,也会改变约定俗成的发音规律,给予词语特有的轻重形式(可以变化)。所以,这种情况就不再属于轻重格式的问题(负载了一定的含义),而是我们常说的重音了。

以例 1 中的词语"自媒体"为例:

自媒体——自我的小媒体,在近 5 亿网民、3 亿微博的努力之下,焕发出巨大能量:境内 50 余家微博客网站,每天更新帖文达 2 亿多条。

强调“自媒体”与“大众传媒”的不同,是一种“自我”的“小媒体”,此时“自媒体”这个词语的重点是“自”。

自**媒体**也是一种“自组织”,有着“自我净化”的功能。近 5 亿网民与 9 亿多手机用户,十几亿支麦克风、十几亿个自媒体,难免会有杂音。要让自媒体更好地发挥媒体作用、承担媒体责任,他律同样重要。

当网络信息具有了“大众传媒”的某些特征时,强调“自媒体”是一种组织,应该“自律”。因而“自媒体”这个词语重点是“媒体”。

再以这篇稿件中的另一词语“自律”为例:

每一位严格自**律**、抵制谣言的网民,每一家秉持“真实、客观、公正”原则的媒体,每一个正视网络舆情、积极应对、及时回应的部门,都构成对造谣者的他律。

“自律”是这句话的核心信息点,指在没有现场监督的情况下,自觉地遵循法律,约束自己的一言一行。“自律”的重点又在于“律”——约束、遵循(在正常情况下按约定俗成的发音规律也是中重格式),因而要着重突出“律”字。

《自媒体时代的**自**律和他律》

稿件标题《自媒体时代的自律和他律》中,“自律”是与“他律”相对而言的,从逻辑关系以及整篇稿件的论点来看,重点应放在“自”字上(此处“自律”为重中格式)。

需要指出的是,有些语句重点和词语重点只是体现了稿件局部的逻辑关系,并不一定事关稿件的全局,在局部处理上做好对比、完成达意目的就可以了,不要喧宾夺主,弄得全篇稿件处处都是重点,给受众造成听觉上的负担,进而影响对有效信息的接收。

四、稿件重点间的关系

前文探讨了稿件重点的层级,一个个不同层级的重点,如描线般勾勒出了一篇文章的主要部分。不同层级的重点和稿件的其他部分承担着不同的功能。

就稿件重点而言,越高层级的重点就拥有越大的表达空间和表达意义:篇章重点是稿件的核心,需着力表达,其余的稿件重点是为篇章重点服务的,应围绕篇章重点设计和表达;层次重点和段落重点是稿件的关节,处在“承上启下”的位置,既为实现上一层的篇章重点服务,也统领下一层的语句重点和词语重点;语句重点和词语重点是稿件的组成因子,为实现高层级的稿件重点作好铺垫。

需要指出,不同层级的重点及其独立性是相对的,为了便于理解我们才梳理出一个较为清晰的脉络。但在实际播音创作过程中,对它们的处理是较为“模糊”的,“你中有我,我中有你”,高层级重点的处理需要较低层级的重点来配合,反之亦然。

稿件重点之外的部分即“非重点”或“次要”部分,绝非可以放松甚至略过。它们有独立的存在意义和价值,如同“红花需要绿叶衬”一般,重点和非重点部分只是分工有所不同,它们共为一体、各司其职又交相呼应、相得益彰。在将稿件转化为有声语言时,既要把握住重点,敢于强调,大胆突出,又要兼顾次要。非重点部分也要清楚表达,但不可字字着力,普遍加重。只有统筹兼顾,才能使播音创作和谐自然。

第二节 稿件重点的确定

播音创作总是为了实现某些特定目的而展开的,或是弘扬正能量,或是抨击假恶丑,或是传达党和政府的方针政策等等。因此,稿件的重点不是绝对的、静止的,它的确定往往取决于播音创作的传播目的。即便是同一稿件,因不同的传播目的、不同的社会环境,或播音创作主体自身理解以及立场、观点、情绪的变化,稿件的重点都有可能发生改变、转移甚至重构。

因此,理解和确定稿件重点尤为重要,直接关乎播音创作的成败和优劣。能否准确迅捷、高效高质地确定出稿件重点是一项重要的专业技能,是判断播音员主持人业务能力高低的直接标准。

一、明确稿件意图、类型,确定篇章重点

稿件创作意图即作者想要在作品中表达的主题、内容和思想。不同的稿件有不同的创作意图。不同的创作意图可以借由不同体裁来实现更精准的传达。因而,明确创作意图、把握稿件类型是确定篇章重点的重要方法。

播音主持工作是一项能动的二度创作,稿件是创作的直接依据。播音创作主体通过分析稿件的内容和形式,体会作者所传达的中心思想、写作意图,进而准确地把握住稿件所体现的核心信息、观点、价值立场或情感倾向,以求达到稿件作者创作意图和有声语言表达目的的统一、播音创作主体的理解感受与有声语言表达目的的统一。

这就要求我们要善于研读稿件,学习“以稿件为师”的精神。通过研读,了

解稿件主要内容、层次结构，归纳稿件的中心思想，进而提炼稿件的主次关系，得到关于稿件重点的原始依据，为准确、鲜明、生动地传达稿件的意图打下坚实的基础。

（一）信息传达类稿件

此类稿件以信息的准确、有效传达为宗旨，如消息、通讯、通知、启事、说明等。在这一类稿件中，需准确传达的关键信息即是重点。

例 2.

近日，近 600 岁高龄的故宫，启动了对西华门以北一段城墙的大修，以解决面砖离鼓、风化等“老龄化”问题。28 日，故宫工作人员向记者介绍，**此次城墙“治病”被定为研究性保护项目，没有严格竣工时间，同时也不影响游客正常参观故宫。**

故宫城墙是明清官式建筑城墙类建筑的典范，至今已有近 600 年的历史。它的总长度为 3 437.6 米（城墙墙脚外沿），主体结构为内以夯土为核心，外包砖砌体形式，四个方向开有四座城门，城门上建有城台和城楼。

在经历了数百年的风雨后，据媒体报道，目前故宫城墙存在面层砖酥碱、风化、离鼓以及城墙地面塌陷、夯土流失等一系列安全隐患，如遇暴雨将有局部坍塌的可能。按照大修计划，本次修缮区域为西华门北侧第一历史档案馆以北的一段，共计 233 米。

资料显示，该段城墙在上世纪 50 年代至 70 年代，有两次局部修补记录；而在上世纪 90 年代进行的维修，均以城墙外侧修缮为主；2013 年发现严重险情，2014 年对面层砖严重断裂、空鼓部分采取了临时的支顶加固措施。本次修缮将主要以城墙内侧修缮为主，对城墙地面、城墙内侧墙面、宇墙及堞墙内侧墙面进行修缮。

“这次西华门北段区域城墙修缮，也**是一项研究性保护项目，会边研究边修缮，工期会比较长。**”一名故宫工作人员告诉记者，**本次修缮不会影响观众正常参观。**

（中新社 2016 年 11 月 29 日）

在这则消息中，关键的信息点为“故宫城墙迎大修但不影响游人参观”，这就是稿件的篇章重点。篇章重点主要分布于导语和结尾部分。因而，在处理稿件时要将这些重点部分适当延长，音节着重表达清楚，使整个消息的主体信息更加明确。

例 3.

12 月 2 日，最高人民法院第二巡回法庭对原审被告人聂树斌故意杀人、强

奸妇女再审案公开宣判，宣告撤销原审判决，改判聂树斌无罪。

1994年8月10日上午，康某某父亲康孟东向公安机关报案称其女儿失踪。同日下午，康孟东和康某某同事余秀琴等人，在石家庄市郊区孔寨村西玉米地边发现被杂草掩埋的康某某连衣裙和内裤。8月11日11时30分许，康某某尸体在孔寨村西玉米地里被发现。经公安机关侦查，认定康某某系被聂树斌强奸杀害。

1995年4月25日，河北省高级人民法院作出（1995）冀刑一终字第129号刑事附带民事判决，维持对聂树斌犯故意杀人罪的定罪量刑，撤销对聂树斌犯强奸妇女罪的量刑，改判有期徒刑十五年，决定执行死刑，并根据最高人民法院授权高级人民法院核准部分死刑案件的规定核准聂树斌死刑。1995年4月27日，聂树斌被执行死刑。

最高人民法院鉴于原审被告人聂树斌已经被执行死刑，根据刑事诉讼法和有关司法解释规定，决定对本案不开庭审理，并依法作出上述判决。**判决主要理由是：原判认定聂树斌犯故意杀人罪、强奸妇女罪的主要依据是聂树斌的有罪供述与在案其他证据印证一致。但是，综观全案，本案缺乏能够锁定原审被告人聂树斌作案的客观证据，聂树斌作案时间不能确认，作案工具花上衣来源不能确认，被害人死亡时间和死亡原因不能确认；聂树斌被抓获之后前5天讯问笔录缺失，案发之后前50天内多名重要证人询问笔录缺失，重要原始书证考勤表缺失；聂树斌有罪供述的真实性、合法性存疑，有罪供述与在卷其他证据供证一致的真实性、可靠性存疑，是否另有他人作案存疑；原判据以定案的证据没有形成完整锁链，没有达到证据确实、充分的证明标准，也没有达到基本事实清楚、基本证据确凿的定罪要求。**

据悉，该案后续的国家赔偿、司法救助、追责等工作将依法启动。

（新华社2016年12月2日）

这一则消息中，核心内容和关键信息点是“最高人民法院再审改判聂树斌无罪”。第一段导语部分对该事件进行了概括，第四段主体部分展开叙述，这两部分是稿件的篇章重点。在表达时，要将这两部分予以重点强调，将再审决定以及判决依据鲜明地突出出来。对于剩下的案件回溯及后续安排部分，只需交代清楚即可。

（二）观点、立场、态度传达类稿件

此类稿件以阐明观点，表达特定的价值、立场、态度为宗旨，如社论、评说、公报、公告、声明等。在这一类稿件中，表明观点、立场、态度的部分和关键的证据、

逻辑是表达重点。

例 4.

"改革"，是名词更是动词

祁凡骅

"党政主要负责同志是抓改革的关键，要把改革放在更加突出位置来抓"。中央深改组在春节后召开的第一个会议，就把改革落实放在重要位置，释放出明确信号。习近平总书记强调"扑下身子，狠抓落实"，为各级领导干部亲自抓改革提出明确要求，也为我们时代的改革行动者描绘出集体肖像。

改革时不我待，只争朝夕。全面深化改革 3 年多来，中央深改组已经召开 32 次会议，接近于每月一次，平均每周出台一项改革政策，频率之快可谓前所未有。这既说明当前面临的改革形势之紧迫，改革任务之繁重，更说明中央推进改革的决心和力度之大。对承担落实职责的各级政府来讲，这意味着更高的标准，更重的责任。说到底，改革不仅是一个方案、一个举措，更是一项需要落到实处的行动；不仅是一个名词，更是一个动词。各级政府的核心职责，就是优化改革方案的执行效果，让改革落到实处、见到实效。

管理学中有一句名言，领导者是执行的第一基石。**领导干部能否"做到重要改革亲自部署、重大方案亲自把关、关键环节亲自协调、落实情况亲自督察"，在很大程度上决定着改革的成败。**但现实中，一些地方对中央的改革部署仅仅停留在宣传回应上、停留在口头的表决心上，行动与政策的落地不明显，有的甚至与中央层面的改革设计不在一个节奏和频道上，出现明显的跑调。出现这些现象的原因是多方面的，而一个重要方面是执行力不足。随着改革向纵深推进，中央层面的顶层设计日益清晰，**改革的重中之重就是解决执行力不足的问题。**

执行力不足，一方面是认识不足，不想执行。网上曾流传一份"N 次转发"的文件，基层政府没有"把党中央要求和地方部门实际结合起来"，机械地转发上面下发的改革文件，让文件开头凭空多了好几个"关于转发"。事实上，正是因为领导干部缺少研究改革、执行改革的主动性，才会出现机械转发文件的情况。这正是为什么习近平总书记着重强调，"把调研贯穿改革全过程，做到重要情况、矛盾问题、群众期盼心中有数"。

执行力不足，另一面是担当缺失，不愿执行。笔者在调研过程中发现，在正风肃纪的高压态势下，改革的主要阻力来自于"软抵抗"。比如表面上口号喊得很响，实际上雷声大雨点小，有其形无其实。有人做了一个形象比喻，在"软抵抗"之下，"只见改革的车子左右晃动，不见改革的车子前行"。对此，习近平总书记一针见血地指出，"党政主要负责同志要敢于拍板、敢于担当，坚定不移干"。

解决执行力不足的问题，需要领导干部树立责任意识，需要建立改革的督查机制，但核心问题既然是"人"，那么**最重要的就是解决用人问题、树立正确导向。**让那些华而不实者靠边站，让那些有使命感的担当者、擅长应对棘手问题的敬业者、正能量的释放者获得提拔任用，才能塑造积极进取、崇尚实干、鼓励试错的政治文化，才能让领导干部敢于接烫手山芋，在正向预期的牵引下奋力把改革落到实处。

纵览中央历次深改组会议，从"提高改革方案穿透力"，到"处理好改革'最先一公里'和'最后一公里'的关系"，从"把改革落准落细落实"，到"扭住关键，精准发力"，提高领导干部的改革执行力，可以说是中央一以贯之的要求。一言以蔽之，**这个时代需要的不是空谈客、清谈者，而是实干家、行动派。**

（《人民日报》2017年2月8日）

这篇评论，思路清晰、观点明确。稿件围绕"改革要只争朝夕"的主题，提出"领导干部决定改革成败"的论点，这一线索就是稿件的重点。全文的逻辑脉络比较清晰：改革的主要矛盾是"执行力不足"，而要解决执行力不足问题，要在"解决用人问题、树立正确导向"上下功夫，最后得出了"这个时代……需要实干家、行动派"的结论。这条逻辑脉络就是有声语言的表达重点，将它们适当地强调和突出，可以使播音创作观点明晰、逻辑顺畅。

（三）情感表达类稿件

这一类稿件以抒发特定的情感或引发受众的某种情绪为目标，如诗歌、抒情散文等。在这一类稿件中，能够唤起受众特定情感体验的部分就是表达的重点。

例5.

囚　歌

叶　挺

为人进出的门紧锁着，
为狗爬走的洞敞开着，
一个声音高叫着：
爬出来呵，给你自由！
我渴望着自由，
但也深知道——
人的躯体哪能从狗的洞子爬出！
我只能期待着，
那一天——
地下的烈火冲腾，

把这活棺材和我一齐烧掉，
我应该在烈火和热血中得到永生！

《囚歌》是近代革命者叶挺被囚禁在渣滓洞时期所作的一篇白话述志诗。全篇通俗易懂，不着一典，犹如脱口而出，但感情炽烈，气势豪迈，意境表达清晰完整，这是诗人高尚情操的流露。“我渴望着自由，但也深知道——人的躯体哪能从狗的洞子爬出”字字铿锵、坚定豪迈，是诗歌的篇章重点。在表达时，需要着重将该部分突出，方能将革命者英勇无畏、果敢坚毅的品质充分展现出来。

二、把握稿件结构层次，确定层次、段落重点

一篇文稿的重点部分并不是均衡的，在有声语言表达中，首先要明确稿件的重点层次和段落，从宏观上确定其重点。

（一）新闻类稿件

新闻类稿件，通常是按照信息的重要程度来编排的。一般来说，最重要的信息会放在最前面，较次要的信息会放在稍后的位置，这一点，以“消息”最典型。

例 6.

一级层次	二级层次	原文（重点）
导语		新华社利马消息 19 日，国家主席习近平在利马会见菲律宾总统杜特尔特。
主体	（一）	**习近平指出，**杜特尔特总统上个月对中国的国事访问实现了中菲关系全面改善，翻开了两国关系新篇章，为地区和平稳定注入了正能量。**双方要确保中菲关系沿着正确方向稳步向前，坚持友好合作，坚持妥处分歧，坚持共同发展，使中菲睦邻友好合作关系行稳致远，以更多合作成果造福两国人民。**
	（二）	习近平强调，面临全新的局面，① 中菲双方要加强各层级往来，就共同关心的重大问题及时交换意见，推动各领域机制尽快恢复，增进互信和合作。② 双方要巩固务实合作成果，让两国民众从中受益。③ 双方要积极探讨海上合作，促进海上良性互动，将南海问题变为促进两国友谊和合作的利好。④ 双方要充分调动民间力量参与合作，通过民间往来促进两国利益融合，加强文化、教育、卫生、青年等领域合作。⑤ 明年菲律宾将接任东盟轮值主席国，中方愿同菲方共同推动中国—东盟关系和东亚合作不断向前发展。中菲两国都是亚太经合组织的发展中国家，中方愿同包括菲方在内的各成员一道，继续聚焦经济合作，推动此次利马会议取得成功。

续表

一级层次	二级层次	原文(重点)
主体	(三)	杜特尔特表示,我上个月对中国的访问十分成功,成果丰硕。①菲律宾奉行独立自主的外交政策,愿意永远同兄弟般的中国做朋友。②菲方感谢中方为菲律宾发展提供的帮助,愿加强同中方在基础设施建设等领域合作。③菲中在很多问题上看法相近,应该密切沟通协调,共同促进亚洲区域发展,促进世界和平、繁荣、正义。④菲方愿同中方通过对话协商妥善处理好有关海上问题,共同努力维护两国关系改善和发展势头。
结尾(背景)		王沪宁、栗战书、杨洁篪等参加会见。

注:文中的圈号是本教材为便于分析稿件而加上的,不是稿件原文的文字。

(新华网 2016 年 11 月 19 日)

消息的导语概括了习近平主席会见杜特尔特的事实,主体部分是核心内容和关键信息,具体报道了习近平主席对中菲两国关系的新期待、新要求,以及杜特尔特总统的态度。因为此前两国间众所周知的曲折经历,双方的最新表态都是非常重要的信息点。"双方要确保中菲关系沿着正确方向稳步向前,坚持友好合作,坚持妥处分歧,坚持共同发展,使中菲睦邻友好合作关系行稳致远,以更多合作成果造福两国人民",这句话浓缩了习近平主席谈话的主旨,统领了具体观点,是全文的核心(篇章重点)。而之后的五点具体要求诠释了这一总体要求,也十分重要,应为局部重点(层次重点)。杜特尔特总统的四点表态既是对习近平主席所提要求的正面回应,也表达了希望与中国友好相处的心愿,也是局部重点(层次重点)。尽管从总字数上看重点部分很多,但因为有了对主次的把握,全篇内容显得层次清楚、重点鲜明。

(二)议论性稿件

议论性稿件,亮明观点的部分为核心重点(篇章重点),对论点进行有力分析、论证及总结、升华的部分是层次和段落重点。

例 7.

生态红线要划在每个人心里

王立彬

一级层次	二级层次	原文(重点)
一		中共中央办公厅、国务院办公厅 7 日公布了《关于划定并严守生态保护红线的若干意见》。**生态保护红线是保障和维护国家生态安全的底线与生命线,不仅要划到版图上,更要划在每个人心里。**

续表

<table>
<tr><th>一级层次</th><th>二级层次</th><th>原文(重点)</th></tr>
<tr><td rowspan="3">二</td><td>(一)</td><td><u>生态红线首先要划到各级领导干部的心里,让“关键少数”带动广大多数。</u>要将严守生态红线纳入领导干部政绩考核体系,对任期内突破红线,造成生态功能降低、面积减少、性质改变的要严肃追究责任。领导干部以上率下,有利于强化红线的刚性约束。
各级领导干部要充分认识到,生态文明建设和环境保护,要以人民群众利益为根本出发点,构建人与人、人与社会、人与自然的和谐,把人民群众满意不满意、高兴不高兴、答应不答应视作生态环境管理的最高评价标准。严守生态保护红线,应把自上而下的考核问责与自下而上的群众创造结合起来,实现全社会共同参与、共同建设、共享成果的良性互动。</td></tr>
<tr><td>(二)</td><td><u>生态红线,更要划到每一个公民的心里。</u>推进绿色发展,让良好生态环境成为人民生活新的增长点,让中华大地天更蓝、山更绿、水更清、空气更清新,迈进生态文明新时代。作为国家的主人翁,每个人不仅享有呼吸新鲜空气、喝干净水、吃放心食物、生活在宜居环境中的权利,也负有呵护天青、水碧、空气清新的义务。我们不是美丽中国的客人,而是美丽中国的主人和建设者。所以不仅要问严守生态保护红线能为我们带来什么,更要问我们能为生态文明建设做些什么。少开一次车,多走几步路,不乱扔垃圾,随手关水龙头……每个人都应该树立保卫生态红线的良好意识,把降低资源消耗、减轻环境负担的有益行动日常化。</td></tr>
<tr><td>(三)</td><td><u>生态保护红线,尤其要划到亿万少年儿童的心里。</u>少年儿童是祖国的未来,要让他们多了解一些具体的环境问题。通过课堂教育与户外教育相结合,让孩子们多听、多看、多体验,在与大自然接触中,了解到清新的空气、干净的水、健康的食品是大自然珍贵的馈赠,要像保护眼睛一样保护生态环境,要像对待生命一样善待生态环境。这种意识一定要从娃娃抓起,推动形成未来中国的绿色发展方式和生活方式。</td></tr>
</table>

(新华网 2017 年 2 月 7 日)

该篇稿件是按照“总分”结构展开论述的。首段开门见山地提出了“生态保护红线是保障和维护国家生态安全的底线与生命线,不仅要划到版图上,更要划在每个人心里”的核心观点。接下来,分别论述了将生态保护红线划在“各级领导干部”“每一个公民”“亿万少年儿童”这三类群体心中的重要意义,形成了一个较为完整的逻辑链条。抓住了这些篇章、层次、段落重点,就可以提纲挈领地把握住全篇稿件的主题了。

（三）叙述性、描写性的稿件

叙述性、描写性的稿件中的议论或抒情部分，往往是稿件思想情感的重要体现，应作为重点来处理。

例 8.

《南沙精神赞》
播音:贾宁

南沙精神赞

一级层次	二级层次	自然段	原文（重点）
一		1	**在南沙采访的日子里，我们每天都被一些事情所感动。一个突出的感觉是，在远离祖国大陆的南沙礁盘上，我们的海军官兵一颗颗心和祖国母亲靠的是那样紧。祖国利益高于一切——这句庄严的话，在南沙卫士的生活中有着十分具体的内容。“祖国”这两个字几乎占据了他们的整个心灵。**
二	（一）	2	永暑礁上有一小块菜地，是战士们从内地带来一把把土建成的，菜地分成 30 多个小方格，每个格子都标上一个省或城市的名字，表明这里是祖国的一块土地。礁上一条几十米长的小路，战士们起名叫“爱国路”。南沙卫士爱写对联，每副对联都饱含着他们对祖国的一片真情。“今朝立业南沙，千秋有功国家”，是南沙最有名的一副对联，也是南沙卫士最深情的一句话。南沙卫士最常讲的两个字是“奉献”，最感艰难的两个字是“寂寞”，而他们心中最神圣的两个字是“祖国”！内地去访问的一位同志由衷地说：“南海碧波深千尺。不及战士一片情！”**这情，这爱，完全献给了祖国；这情，这爱，孕育了多少感人泪下的故事！**
	（二）	3	雷达分队长秦任平在礁上驻守半年之后，第一次收到远方亲人的两封来信，一封是妻子二月份写的，另一封是父亲四月份写的。战友们替他高兴，让他公布了妻子的来信，来信报平安，让他放心守海防。可是，当他拆开父亲的来信时，一下子惊呆了！父亲写的竟是一个噩耗：他的妻子两个月前被癌症夺去了生命。妻子那封信是在弥留之际，用了整整一天写完的，竟只字未提自己的病。秦任平双膝跪在礁盘，遥望远方，任泪水流淌。领导让他立即随船下礁，他摇摇头：“事先没安排人接班，我走了雷达怎么开机？”说着，擦干泪水，走进了机房。
		4	守礁战士龙海洲一次抢修机器，左手三个指头轧成粉碎性骨折，疼得他一次次昏厥。几天后来船接他回大陆治疗。临走时，他拉着指导员的手说：“把我的枪留在礁上，伤好我还回来。这里有我的岗位！”

续表

一级层次	二级层次	自然段	原文(重点)
二	(二)	5	**这就是我们的海军官兵,这就是把祖国需要看得比什么都重的南沙卫士!**
	(三)	6	我们询问一些守礁战士,南沙苦不苦?他们说,苦,当然苦。就说淡水吧,全靠大陆补给,几个月才补一次,洗脸刷牙洗衣服,全靠接雨水。再就是缺蔬菜,吃罐头吃得口腔溃疡。可是,这苦总得有人吃。谁来吃?我们吃!因为我们是军人,军人这个职业就意味着奉献。军人,国家需要时,生命都可以奉献,何况吃点苦呢?
		7	礁长蒋忠全曾经在祖国西南边界经历过战火的考验,后来上了军校。本来可以留在城市工作的他,又选择了南沙守礁的岗位。我们问他为什么这样选择?他说他立志当兵报国,南沙可以更好地实现他的人生价值。
		8	**人生价值——这是当今许多人喜欢谈论的话题。有人说的人生价值,其核心是满足自我,有人说的人生价值是与人民利益抗衡的盾牌,而南沙战士们提起人生价值,总是很自然地和祖国联系在一起。**
三		9	**我们赞美南沙卫士的品格,是因为这些品格高扬了我们时代的主旋律,这个主旋律就是以爱国主义为核心内容的无私奉献精神、艰苦创业精神、集体主义精神和革命英雄主义精神。**

(中央人民广播电台播出稿 1995 年 6 月 15 日)

稿件以生动的事例,从不同侧面反映了南沙官兵的“南沙精神”就是爱国主义精神。

稿件开头的抒情段落提炼出爱国主义的主题;稿件结尾段的总结中又呼应了“以爱国主义为核心的无私奉献精神、艰苦创业精神、集体主义精神和革命英雄主义精神”,形成一条歌颂“爱国主义”的主调,是篇章重点。

稿件第二段围绕着“祖国”二字概括介绍永暑礁的情况之后,以一段议论“这情,这爱,完全献给了祖国;这情,这爱,孕育了多少感人泪下的故事”来升华主题。

稿件的第三、四段具体讲述两个不着一个“国”字、却处处体现着祖国利益高于一切的感人故事,在此基础上第五段提炼出“这就是把祖国需要看得比什么都重的南沙卫士”的观点。

第六段记叙了守礁战士的铿锵誓言，第七段描绘了礁长驻守的理由是“当兵报国”的豪言壮语，其后第八段“南沙战士们提起人生价值，总是很自然地和祖国联系在一起”的议论再次升华了主题。

这篇稿件中出现了很多“祖国”“国家”“爱国”等词语，这是主题线索，而全篇开头的抒情段和每每叙述后升华的议论段及结尾段，以一并列层次重点构成了贯穿全篇的重点线索，引导了感情走向。这些议论和抒情是全篇的灵魂和精华所在，在播音创作时应予以重点突出。

三、根据文稿的局部特征，确定细节重点

稿件重点的确定，还可通过仔细研读文句，分析其逻辑结构、修辞手法、遣词造句等细节来判定。一般来说，稿件的重点文段或文句往往具有明确的标志，可以根据这些标志性的特征来确定重点。

（一）通过文段中的典型修辞确定重点

修辞的基本作用即是强调、阐释，稿件中修辞手法出现的地方通常是重点所在，特别是出现排比、反问、设问、顶针、反复等修辞手法时。

例 9.

呵，亲爱的可敬的朝鲜人民！在纷飞的战火中，你是那样刚强！敌人把你的城镇变成了废墟，你没有哭；敌人把你的家园烧成了灰，你没有哭；敌人把你绑在大树上，烧你，烤你，你没有哭，你真是一把拉不断的硬弓，一座烧不毁的金刚！

（魏巍《依依惜别的深情》）

这段文字中，“你没有哭”反复出现。在叙述时，由城镇、家园到“你”，情感逐级强化，并且使用了比喻和排比手法，以“拉不断的硬弓”“烧不毁的金刚”表现朝鲜人民的坚强，以两个比喻句的排比突出了对朝鲜人民的敬意。总体上，这段文字也是通过衬托手法，以在苦难中的坚强来衬托依依惜别时的落泪，层层铺排，极力渲染，把情感推向高潮。这种深厚的国民友谊，正是稿件努力呈现的核心内容，这些反复、比喻、衬托手法的运用，是突出、升华情感的重要方式，也是稿件重点的标志。

例 10.

各位听众，各位观众，步兵方队持枪齐步前进，到天安门前，一声口令，全方队变成持枪正步走，枪刺闪闪发亮，动作整齐一致，从城楼上看去，横看是一条

线，纵看是一条线，斜着看，还是一条线，表现了优良的军事素质。

（《国庆三十五周年现场解说词》）

这一段对步兵方阵的描写，以横、竖、斜三个方向的视角看去，以"一条线"的反复出现来突出我军过硬的军事素质，应是表达的重点。

例 11.

当你在积雪初融的高原上走过，看见平坦的大地上傲然挺立着这么一株或一排白杨树，难道你觉得树只是树，难道你就不想到它的朴质、严肃、坚强不屈，至少也象征了北方的农民？难道你竟一点也不联想到，在敌后的广大土地上，到处有坚强不屈，就像这白杨树一样傲然挺立的守卫他们家乡的哨兵？

（茅盾《白杨礼赞》）

文中"难道"一句不是疑问句，而是反问句。反问的特点在于只问不答，而答案也包含在问句之中，是一种通过"问"来肯定和强调的句式。文中，北方农民、敌后战士的朴质、不屈是作者想要表达的重点，而反问句和由反问句构成的排比，正是重点出现的标志。

例 12.

无论什么人，不管他怎样忙，应该抽点时间来想一想。想什么？想他自己做过的事，想自己已得到的经验，这样，他脑子里所有的就不是空想，他的行动也就可以不断地进步。

（胡绳《想和做》）

这段中出现的提问是设问，即自问自答，一问一答之目的在于强调，引起注意，而所答内容则是重点。

例 13.

好个友邦人士！日本帝国主义的兵队强占了辽吉，炮轰机关，他们不惊诧；阻断铁路，追炸客车，捕禁官吏，枪毙人民，他们不惊诧。中国国民党治下的连年内战，空前水灾，卖儿救穷，砍头示众，秘密杀戮，电刑逼供，他们也不惊诧。在学生请愿中有一点纷扰，他们就惊诧了！

好个国民党政府的"友邦人士"！是些什么东西！

（鲁迅《"友邦惊诧"论》）

本段文字不但使用反复修辞和层层烘托手法，逐渐将情感推向高潮，而且使用了一种比较特殊的修辞格——反语。反语以正话反说的形式突出作者的讽刺与愤怒——对“友邦”进行讽刺和对政府提出批评，这是重点出现的标志。

例 14.

血雨腥风，毛竹青了又黄，黄了又青，不向残暴低头，不向敌人弯腰，竹叶烧了，还有竹枝，竹枝断了，还有竹鞭，还有深埋地下的竹根。

（袁鹰《井冈翠竹》）

这段文字使用了“顶针”的修辞手法，首尾相衔，前后相续，突出表现了井冈翠竹的强与韧。

（二）通过文句中的逻辑关系确定重点

分析稿件语句的因果、转折、递进、衬托、对比、并列、选择等逻辑结构，是确定稿件重点尤其是局部重点的有效方法。

在语句中出现“相似地”“相反”“不同的是”等标志性词语或“因为……所以”“虽然……但是”“不但……而且”“除……还”“无论……都”“只有……才”“如果……那么”“是……还是”等连接词，以及出现“首先”“其次”等序数词往往是重点的重要提示，应予以注意。

例 15.

设计者和匠师们因地制宜，自出心裁，修建成功的园林当然各个不同。可是苏州各个园林在不同之中有个共同点，似乎设计者和匠师们一致追求的是：务必使游览者无论站在哪个点上，眼前总是一幅完美的图画。为了达到这个目的，他们讲究亭台轩榭的布局，讲究假山池沼的配合，讲究花草树木的映衬，讲究近景远景的层次。总之，一切都要为构成完美的图画而存在，决不容许有欠美伤美的败笔。

（叶圣陶《苏州园林》）

本段中，“总之”之后的文字，是对前述内容的总结，归纳概括了园林设计师和工匠追求完美的职业操守，“总之”是重点内容出现的标志（注意，“总之”本身不是重点，下同）。

例 16.

睡觉原本是我们每日的例行公事，10 点睡觉 7 点起床，跟 9 点上班 5 点下班一样，属于我们再正常不过的生活作息。可是，如今对于很多人而言，拥有一夜好眠竟然已经变成了一种极大的“奢侈品”。

（小黑《谁偷走了我们的睡眠》）

“可是”是转折句较为常见的引导词，以句意转折的方式完成对“可是”之后文字的强调，其所强调的部分，正是重点所在。

例 17.

沙尘暴作为一种自然现象，是地球自然生态系统不可或缺的一部分。它和其他许多自然现象相互关联、互为因果。**假如**我们消灭了沙尘暴及其源头的沙漠干旱地区，**也就**消灭了地球上的多种自然生态，绝灭了适应干旱气候的一切物种，**并会**引起全球所有自然系统的更加可怕的反馈和报复，甚至引发我们难以想象的灾难。

（李栓科《被妖魔化的沙尘暴》）

本段中，“假如……也就”形成的假设关系，还有以“并会”引导的递进关系，标志着重点的出现，应予注意。

例 18.

在无数蓝色的、棕色的眼睛中，
我有着宝石般黑色的眼睛，
我骄傲，
我是中国人。

（王怀让《我骄傲，我是中国人》）

“蓝色”“棕色”的眼睛，是对“黑色”的眼睛的衬托，前轻后重，因此中国人“黑色”的眼睛才是重点。

例 19.

庄严正名“14 年抗战”到底意味着什么？

李泓冰

在走向现代化的改革道路上，我们正前所未有地**关注、检视并还原历史，**特别是近百年的幢幢史影，尽管它沉重、曲折，甚至滴沥着鲜血。真实的历史会严肃地告诉孩子们，和平的明艳背后，是无数牺牲者远去的微笑；鲜艳的五星红旗，是无数父老乡亲献出至亲至爱的鲜血点染而出的。不去还原历史，我们也许容易忘却从哪里出发、为什么改革、为谁发展这些根本性命题。

从这个意义上，我们便更深刻地理解，人们何以会为这则消息郑重点赞——中国教育部近日下发通知，要求将教材中“8 年抗战”的表述改为“14 年抗战”。

中国历史教材此前常用的“8 年抗战”，为人们所熟知。8 年，是以 1937 年“卢沟桥事变”为起点的全国性抗战。现在，一个新的历史概念即将在新一代国人心中形成：“14 年抗战”的起点是 1931 年的“九一八事变”。那么，向前延伸的从“九一八”到“卢沟桥事变”这6年，被庄重写入教科书的抗战史，到底意味着什么？

它意味着东北抗联可歌可泣的壮烈抗战，被认可被还原。意味着那位留过学、读过黄埔军校、红衣白马在白山黑水坚持抗战的奇女子赵一曼，她受尽日军酷刑而牺牲于“卢沟桥事变”之前的1936年，从此可以堂堂正正写入中国抗战正史，实现她就义前给独子留下的拳拳期望：“你长大成人之后，希望不要忘记你的母亲是为国而牺牲的！”

它也意味着，1932年“一·二八事变”中驻上海闸北的第十九路军抵抗日本海军陆战队登陆的淞沪血战被认可被还原，意味着蒋光鼐、蔡廷锴以及所部那5 000余人的伤亡代价，不但凛然让当时的世界知道中国仍有一批敢打能打的热血男儿，也让后人遥相敬慕，重温其通电全国“尺地寸草，不能放弃”的决绝忠勇。

它更意味着告诉后人，何以在日军悍然侵我东北、虏我同胞，在“九一八事变”过去了漫长的6年，中国的宣战才姗姗来迟，“地无分南北，人不论老幼”……因为中华民族在那几页史册之间陷入了“悲惨的时候”，同胞在流亡、骨肉被异族凌辱，而积贫积弱的祖国、忙于内战的政府，却怯于抵抗、不愿抵抗。

因此，中国修正历史教科书，不仅仅是对抗战起点的修订，更在重塑历史的大关节，将悲壮甚至屈辱的民族受难史毫不遮蔽地剖开，让孩子们在痛心疾首中，了解祖先受过的苦难、国家曾经的不幸，也就更加珍惜今天的和平与发展。

这样的庄严正名，是一个警示：慎以概念性、结论性的宏大浪漫叙事，遮蔽中国曾经挨打受辱的历史真相。真正的抗战史，并不只是最终胜利日的光荣受降和震天烟花，侵略军也并非不堪一击的“纸老虎”。当孩子们从教科书上更全面了解残忍的侵略者罪行，了解数以千万计的伤亡将士与同胞的惨烈代价，了解亡国灭种的命悬一线和漫长抗战，才能更敬服慷慨赴死的先烈，对那些几近无耻的手撕鬼子、裤裆藏雷抗日神剧也才更有抵抗力和辨别力。重要的并不仅仅是记住曾经的胜利，更要牢记烈火一般照亮那个苦难时代的殉难者，是他们铸就了民族的精魂，捍卫了国家的尊严，护佑了和平的今天。

这样的庄严正名，是一种宣示：我们珍惜每一个为祖国献身的英雄、珍惜每一个受凌辱的个体生命。在对每一段历史的永不遗忘中，中华民族的道德勇气、贲张血性与和平愿望，才能一代一代传承下去，不屈不挠地永远留存于中华民族壮丽史诗的字里行间。让先烈们死得光荣，中国才能生得伟大。

（人民网 2017 年 1 月 12 日）

本篇评论，以典型的逻辑推理证明观点。以“关注、检视并还原历史”为中心论点，以一系列并列的“它意味着”为首的段落作为论据（“它意味着”并非重音，而是引导出了重点内容），以“这样的庄严正名，是一个警示”“这样的庄严正名，是一种宣示”作为结论。这些重点部分在播音创作时应予以突出。

（三）在修饰、限定词语集中出现的地方寻找重点

大量修饰或限定词语的出现是为了使表达的对象更突出、更准确，往往是有声语言表达的重点所在。

例 20.

看，那一枝枝**亭亭玉立，仪态万方的**荷花，一扫羞涩，展露丰姿，**忘情地**开放了。她们有的**傲然**探出碧海，舒展着粉白镶红的花瓣，一任蜜蜂穿行在金色的花心间，显示着自己**超人的**美丽；有的与绿叶齐眉，**含情浅笑**，展红傲绿，争奇斗艳；有的含苞待放，躲在茂密的翠盖丛中，**怯怯地**睨视着游人。

（《塔下清荷》）

本段文字中用大量的修饰语来表达荷花的清洁、妩媚，突出其高洁品格。荷花的形象是本段文字的中心，大量的修饰词都是为了展现荷花的美好，这些重要的修饰词以及所修饰的中心词就是要突出的重点。

例 21.

青　春

席慕容

所有的结局都已写好
所有的泪水也都已启程
却忽然忘了是**怎么样**的一个开始
在那个古老的**不再回来**的夏日
无论我**如何**的去追索
年轻的你**只**如云影掠过
而你微笑的面容**极**浅**极**淡
逐渐隐没在日落后的群岚
遂翻开那发黄的扉页
命运将它装订得极为拙劣
含着泪 我一读再读
却**不得不**承认
青春 是一本**太**仓促的书。

这首诗有大量限定、修饰性词语，如“所有”“不再回来”“如何”“年轻”“只”“极”“不得不”“太”等，这些具有鲜明、强烈的表达效果的限定词与其所修饰的中心词，共同构成全诗要表达的重点。

（四）通过关键数字和词语寻找重点信息

数字具有具体、客观、精准的表达效果，在稿件中，多用于说明或论证，是突出事物特征或支撑论点的有力工具。

例 22.

欧元在加息预期的影响下继续**走高**，顽强地站上了 **1.38** 之上，带领除英镑外非美货币整体**上扬**。相应的美元指数**跌破 77.00** 整数关口，呈现**弱势**。而利比亚局势的持续恶化也使得避险货币日元和瑞郎**走高**。

新西兰地震所导致的澳元、纽元下跌也暂时告一段落，由于损失相对有限，因此澳元、纽元都有小幅度**反弹**。而国际大宗产品市场**涨跌互现**，原油**先涨再跌**，最终收于每桶 **96 美元**附近。

本文谈欧元加息对国际金融和经济形势的影响，相关数据既是受众关注的重点，也体现了国际经济形势的走向，应予重点关注。

此外，稿件中“走高”“上扬”“跌破”“弱势”“反弹”“涨跌互现”“先涨再跌”是表达重要信息的关键词语，也需特别关注。

（五）通过标点符号确定重点

文中的标点，特别是感叹号、冒号、破折号等，有时是重点出现的标志。

例 23.

这一天**终于到来了**！看哪，人人脸上挂着喜悦的眼泪，个个兴高采烈。流水发出欢笑，山冈也显得年轻，他们在倾听，倾听，倾听这震撼世界的声音：**中华人民共和国成立了！中国人民从此站起来了！**

这一段文字用了三个感叹号，表明了情感的激越与高昂，是情感得以升腾的标志，也是信息传达的重点。“这一天终于到来了！”准确地传递出了亿万民众的长久期盼，“中华人民共和国成立了！中国人民从此站起来了！”表达了作者对中华民族崛起的激动与自豪之情。稿件中的冒号，对关键信息和核心情感做出恰当提示，是重点出现的标志。

例 24.

其实这位选评者不但缺乏古代文学艺术常识，甚至对一般古汉语词汇的涵义也不甚理解。他把“挹注”讲成“不在乎，不注意”；把“含香之署”讲成“有香味的房子”；把“怀刺”讲成“怀抱着有刺的东西”——都是全无根据地乱说一通。

破折号提示了作者想要强调的观点，是重点出现的标志。

研读文句，可以使我们更好地把握稿件细节。但是，处理稿件必须具有深阔的宏观视野，要在全篇稿件的观照之下进行文句研读，没有对全篇稿件的准确理解，是不可能做好局部处理的。从微观技巧上说，以上列举的只是判定重点的一些典型方法。其实，对于重点的理解，更重要的在于播音创作主体的细致揣摩、分析判断，切不可拘泥条款、胶柱鼓瑟。

四、把握稿件重点的文外功夫

应注意的是，单纯地从一篇稿件本身研究重点是不够的。

首先，任何稿件都是在一定背景下、为一定目的而创作的，没有对稿件背景、目的的深入了解，很难准确把握稿件的重点，这就要求播音创作主体要有较丰富的知识储备和较敏锐的洞察力。

例 25.

伊朗向国际原子能机构表示愿无条件重启核谈判。

这一句中的重点到底在什么位置很值得思量。从字面看，几乎每一个词都可以成为重点，但是在实际有声语言表达中，重点词语是“无条件”。因为伊朗核问题谈判由来已久，而谈判各方总是附以各种条件，因而“无条件”是此次恢复核谈判的最大特点。

其次，在现实工作中，经常会遇到系列报道，单篇稿件的重点便不能只在文稿内寻找，而要联系整个报道进程作出判定。

例 26.

山西黑砖窑这件事有了进一步发展。《文汇报》说，**公安部派员**查黑砖窑，严惩渎职警察；但是到目前为止**没有一个官员被问责**。黑窑工哭诉：曾目睹两个工友被活活打死，而且有两个狼狗整天看着他们。

（凤凰卫视《有报天天读》2007 年 6 月 20 日）

在这则报道中，公安部派员查处，是新举措，是重点。无官员被问责，这一情况不是新近发生的，理论上讲并非重点，但由于“官员问责”是此事件中媒体关注的一个焦点，反映了媒体对问责机制的追问，所以“没有一个官员被问责”反而是重点。

再次，播音创作主体的思考深度、文化素养是准确把握稿件重点的关键，没有深厚的文化底蕴，难免出现对稿件重点的误读、误判。

例 27.

面朝大海，春暖花开

海 子

从明天起，做一个幸福的人
喂马，劈柴，周游世界
从明天起，关心粮食和蔬菜
我有一所房子，面朝大海，春暖花开

从明天起，和每一个亲人通信
告诉他们我的幸福
那幸福的闪电告诉我的
我将告诉每一个人

给每一条河每一座山取一个温暖的名字
陌生人，我也为你祝福
愿你有一个灿烂的前程
愿你有情人终成眷属
愿你在尘世获得幸福
我只愿面朝大海，春暖花开

对于这样一首诗，不少读者会读出"温暖"之感，全诗的节奏清新明快，语言温暖明朗，乍看是以淳朴、欢快的方式发出对人的真诚祝愿，自然让人产生"温暖"之感。但透过"从明天起""陌生人，我也为你祝福""愿你""我只愿"等字眼，我们发现作者其实有着更深的寓意：一切都是从明天开始，而今天呢？给每一个陌生人祝福，而我呢？再联想这首诗的写作时间（海子去世前两个多月）以及海子的创作经历，就会发现明朗、温暖的文字背后，有着隐隐的无助和悲凉。

可见，没有一定的文化积累和文学常识，单是依据思维惯性来把握文章的情感态度，难免要出现失误。

再如，史铁生的名篇《我与地坛》，不少人会习惯性地读出"扼住命运的咽喉"的高亢之音，其实作者对待命运的态度更多的是如何接纳命运，与命运握手言和。因而，如果按照习惯思维，而没有对人生命运的深入思考，很容易错会了稿件的核心主旨。

第三节　例稿解析和练习材料

一、例稿解析

例 28.

我与地坛（节选）

史铁生

三

如果以一天中的时间来对应四季，当然春天是早晨，夏天是中午，秋天是黄昏，冬天是夜晚。如果以乐器来对应四季，我想春天应该是小号，夏天是定音鼓，秋天是大提琴，冬天是圆号和长笛。要是以这园子里的声响来对应四季呢？那么，春天是祭坛上空漂浮着的鸽子的哨音，夏天是冗长的蝉歌和杨树叶子哗啦啦地对蝉歌的取笑，秋天是古殿檐头的风铃响，冬天是啄木鸟随意而空旷的啄木声。以园中的景物对应四季，春天是一径时而苍白时而黑润的小路，时而明朗时而阴晦的天上摇荡着串串杨花；夏天是一条条耀眼而灼人的石凳，或阴凉而爬满了青苔的石阶，阶下有果皮，阶上有半张被坐皱的报纸；秋天是一座青铜的大钟，在园子的西北角上曾丢弃着一座很大的铜钟，铜钟与这园子一般年纪，浑身挂满绿锈，文字已不清晰；冬天，是林中空地上几只羽毛蓬松的老麻雀。以心绪对应四季呢？春天是卧病的季节，否则人们不易发觉春天的残忍与渴望；夏天，情人们应该在这个季节里失恋，不然就似乎对不起爱情；秋天是从外面买一棵盆花回家的时候，把花搁在阔别了的家中，并且打开窗户把阳光也放进屋里，慢慢回忆慢慢整理一些发过霉的东西；冬天伴着火炉和书，一遍遍坚定不死的决心，写一些并不发出的信。还可以用艺术形式对应四季，这样春天就是一幅画，夏天是一部长篇小说，秋天是一首短歌或诗，冬天是一群雕塑。以梦呢？以梦对应四季呢？春天是树尖上的呼喊，夏天是呼喊中的细雨，秋天是细雨中的土地，冬天是干净的土地上的一只孤零的烟斗。

因为这园子，我常感恩于自己的命运。

我甚至现在就能清楚地看见，一旦有一天我不得不长久地离开它，我会怎样想念它，我会怎样想念它并且梦见它，我会怎样因为不敢想念它而梦也梦不到它。

《我与地坛》是史铁生的散文代表作,文章饱含了作者对人生的感悟、对亲情的讴歌,朴实的文字间洋溢着作者对生命的热爱,是一部不可多得的优秀作品。

文章的这一部分,以各种不同的事物与一年四季作比,表面看来是优美的。但是如果任思维驰骋,将所有类比展现的情景尽情挥洒,反而使文章失于没有重点的铺展。虽然时间、乐器、声响、景物,都对应得十分贴切、有深意,特别是艺术形式和梦更是细腻、传神,但是最直接、最深刻也最有意蕴的类比是心绪,心绪对应的四季就是史铁生对自己命运和境遇的直接描摹。可以说,这部分的七组类比不是并列的,前面四组是重点之前的铺垫,后面两组是重点之后的舒缓。只有心绪这一组类比才是平中见奇的重点。抓住这部分重点,才能体现文章借物抒情的主旨,与结尾两个自然段对自己命运的感慨遥相呼应。

例 29.

海南:个人可申请开发无居民海岛

海南省海洋与渔业厅 4 日公布《海南省无居民海岛开发利用审批办法》,明确单位或个人申请开发利用无居民海岛,应向省级海洋行政主管部门提出申请,并提交无居民海岛开发利用申请书、具体方案、项目论证报告。

办法指出,海南省级海洋行政主管部门在受理用岛申请后应进行实地勘察,并按规定进行审核。无居民海岛开发利用审核包括材料审查、初步核实、专家评审、公示、征求意见、集体决策等环节。经省级海洋行政主管部门行政办公会议审定同意的无居民海岛开发利用申请,省级海洋行政主管部门拟文上报省人民政府批准。海南省人民政府依据经济社会发展规划、海南省总体规划等进行审批。

办法明确,无居民海岛开发利用的最高期限,参照海域使用权的有关规定执行:养殖用岛 15 年,旅游、娱乐用岛 25 年,盐业、矿业用岛 30 年,公益事业用岛 40 年,港口、修造船厂等建设工程用岛 50 年。

(新华网 2018 年 7 月 5 日)

提示:稿件有两个重点,其一是个人或单位可以申请开发无居民海岛,其二是申请的流程。在播音创作时,应着重突出由这两个重点延伸出来的相关信息点,如申请者应提交何种材料、审核申请的具体流程、开发利用的最高期限等,从而使全篇的重点更加明晰。

二、练习材料

例 30.

筑就民族复兴时代的文艺高峰

一个民族的繁衍生息,需要强大的精神支撑;一个国家的发展前行,离不开文化的呵护滋养。

"实现中华民族伟大复兴,是一场震古烁今的伟大事业,需要坚忍不拔的伟大精神,也需要振奋人心的伟大作品。"在中国文联十大、中国作协九大开幕式上,习近平总书记发表重要讲话,高度评价广大文艺工作者在各个历史时期作出的重要贡献,深刻分析我国文艺事业发展面临的形势和任务,对广大文艺工作者更好肩负历史使命提出了殷切希望,是新时期加强文艺工作、推进文艺事业的纲领性文献,必将鼓舞和激励广大文艺工作者创作出更多无愧于我们这个伟大时代、无愧于我们这个伟大国家、无愧于我们这个伟大民族的优秀作品。

文艺事业是党和人民的重要事业,文艺战线是党和人民的重要战线。党的十八大以来,以习近平同志为核心的党中央高度重视文艺工作,习近平总书记主持召开文艺工作座谈会并发表重要讲话,《中共中央关于繁荣发展社会主义文艺的意见》出台,我国文艺界展现出新的面貌新的气象,广大文艺工作者奏响了时代之声、爱国之声、人民之声,为人民提供了丰富精神食粮,向世界展示了中华文化魅力。实践充分证明,广大文艺工作者心怀祖国人民、响应时代号召、追求艺术理想,是一支有智慧有才情、敢担当敢创新、可信赖可依靠的队伍。

"文之为德也大矣,与天地并生者何哉?"回望历史,中华民族生生不息绵延发展、历经挫折又不断浴火重生,都离不开中华文化的有力支撑。实现中华民族伟大复兴,需要物质文明极大发展,也需要精神文明极大发展。广大文艺工作者高擎民族精神火炬,吹响时代前进号角,推出更多反映时代呼声、展现人民奋斗、振奋民族精神、陶冶高尚情操的优秀作品,才能为人民昭示更加美好的前景,为民族描绘更加光明的未来。坚定文化自信,用文艺振奋民族精神;坚持服务人民,用积极的文艺歌颂人民;勇于创新创造,用精湛的艺术推动文化创新发展;坚守艺术理想,用高尚的文艺引领社会风尚,牢记习近平总书记的四点嘱托,广大文艺工作者就会胸中有大义、心里有人民、肩头有责任、笔下有乾坤。

文运同国运相牵,文脉同国脉相连。广大文艺工作者深深懂得,文化是一个国家、一个民族的灵魂,没有文化自信,不可能写出有骨气、有个性、有神采的作品,善于从中华文化宝库中萃取精华、汲取能量,不忘本来、吸收外来、面向未来,才能更好展现我国文艺的中国特色、中国风格、中国气派。人民是历史的创造者,离开人民,文艺就会变成无根的浮萍、无病的呻吟、无魂的躯壳,观照人民的生活、命运、情感,表达人民的心愿、心情、心声,我们的作品才会在人民中传之久远。今天中国大地上的深刻变革,为文化创新创造提供了丰厚土壤,大胆探索,努力提高原创能力,传递向善向上的价值观,以伟大的文艺展现伟大的灵魂,我们必将成就以文化人、以文育人的非常之功。

"江山留胜迹,我辈复登临。"中国不乏生动的故事,关键要有讲好故事的能力；中国不乏史诗般的实践，关键要有创作史诗的雄心。相信我们这个时代的文学家、艺术家不仅有这样的雄心，而且有这样的能力。只要我们牢记使命、牢记职责，不忘初心、继续前进，就一定能同党和人民一道，努力筑就中华民族伟大复兴时代的文艺高峰。

（《人民日报》2016 年 12 月 1 日）

例 31.

绿

朱自清

我第二次到仙岩的时候，我惊诧于梅雨潭的绿了。

梅雨潭是一个瀑布潭。仙瀑有三个瀑布，梅雨瀑最低。走到山边，便听见花花花花的声音；抬起头，镶在两条湿湿的黑边儿里的，一带白而发亮的水便呈现于眼前了。

我们先到梅雨亭。梅雨亭正对着那条瀑布；坐在亭边，不必仰头，便可见它的全体了。亭下深深的便是梅雨潭。这个亭踞在突出的一角的岩石上，上下都空空儿的；仿佛一只苍鹰展着翼翅浮在天宇中一般。三面都是山，像半个环儿拥着；人如在井底了。这是一个秋季的薄阴的天气。微微的云在我们顶上流着，岩面与草丛都从润湿中透出几分油油的绿意。而瀑布也似乎分外的响了。那瀑布从上面冲下，仿佛已被扯成大小的几绺；不复是一幅整齐而平滑的布。岩上有许多棱角；瀑流经过时，作急剧的撞击，便飞花碎玉般乱溅着了。那溅着的水花，晶莹而多芒；远望去，像一朵朵小小的白梅，微雨似的纷纷落着。据说，这就是梅雨潭之所以得名了。但我觉得像杨花，格外确切些。轻风起来时，点点随风飘散，那更是杨花了。——这时偶然有几点送入我们温暖的怀里，便倏地钻了进去，再也寻它不着。

梅雨潭闪闪的绿色招引着我们，我们开始追捉她那离合的神光了。揪着草，攀着乱石，小心探身下去，又鞠躬过了一个石穹门，便到了汪汪一碧的潭边了。瀑布在襟袖之间，但我的心中已没有瀑布了。我的心随潭水的绿而摇荡。那醉人的绿呀，仿佛一张极大极大的荷叶铺着，满是奇异的绿呀。我想张开两臂抱住她，但这是怎样一个妄想呀。——站在水边，望到那面，居然觉着有些远呢！这平铺着，厚积着的绿，着实可爱。她松松地皱缬着，像少妇拖着的裙幅；她轻轻地摆弄着，像跳动的初恋的处女的心；她滑滑地明亮着，像涂了“明油”一般，有鸡蛋清那样软，那样嫩，令人想着所曾触过的最嫩的皮肤；她又不杂些儿渣滓，宛然一块温润的碧玉，只清清的一色——但你却看不透她！我曾见过北京什刹海拂地的绿杨，脱不了鹅黄的底子，似乎太淡了。我又曾见过杭州虎跑寺旁高峻而深密的“绿壁”，重叠着无穷的碧草与绿叶的，那又似乎太浓了。其余呢，西湖的波太明了,秦淮河的又太暗了。可爱的,我将什么来比拟你呢?我怎么比拟得出呢?大约潭是很深的,故能蕴蓄着这样奇异的绿;仿佛蔚蓝的天融了一块在里面似的,这才这般的鲜润呀。——那醉人的绿呀!我若能裁你以为带,我将赠给那轻盈的舞女;她必能临风飘举了。我若能挹你以为眼,我将赠给那善歌的盲妹;她必明眸善睐了。我舍不得你,我怎舍得你呢?我用手拍着你,抚摩着你,如同一个十二三岁的小姑娘。我又掬你入口,便是吻着她了。我送你一个名字,我从此叫你“女儿绿”,好么?

我第二次到仙岩的时候,我不禁惊诧于梅雨潭的绿了。

例 32.

我的 1919

请允许我在正式发言之前,让大家看一样东西。

进入会场之前,牧野先生为了讨好我,争夺山东的特权,把这块金表送给了我。

(牧野发言:我抗议,这是盗窃,中国代表偷了我的怀表,这是公开的盗窃!无耻!极端的无耻!)

牧野男爵愤怒了,他真的愤怒了,姑且算是我偷了他的金表,那我倒想问问牧野男爵,你们日本,在全世界面前偷了整个山东省,山东省的三千六百万人民该不该愤怒,四万万中国人该不该愤怒!我想请问日本的这个行为算不算是盗窃,是不是无耻啊,是不是极端的无耻!

山东是中国文化的摇篮,中国的圣者孔子和孟子就诞生在这片土地上。孔子犹如西方的耶稣,山东是中国的,无论从经济方面还是战略上,还有宗教文化,中国不能失去山东,就像西方不能失去耶路撒冷!

尊敬的主席阁下,尊敬的各位代表,我很高兴能代表中国参加这次和会,我自感责任重大,因为我是代表了占全世界四分之一的中国在这里发言。刚才牧野先生说中国是未出一兵一卒的战胜国,这是无视最起码的事实。请看(拿出照片),战争期间,中国派往欧洲的劳工就达十四万,他们遍布战场的各个角落,他们和所有战胜国的军人一样在流血,在牺牲。我想让大家再看一张在法国战场上牺牲的华工墓地照片,这样的墓地在法国在欧洲就有十几处,他们大多来自中国的山东省,他们为了什么,就是为了赢得这场战争!换回自己家园的和平和安宁!因此,中国代表团深信,会议在讨论中国山东省问题的时候,会考虑到中国基本的合法权益,也就是主权和领土完整,否则,亚洲将有无数的灵魂哭泣,世界不会得到安宁!

我的话完了,谢谢!

(电影《我的 1919》中顾维钧发言片段,有删改)

例 33.

钓鱼的启示

[美]詹姆斯·勒菲斯特

那一年,我刚满 11 岁。有一天,像往常一样,我随着父亲去新汉普斯湖中的小岛上去钓鱼。

那是鲈鱼捕捞开放日的前一个傍晚,我和父亲分别放好鱼饵,然后举起鱼竿,把钓线抛了出去。晚霞辉映的湖面上溅起了一圈圈彩色的涟漪。不一会儿,月亮升起来了,湖面变得银光闪闪。

过了好长时间,鱼竿突然剧烈地抖动了一下,一定是个大家伙上钩了。我小心翼翼地一收一放,熟练地操纵着。也许是鱼想摆脱我的鱼钩,不停地跳跃着并甩动尾巴,湖面上不时发出"啪啪"的声音,溅起了不少水花。我等到那条鱼挣扎得筋疲力尽了,迅速把它拉上岸来。啊,这样大的鱼!我还从来没有见过,还是条鲈鱼。我和父亲得意地欣赏着这条漂亮的大鲈鱼,看着鱼鳃在银色的月光下轻轻翕动着。

父亲划着了一根火柴,看了看手表,这时是晚上 10 点,距离开放捕捞鲈鱼的时间还有两个小时。父亲盯着鲈鱼看了好一会儿,然后把目光转向了我:"孩子,你得把它放回湖里去。"

"爸爸!为什么?"我急切地问道。

"你还会钓到别的鱼的。"父亲平静地说。

"可是不会钓到这么大的鱼了。"我大声争辩着,竟然哭出了声。

我又抬头看了一下四周,到处都是静悄悄的,皎洁的月光下看不见其他任何人的影子,我再次把乞求的目光投向了父亲。

尽管没有人看到我们,更无人知道我是在什么时候钓到这条鲈鱼的,但是,从父亲那不容争辩的声音中,我清楚地知道,父亲的话是没有商量的余地的。我慢慢地把鱼钩从大鲈鱼的嘴唇上取下来,依依不舍地把它放回到湖里去。大鲈鱼有力地摆动着身子,一转眼便消失在湖水中了。

转眼间 34 年过去了,当年那个沮丧的孩子已是纽约一位著名的建筑设计师了。我再没有钓到过像 34 年前那个夜晚钓到的那样大的鱼。但是,在人生的旅途中,我却不止一次地遇到了与那条鲈鱼相似的诱惑人的"鱼"。当我一次次地面临道德抉择的时候,我就会想起父亲曾告诫我的话:道德只是个简单的是与非的问题,但是实践起来却很难。要是人们从小受到像把钓到的大鲈鱼放回湖中这样严格的教育的话,就会获得道德实践的勇气和力量。

34 年前的那个月光如水的夜晚,在我的脑海中留下了永久的回忆和终生的启示。

第七章　稿件语句重点——重音的把握

上一章介绍了稿件重点的层级关系和如何确定稿件的重点，其中着重讲解了较高层级的篇章重点和层次、段落重点。这一章我们将重点讲解较低层级的语句重点的确定方法和表达方式。

语句是构成稿件的基本单位，正是一个个长短不一、形式各异的句子组成了一篇稿件。从这个意义来说，按照局部要点服从整体重点的原则，把每个句子进行恰当处理后再组合起来，就完成了一次播音创作的完整过程，因而稿件的语句重点必须引起我们的重视。

在传统播音创作理论中，语句重点属于外部技巧的"重音"的内容，是指那些最能体现语句目的，而在播音中需要着意强调的词或词组。也就是说，稿件语句重点（即重音）是在语句内部为表情达意而需要突出和强调的词语。同归而殊途，本书从全篇稿件的角度将语句重点（即重音）作为稿件重点的一部分，在强调语句服从于篇章并承认语句具有独立性的基础上，着重强调语句重点（即重音）在稿件整体中的重要性。从宏观着眼，以全篇和节目的角度对语句重点进行把握，使其能上下一体、连续贯通；从微观着手，针对各个不同的层级对语句重点进行分析，最后，通过这些"层级化"的处理将全文打通，使稿件内容更有层次性、逻辑性，为播音创作打下良好基础。

第一节　稿件语句重点的选择

一、根据语法关系选择语句重点

在语言学中，语法包括词法和句法两部分。词法主要是指词的构成、变化和分类规律。句法主要是指短语和句子等语法单位的构成和变化规则。这些规律性的变化和结构可以为我们分析稿件（备稿）提供便利：根据段落、句子的语法关系就可以迅速确定最能体现语句目的的词或词组。

例 1.

《母亲的"剪纸信"》播音：贾宁

母亲的"剪纸信"

山东省平原县王凤楼镇崔庄 75 岁的魏泽珍，老伴去世较早，她一个人含辛茹苦将八个子女拉扯长大。1985 年，18 岁的小儿子卢春文参军入伍，去了北京。于是，他成了母亲唯一的牵挂。魏泽珍老人从小没念过一天书，自己读不了信，也写不了信。小儿子当兵走了以后,想念儿子的魏泽珍为了写信,经常求助于村里的教师和邻居。时间长了,老人总觉得这样不能表达自己的心思,再说别人都有事干,总不能经常麻烦人家。于是老人想到了剪纸。心灵手巧的她,把图案事先画在红纸上,再剪下来装进信封给儿子寄去。虽然老人的手艺不算多么精湛,但卢春文看到母亲亲手剪制的"特殊信件",就好像娘儿俩见了面,心里踏实多了。

卢春文接到的母亲第一封"剪纸信",是一只小鸟图案,那时他刚刚考取军校。母亲的大体意思是让儿子再接再厉,像小鸟一样越飞越高。自从发出第一封"剪纸信"以后,魏泽珍老人感到自己能给儿子"写信"了,儿子再来信时,她只求别人读信,然后她根据信的意思仔细琢磨,设计出表达自己心意的图案,剪下来寄给儿子。

为了让儿子在部队安心工作,魏泽珍老人把家中的开心事和平安祝福通过"剪纸信"捎给他。秋天庄稼丰收了,老人就剪出一串串黄豆、一个个玉米穗和一堆堆棉花,告诉儿子家里丰收了;逢年过节,儿子回不了家,老人就剪一只小碗,一双筷子,然后再剪些饺子,意思是让儿子一块吃顿团圆饭。一封封带着浓浓母爱的"剪纸信",给卢春文的工作和生活增添了无穷的力量。

魏泽珍老人十几年间给儿子的"剪纸信"加起来足有200多封,摞起来也有一尺多厚了。这一件件算不上精致的"艺术品",让卢春文坚实地走稳了一步又一步。如今,他军校毕业转干留在部队,妻子也于两年前随军去了部队。尽管现在手机、电话已得到普及,但魏泽珍老人一直用"剪纸信"这种特殊的书信方式和儿子沟通。而这一封封饱含伟大母爱的"剪纸信",也成了卢春文一生当中最宝贵的财富。

(天津人民广播电台《枫叶正红》2004年6月20日)

稿件以"剪纸信"这一特殊通信载体传递母子亲情,歌颂伟大母爱。叙述、描绘、抒情、议论相结合,表达手法丰富。不同的段落,有不同的表达目的,因而在播音创作中,语句重点的选择和表达方法也有不同。

(一)主语、谓语、宾语

山东省平原县王凤楼镇崔庄75岁的**魏泽珍(主语)**,老伴去世较早,她一个人含辛茹苦将八个子女**拉扯长大(谓语)**。1985年,18岁的小儿子卢春文参军入伍,去了**北京(宾语)**。于是,**他(主语)**成了母亲唯一的牵挂。

稿件的开头,简要交代人物关系,为事件的展开作铺垫,快速推进事件发展是此处的表达目的。因而,选择最能体现语句核心内容的中心词语——主语、谓语、宾语进行着重强调，就可以让人物关系、事件起因清晰起来。

（二）定语、状语、补语

卢春文接到的母亲**第一封**（定语）"剪纸信"，是一只**小鸟**（定语）图案，那时他刚刚考取军校。母亲的大体意思是让儿子再接再厉，像小鸟一样越飞越高。自从发出第一封"剪纸信"以后，魏泽珍老人感到自己能给儿子"写信"了，儿子**再**（状语）来信时，她只求别人读信，然后她根据信的意思仔细琢磨，设计出**表达自己心意的**（定语）图案，剪下来寄给儿子。

魏泽珍老人十几年间给儿子的"剪纸信"加起来足有**200多封**（补语），摞起来也有**一尺多厚**（补语）了。这一件件算不上精致的"艺术品"，让卢春文**坚实地**（状语）走稳了一步又一步。

语句中对中心词语起附加、定性、修饰、补充作用的词语——定语、状语、补语有着重要的作用——刻画母亲感情的细腻和母爱的伟大。只有强调这些重要的信息点，才能凸显母爱的深沉和厚重。

（三）数量词、判断词、比喻性词组、象声词

魏泽珍老人十几年间给儿子的"剪纸信"加起来足有**200多封**（数量词），摞起来也有**一尺多厚**（数量词）了。

时间长了，老人总觉得这样**不能**（判断词）表达自己的心思，再说别人都有事干，总不能经常麻烦人家。

卢春文接到的母亲第一封"剪纸信"，是一只小鸟图案，那时他刚刚考取军校。母亲的大体意思是让儿子再接再厉，像小鸟一样**越飞越高**（比喻性词语）。

以上这些词语，为事件的准确描述起到重要的解释说明作用。要着重强调这些词语，为更准确、形象地展现稿件内容提供必要的支撑。

二、根据逻辑关系选择语句重点

逻辑，即事物完成的序列或事物流动的顺序规则，也是一种具有确定性、规律性的思维形式。在生活中，运用逻辑思维可以对复杂的问题进行条分缕析的处理，是帮助我们进行理性思考和科学判断的重要方法。在文章写作中，逻辑思维可以使文章的结构更完整、脉络更清晰、行文更有条理。在播音创作中，弄清楚逻辑关系，有助于迅速地理清事件的来龙去脉、前因后果，进而掌握语句的重点。

（一）意思并列但不相重复的词语

一般来说，文章总会沿着一定的逻辑线索或脉络（或隐或显）来展开行文叙

事，寻找真正体现逻辑关系的重点词语加以突出和强调，就可以将稿件的逻辑关系表达清楚。除了常见的关联词外，意思并列但不相重复的词语，也是体现语句重点的标志，应予重视。

魏泽珍老人从小没念过一天书，自己**读**不了信，也**写**不了信。

（《母亲的“剪纸信”》）

魏泽珍老人创造出“剪纸信”的原因是不会读信更不会写信，“读”“写”凸显了困难的叠加（递进）。

秋天庄稼丰收了，老人就剪出一串串**黄豆**、一个个**玉米穗**和一堆堆**棉花**，告诉儿子家里丰收了；逢年过节，儿子回不了家，老人就剪一只**小碗**，一双**筷子**，然后再剪些**饺子**，意思是让儿子一块吃顿团圆饭。

（《母亲的“剪纸信”》）

“黄豆”“玉米穗”“棉花”叠加（并列），体现了农产品丰富，庄稼丰收；“小碗”“筷子”“饺子”叠加（并列），既有餐桌必备之物，又有典型的年夜饭食品，表现了团团围坐吃年夜饭，阖家团圆的场景。

我们党一直号召要“说老实**话**、办老实**事**、做老实**人**”。在我们周围，老实人还是**多数**，老实人受到**好评**。

（《话说老实人》）

老实人的标准有不同层次，说老实话是最基本层次——坦诚；办老实事是中级层次——说到做到；做老实人是最高层——表里如一，始终如一，“话”“事”“人”层层递进。对社会上老实人的评价，分成并列的两个层面，老实人是“多数”，是量性的评价；老实人受到“好评”，是质性的评价。

生意场上，**诚实劳动、合法经营**所创造的利润，有时无法与个别**制假售假、偷税漏税、坑蒙拐骗**之徒所攫取的暴利相提并论。机关里，**努力工作、成绩显著**的人，往往没有个别**见风使舵、溜须拍马、跑官要官、行贿受贿**之辈提升得快。

（《话说老实人》）

老实人的言行和不老实人的言行有着鲜明对比，但结果不总是好人好报，说明社会风气存在问题。

（二）线索性重复出现的词语

还有一类稿件，是以主题作为逻辑线索，并以主题中的关键词贯穿全篇；或者在稿件某个部分，以段意作为逻辑线索，并以段意中的关键词贯穿全段，以加深受众印象。虽然这类稿件并不多见，但也是很重要的一种类型。针对这类稿件，我们在播音创作时，要注意运用“线索性重复出现的词语”作为一组逻辑重音。

第六章例8《南沙精神赞》,从全篇稿件的角度出发,将体现“南沙精神”就是爱国主义精神的重点部分(段或句)作为贯穿全篇的重点线索,引导感情走向,是全篇的灵魂和精华,是播音创作中重点突出的线索。而在具体语句的语言表达中,多次重复出现的“祖国”“国家”“爱国”等词语成为“线索性重复出现的词语”,强化了逻辑线索。

从稿件开头的抒情段落就反复出现“祖国”这个线索性词语,集中提炼爱国的主题:

在南沙采访的日子里,我们每天都被一些事情所感动。一个突出的感觉是,在远离祖国大陆的南沙礁盘上,我们的海军官兵一颗颗心和**祖国母亲**靠的是那样紧。**祖国**利益高于一切——这句庄严的话,在南沙卫士的生活中有着十分具体的内容。“**祖国**”这两个字几乎占据了他们的整个心灵。

稿件第二段所介绍的一系列事件,件件都围绕着“祖国”:

永暑礁上有一小块菜地,是战士们从内地带来一把把土建成的,菜地分成30多个小方格,每个格子都标上一个省或城市的名字,表明这里是**祖国**的一块土地。礁上一条几十米长的小路,战士们起名叫“**爱国**路”。南沙卫士爱写对联,每副对联都饱含着他们对**祖国**的一片真情。“今朝立业南沙,千秋有功**国家**”,是南沙最有名的一副对联,也是南沙卫士最深情的一句话。南沙卫士最常讲的两个字是“奉献”,最感艰难的两个字是“寂寞”,而他们心中最神圣的两个字是“**祖国**”!内地去访问的一位同志由衷地说:“南海碧波深千尺,不及战士一片情!”这情,这爱,完全献给了**祖国**;这情,这爱,孕育了多少感人泪下的故事!

第三、四段具体讲述了两个感人故事。虽然不着一个“国”字,但议论段落中一个词语“祖国需要”恰到好处地提炼出主题:

这就是我们的海军官兵,这就是把**祖国需要**看得比什么都重的南沙卫士!

第六、七段,守礁战士谈到“军人,国家需要时,生命都可以奉献,何况吃点苦呢?”以及礁长驻守的理由是“当兵报国”,直接呼应了全文的爱国主题。

第八段总结了南沙战士们的人生价值观:

南沙战士们提起人生价值,总是很自然地和**祖国**联系在一起。

稿件结尾段进一步明确了主题:

这个主旋律就是以**爱国主义**为核心内容的无私奉献精神、艰苦创业精神、集体主义精神和革命英雄主义精神。

这篇稿件中出现的“祖国”“国家”“爱国”等词语尽管重复,但却是主题关键词,构成了贯穿全篇的重点线索,引导了感情和精神的走向,属于线索性重复出现的词语,是逻辑重音的重要一种。

而在冰心的散文《小橘灯》后半部，一组以“橘”为中心的词语，成为引导事件发展、升华主题的标志，这类“线索性重复出现的词语”也要作为语句重点。

例 2.

小　橘　灯

冰　心

《小橘灯》
朗读:顾瑞雪

这是十几年以前的事了。

在一个春节前一天的下午，我到重庆郊外去看一位朋友。她住在那个乡村的乡公所楼上。走上一段阴暗的仄仄的楼梯，进到一间有一张方桌和几张竹凳、墙上装着一架电话的屋子，再进去就是我的朋友的房间，和外间只隔一幅布帘。她不在家，窗前桌上留着一张条子，说是她临时有事出去，叫我等着她。

我在她桌前坐下，随手拿起一张报纸来看，忽然听见外屋板门吱的一声开了。过了一会，又听见有人在挪动那竹凳子。我掀开帘子，看见一个小姑娘，只有八九岁光景，瘦瘦的苍白的脸，冻得发紫的嘴唇，头发很短，穿一身很破旧的衣裤，光脚穿一双草鞋，正在登上竹凳想去摘墙上的听话器，看见我似乎吃了一惊，把手缩了回来。我问她：“你要打电话吗？”她一面爬下竹凳，一面点头说：“我要××医院，找胡大夫，我妈妈刚才吐了许多血！”我问：“你知道××医院的电话号码吗？”她摇了摇头说：“我正想问电话局……”我赶紧从机旁的电话本子里找到医院的号码，就又问她：“找到了大夫，我请他到谁家去呢？”她说：“你只要说王春林家里病了，她就会来的。”

我把电话打通了，她感激地谢了我，回头就走。我拉住她问：“你的家远吗？”她指着窗外说：“就在山窝那棵大黄果树下面，一下子就走到的。”说着就登登登地下楼去了。

我又回到屋里去，把报纸前前后后都看完了，又拿起一本《唐诗三百首》来，看了一半，天色越发阴暗了，我的朋友还不回来。我无聊地站了起来，望着窗外浓雾里迷茫的山景，看到那棵黄果树下面的小屋，忽然想去探望那个小姑娘和她生病的妈妈。我下楼在门口买了几个大红的橘子，塞在手提袋里，顺着歪斜不平的石板路，走到那小屋的门口。

我轻轻地扣着板门，发出清脆的“咚咚”声，刚才那个小姑娘出来开了门，抬头看了我，先愣了一下，后来就微笑了，招手叫我进去。这屋子很小很黑，靠墙的板铺上，她的妈妈闭着眼平躺着，大约是睡着了，被头上有斑斑的血痕，她的脸向里侧着，只看见她脸上的乱发，和脑后的一个大髻。门边一个小炭炉，上面放着一个小砂锅，微微地冒着热气。这小姑娘把炉前的小凳子让我坐了，她自己就蹲在我旁边，不住地打量我。我轻轻地问：“大夫来过了吗？”她说：“来过了，给妈妈打了一针……她现在很好。”

她又像安慰我似地说："你放心，大夫明早还要来的。"我问："她吃过东西吗？这锅里是什么？"她笑说："红薯稀饭，我们的年夜饭。"我想起了我带来的**橘子**，就拿出来放在床边的小矮桌上。她没有作声，只伸手拿过一个**最大的橘子**来，用小刀削去上面的一段皮，又用两只手把底下的一大半轻轻地揉捏着。

我低声问："你家还有什么人？"她说："现在没有什么人，我爸爸到外面去了……"她没有说下去，只慢慢地从**橘皮**里掏出一瓤一瓤的**橘瓣**来，放在她妈妈的枕头边。

炉火的微光，渐渐地暗了下去，外面更黑了。我站起来要走，她拉住我，一面极其敏捷地拿过穿着麻线的大针，把那**小橘碗**四周相对地穿起来，像一个小筐似的，用一根小竹棍挑着，又从窗台上拿了一段短短的洋蜡头，放在里面点起来，递给我说："天黑了，路滑，这盏**小橘灯**照你上山吧！"

我赞赏地接过，谢了她，她送我出到门外，我不知道说什么好，她又像安慰我似地说："不久，我爸爸一定会回来的。那时我妈妈就会好了，一定！"她用小手在面前画一个圆圈，最后按到我的手上："我们大家也都好了！"显然地，这"大家"也包括我在内。泪水在我眼中打转……

我提着这灵巧的**小橘灯**，慢慢地在黑暗潮湿的山路上走着。这朦胧的**橘红的光**，实在照不了多远，但这小姑娘的镇定、勇敢、乐观的精神鼓舞了我，我似乎觉得眼前有无限光明！

我的朋友已经回来了，看见我提着小橘灯，便问我从哪里来。我说："从……从王春林家来。"她惊异地说："王春林，那个木匠，你怎么认得他？去年山下医学院里，有几个学生，被当做共产党抓走了，以后王春林也失踪了，据说他常替那些学生送信……"

当夜，我就离开那山村，再也没有听见那小姑娘和她母亲的消息。

但是从那时起，每逢春节，我就想起那盏**小橘灯**。十二年过去了，那小姑娘的爸爸一定早回来了。她妈妈也一定好了吧？因为我们"大家"都"好"了！

《小橘灯》这部作品是冰心在1957年1月19日为《中国青年报》写的一篇短文，旨在通过这段往事，告诫生活在"我们大家都好"的社会主义新中国的青少年，不要忘记旧社会劳动人民饱受的苦难，珍惜来之不易的美好时光。

文中的"小橘灯"具有特殊的象征意义，在那个黑夜如磐的年代，"小橘灯"出自一位勇敢、乐观的小姑娘之手，它象征着光明，象征着希望，它以那微弱而顽强的光照亮了生活的前景。以"橘"为中心的这组词语，体现了作者的创作意图，需要着重强调。

三、为实现表情达意调整语句重点

无论根据语法关系还是逻辑关系选择重音,目的或是为了表达思想感情,或是为了表达文章意义。也就是说,按上述方法选择的重音,已经包括了体现感情色彩作用的重音。如:

然后她根据信的意思仔细琢磨,设计出**表达自己心意的**图案,剪下来寄给儿子。

这一件件算不上精致的"艺术品",让卢春文**坚实地(状语)**走稳了一步又一步。

而这里所说的"为实现表情达意调整语句重点"的关键在于"调整"。通常情况下,选择词语重点偏重于达意,即以交代清楚事件为先。如:

山东省平原县王凤楼镇崔庄75岁的魏泽珍,老伴去世较早,她一个人含辛茹苦将八个子女**拉扯长大**。1985年,18岁的小儿子卢春文参军入伍,去了北京。于是,**他**成了母亲唯一的牵挂。

主人公魏泽珍因带孩子(拉扯长大)对孩子感情深厚,最小的儿子(他)又是感情最深的。但在播报这篇稿件时,由于播报者对稿件主人公魏泽珍充满感情,因而倾向于将主人公生活的不易展现给听众,于是会选择抓住最有感情色彩的词汇作为语句重点。"拉扯长大"(表现事实)会让位于"含辛茹苦"(事实程度),"他"(牵挂对象)会让位于"唯一"(牵挂程度)。

山东省平原县王凤楼镇崔庄75岁的魏泽珍,老伴去世较早,她一个人**含辛茹苦(因情感而调整的重音)**将八个子女**拉扯长大(不再做重音或改为次重音)**。1985年,18岁的小儿子卢春文参军入伍,去了北京。于是,**他(不再做重音)**成了母亲**唯一(因情感而调整的重音)**的牵挂。

这种因情感表达的特殊需要而作出调整的重音应该称为狭义的感情重音,而所有与表达感情有关的重音应该称作广义的感情重音。重音的处理是灵活的,不能陷入窠臼,播音创作的最终目的是表情达意,因此将稿件中最具感情色彩的词语突出出来,打破常规、主动调整,也是惯常的做法。

需要指出的是,语法重音、逻辑重音和感情重音既是独立的,很多时候又是重合、交叉的。这种分类只是提供了确定语句重点的方法和角度,以便学习和掌握,分类的最终目的是为了播音实践中的融会贯通,因而,在实践中对重音的选择和表达也要具体情况具体分析、灵活处理。

第二节 稿件语句重点的表达

播音创作是将稿件的书面文字转化为有声语言的过程,通过备稿而最终确定的稿件重点必须通过特定的有声语言表达技巧来实现。也就是说,有声语言表达应能恰当地体现出稿件书面文字的意义,恰当地突出稿件作者想要传达的重点。

播音创作主体在传达信息时,一是要力求醒目(确切地说是"醒耳"),以声音抓住受众;二是追求有效,也就是通过突出重点来加深受众的印象,如此,才能在注意力稀缺的信息过剩时代抢占信息传播的高地。

一、语句重点表达的原则

(一)认真研读稿件,进行总体设计

没有对稿件的仔细揣摩、认真研读,就不可能准确地把握重点,完成好播音创作任务。

大至谋篇立意、文体特点,小至层段语词、修辞语法,只有精细地研读才能真正领会和把握稿件的重点。同时,还要仔细揣摩广播电视等媒体、稿件作者、稿件采用者(例如文字编辑)的立场、观点、情感、态度。

最后,完成有声语言的总体规划和设计:明确重点信息及其出现的位置、顺序,从宏观上安排好轻重、缓急、抑扬、强弱的关系,使有声语言表达成为精心设计的艺术品,使之具有高低错落、前后呼应、缓急得当、轻重和谐的听觉美感。选择重点要遵照"少而精"的原则,使核心重点与一般信息相互衬托、错落有致,才能保证核心内容被受众准确接收。

(二)运用对比效应,实现听觉反差

很多人对"重音"技巧望文生义地解释为"加重读的音",这是对语句重点(即重音)表达的曲解。语句重点是播音创作主体在有声语言表达中着重突出和强调的部分,但突出和强调并不只有加重一种方法。语句重点的表达方法十分丰富,当某一部分与周围部分的处理不一致并达到了一定的突出和强调的听觉效果时,就可以把该部分称为重音,即因声音区别形成了对比并引起足够听觉注意的就是重音。

对比效应是一种"感觉对比",是指因背景不同而对同一刺激产生感觉差异

的现象。如把同一种颜色放在较暗的背景上看起来明亮些,放在较亮的背景上看起来暗些。其原因是两事物在大脑皮层中产生相互诱导,在对比中加深了印象;而单独出现在大脑皮层中的事物,无诱导作用,显得平淡而不易记忆。对比效应是普遍规律,有声语言表达中的听觉反差同样体现了对比效应。

听觉反差是贯穿稿件、节目始终的重要播音创作方法。一方面,这是"一度"的文稿、策划创作中的对比变化在"二度"有声语言表达中的直接投射和体现。另一方面,也是播音创作主体为了克服声音"线性"传播的单调而有意为之的传播策略。

语句重点表达的总原则是"对比中的变化",没有对比就没有突出。没有"高"的对照,"低"就没有了意义;没有"强"的对照,"弱"就没有了意义;没有"延展"的对照,"休止"就没有了意义;没有"实"的对照,"虚"就没有了意义;没有"明"的对照,"暗"就没有了意义。

二、语句重点表达的具体技巧

确定稿件重点只是播音创作的第一步,接下来还必须使用恰当、丰富的表达技巧,即用声音要素(音高、音强、音长、音色)的高低、轻重、长短、明暗、虚实等来准确地表达重点。

(一)加强与减弱

在有声语言表达中,声音的加强或减弱可以引起听众的注意,是突出重点的重要手段。

1. 加强、加重的方法

尽管我们说"重音就是加重读的音"是对重音表达的曲解,但在语句中加重读某些词语确实是实现听觉反差的方法之一,特别是在客观地叙述、报道事实时,加重是有效突出重点内容的表达方法。在以新闻消息为代表的叙述性语体中,其重音表达常常用加重的方法,以突出客观事实,体现新闻的真实性。

例 3.

《新京报》2011年11月21日消息,播音:大卫

记者从北京铁路局了解到,自2012年1月1号开始,火车票全部实行**实名制**,并持车票及购票时所使用的乘车人本人有效身份**证件原件**进站、乘车。

车票实名制后,旅客进站时,铁路客运和公安人员将对旅客、所持车票和票面所载的有效身份证件原件进行查验。如果旅客"票、证、人"**不一致**或**无法**出示有效身份证件原件,将会影响正常的行程,给旅行带来不便。

(《新京报》2011年11月21日)

“实名制”“证件原件”是稿件的中心词，“不一致”“无法”是稿件要传达的主要内容，它们都是强调的重点，要以加强、加重的方式体现。

另外，当重点词语是表示肯定、确定、坚定等内涵的词语时，一般也应采用加重、加强的方法来突出强调。

一封封带着浓浓母爱的“剪纸信”，给卢春文的工作和生活增添了无穷的**力量**。

……

这一件件算不上精致的“艺术品”，让卢春文**坚实**地走稳了一步又一步。……

（《母亲的“剪纸信”》）

对“力量”“坚实”等词语进行加重、加强，与词语的词义一致，突出了语意内涵，表达贴切。

2. 减轻、减弱的方法

减轻、减弱也是突出重点的方法之一，尽管减轻、减弱在听觉上并非绝对意义上的突出，但平和中的弱化也是一种对比，也能实现听觉反差，并且在某些特定情况下可以更好地表达出稿件的情感。

逢年过节，儿子回不了家，老人就剪一只**小碗**，一双**筷子**，然后再剪些**饺子**，意思是让儿子一块吃顿**团圆饭**。

（《母亲的“剪纸信”》）

“小碗”“筷子”“饺子”都是较小巧的餐具或食品，反映出母亲细腻的心思，与热闹、红火的“团圆饭”气氛迥异，因此用较轻的声音表达比较恰当。

妻子那封信是在**弥留**之际，用了整整**一天**写完的，竟**只字**未提自己的病。

（《南沙精神赞》）

“弥留”是伤感的，“一天”是珍贵的，“只字”不提自己的病令人感动，此处的重音应该像战士看到来信时的心情一样，是不忍卒读、难以置信的，用较弱的声音可以体现悲痛、感伤的情绪和对妻子的思念。

（二）抬高与压低

1. 抬高、提升的方法

由于声音加强的方法引起的听觉反差不够醒目，使新闻性、叙述性稿件的表达没有过于强烈的主观引导效果，从而增强了这类稿件的客观性。有时为了弥补听觉反差不明显而带来的削弱传播效果的缺点，这类稿件的重音表达常常辅以适当抬高音阶的方法，以达到既客观传达又不失醒目的目的。

《人民日报》2017年2月11日消息，播音：国铃

例 4.

近日，河北省政府办公厅印发《河北省**信息化**发展“十三五”规划》。指出，

河北将推进政府数据开放**共享**和**大数据**应用，建立政府部门和事业单位等公共机构数据资源**清单**，到2018年年底前，完成建设政府统一数据**开放平台**；到2020年，逐步实现民生保障服务相关领域的政府数据集**有序开放**，60%的省级部门依托政府统一数据开放平台**开放数据**；完善全省统一的电子政务网络，到2020年，形成**全省统一、互联互通**的电子政务内外网体系。

规划指出，"十三五"期间，河北将深度推进政府管理服务**在线化**、构建**便捷高效**的民生服务体系、推进新型**城镇化**和**城乡统筹**发展；到2017年年底，将"**云**办税厅"推广到全省；利用信息化推进与**京津**协同发展，重点推进**管理协同与服务共享**，共办"**智慧**冬奥"；加快建立"多规合一"的**信息联动**机制，绘制京津冀区域产业生态**大数据**地图，加快构建区域经济大数据**动态监测**体系。

（《人民日报》2017年2月11日）

这篇稿件中的语句重点，基本上还是运用"重音常重"（即强调重点词语）的方法，但在重音词汇加重的同时，适当提升音高，使加重效果更加明显。

同时，用声音抬高、提升的方法处理语句重点，不但使有声语言具有高低错落的美感，加强重音效果，还可以展现稿件积极向上、信心高昂、兴奋喜悦等内涵，而且能更好地实现有声语言的表达意图。

例5.

我是你簇新的**理想**
刚从神话的蛛网里挣脱
我是你雪被下的**胚芽**
我是你挂着眼泪的**笑窝**
我是你新刷出的雪白的**起跑线**
是绯红的黎明
正在**喷薄**
——祖国啊，我**亲爱的祖国**

（舒婷《祖国啊，我亲爱的祖国》）

该段诗歌主要表达的是祖国挣脱灾难，奔向充满希望的未来，重点是突出苦难后的欢笑，对未来的憧憬和激情。在情感上，应当明快而高昂，情绪层层上升；在声音的表现上要高亢明亮，通过声音的抬高来突出重点。"理想""胚芽""笑窝""起跑线"等意象具有浓烈的情感色彩，表达了作者的骄傲与期待，应适当抬高声音。"是绯红的黎明，正在喷薄"，到了一个情绪的高点，声音应逐渐上升，"喷薄"这个动词具有强烈的力量感和画面感，应予加强，在此达到情感的最高点。最后一句,“祖国啊,我亲爱的祖国”,同样是呼唤,但不是先前几个段落中的感伤,而是深情的期待和热情的希望,声音要坚实深沉。

表达深情而热烈的情感,应将声音抬高,音色增亮,声音随情感上升而总体上扬。当然,也要注意在总体的抬升中,并不是每个词、每句话都一定达到同样的高度,还要注意声音的错落感、层次感。

2. 压低、下降的方法

例 5 诗歌的前一节中,一系列意象都在表现祖国沉重的历史、贫困与悲哀,相应的总体基调应是低沉的,诉说祖国所经历的苦难。声音形式应以低缓、深沉为主,突出忧伤沉痛的情感。而其中的重点词语也应以压低、下降为表达手段。

例 6.

我是你河边上**破旧**的老水车
数百年来纺着**疲惫**的歌
我是你额上**熏黑**的矿灯
照你在历史的隧洞里**蜗行摸索**
我是**干瘪**的稻穗;是**失修**的路基
是**淤滩**上的驳船
把纤绳深深
勒进你的肩膊
——祖国啊,我**亲爱的祖国**

(舒婷《祖国啊,我亲爱的祖国》)

从细节来看,重点的修饰语,如“破旧”“疲惫”“熏黑”“干瘪”“失修”“淤滩”“深深”等,具有抒情效果,应予突出。但是,由于表达的是沉重和感伤的情怀,这种突出不是通过将声音抬高、增亮来完成的,而是在放低的同时予以加重。一些重点的动词,如“蜗行摸索”“勒进”的处理要求也基本相同。

特别值得注意的是“深深”这一修饰词,要通过声音的特征来完成词义的形象表达,让声音产生“深深勒进”的画面感,在声音的处理上尤其要放得低缓深沉。

最后一句“祖国啊,我亲爱的祖国”的深情呼唤,要适当压低,以符合文段的总体感情色彩,尤其是“亲爱的”三个字,更要低沉、柔缓,以表现出对祖国深沉的爱、无限的情。

当然,这一段中也并不是要把所有重点词语都进行同样的压低处理,至少不是放在完全相同的音高上。在总体低沉的色彩中,还应有变化与错落。如中心词“老水车”“稻穗”“路基”“驳船”“肩膊”,是核心意象,在深沉中还要有实物感，因而不要过于下坠，应与修饰语的压低形成反差，做到层次丰富、变化有致。

（三）延展、压缩与休止

有意识地将声音进行延展或压缩，是突出语句重点（即重音）的另一有效方法，此外，有意识地使声音发生顿挫，似音乐的休止，也是强调或提示重点的常用方法。

1. 延展、放慢的方法

在新闻性、叙述性稿件的重音表达中，通过加重体现客观性的同时，对重点部分特别是重音适当延展，对非重点部分说清带过，可以增加听觉反差，给受众留下较深印象，引导他们关注和记忆有效信息。

例 7.

近日，四川省委、四川省政府印发《关于深入**推进城市执法体制改革改进城市管理工作**的实施意见》，明确了**理顺城市管理及执法体制、强化城市执法队伍建设、严格规范城市执法行为、提高城市管理水平、创新城市治理方式、完善保障机制建设**6个方面的城市执法体制改革任务。

过去四川省内部分市县城市管理不规范、职责不明，导致“多头管理、多头执法”等现象。为此《意见》规范了城市管理执法机构设置，明确住房和城乡建设厅为全省城市管理和执法的行政主管部门；市、县政府设立城市管理机构并为政府工作部门的，为其城市管理和执法的行政主管部门，应整合城市管理相关职能，形成管理、执法、服务“三位一体”的大城市管理格局；未单独设立城市管理机构或不是政府工作部门的，由住房城乡建设行政主管部门主管城市管理和执法工作。《意见》明确了城市管理主要职责，包括市政管理、环境管理、交通管理、应急管理和城市规划实施管理等。具体实施范围包括：市政公用设施运行管理、市容环境卫生管理、园林绿化管理等方面的全部工作；市、县政府依法确定的，与城市管理密切相关、需纳入统一管理的公共空间秩序管理、违法建设治理、环境保护管理、交通管理、应急管理等方面的部分工作。

为解决改革中的部分重难点问题，《意见》明确，成都市、德阳市、绵阳市、广元市、内江市、南充市和西昌市作为试点城市，探索运用市场运作方式实行市政设施建设等，力争2017年6月底前形成可复制、可推广的实践经验。

到2020年，**各市（州）城市管理执法人员按原则上不低于城市常住人口万分之三的比例标准配备，全省城市管理执法体制基本理顺，法规和标准体系基本完善，机构和队伍建设明显加强，保障机制初步完善，现代城市治理体系初步形成，城市管理效能大幅提高，人民群众满意度显著提升。**

（《四川日报》2016年12月1日）

本篇新闻消息的导语介绍了四川省为城市管理出台了实施意见并明确了城市执法体制改革的六项任务，是稿件的重点内容。这一部分内容在以加重来强调重音的同时，还要对实施意见的主要内容和六项任务予以适当延展、放慢速度，以起到引起注意、加深印象、强化记忆的作用。结尾部分介绍了到 2020 年的具体目标，是四川省委、省政府作出的郑重承诺，是稿件的又一重点部分。对这一部分内容也应予以适当延展、放慢速度，既让省委和省政府的表态更有郑重感，也让老百姓及时获取事件发展的关键信息。

除消息外，评论性稿件的重点部分，如中心论点和分论点、结论性论点等，也可以用延展的方法强化观点，起到类似于提炼标题、梳理线索等作用，使观点更加鲜明。

例 8.

改革没有回头箭

余清楚

爆竹声中一岁除，春风送暖入屠苏。新春伊始，中央全面深化改革领导小组第三十二次会议一次性通过 12 个改革文件，**习近平总书记提出狠抓改革落实的要求，强调党政主要负责同志是抓改革的关键，要求不仅亲自抓、带头干，还要勇于挑最重的担子、啃最硬的骨头**，令各级领导干部心头一震、倍感振奋。

《改革没有回头箭》播音：国铃

中央部署和推进全面深化改革，可谓紧锣密鼓，好戏连台。仅 2016 年就完成 97 个重点改革任务，中央和国家机关有关部门还完成 194 个改革任务，各方面共出台 419 个改革方案，主要领域四梁八柱性质的改革主体框架已经基本确立。如此进度和力度，如此雄心和决心，可谓踏石留印、抓铁有痕。态度决定成败，思想引领未来。实践表明，改革是场硬仗，是爬坡过坎，是新的长征，既需要中央顶层设计，也需要全国上下的共同推动。**推进改革事业，各级领导干部争当促进派、实干派，是改革成功的关键。如何当好改革派，既是检验改革能力水平的风向标，也是检验真改还是假改的试金石。**

改革不当推诿派。改革是一场革命，改的是体制机制，动的是既得利益，需要自我革命、自我牺牲，敢动真格、善打硬仗的精神。改革就是要打破一些坛坛罐罐，突破一些条条框框。然而触动利益比触及灵魂还难，有的人缺乏大局观，总打小算盘，不得好处不办事，触及利益更不干。打太极拳，做表面文章，实际工作中打折扣、软抵制，这些现象的存在，造成与改革的“最先一公里”无对接，“最后一公里”无成效。这种“中梗阻”的局面不打破，改革就可能成为镜中花、水中月。

改革不当逍遥派。逍遥派往往将改革置之度外，当看客，作壁上观。成功了，他有一份；没成功，他闲言碎语，冷嘲热讽。这种逍遥派表面清高，看似聪明，骨子里偷奸耍滑、爱惜羽毛,是改革的绊脚石。习近平总书记就曾严肃批评那种底下问题成串、为官麻木不仁的现象,强调不能事不关己、高高挂起,更不能明哲保身。

改革不当应付派。改革如逆水行舟,不进则退,需要真抓实干的精神,义无反顾的胆魄,壮士断腕的决心。应付派的特征是,讲改革头头是道,指点江山,舍我其谁,内心却不支持,不配合,没行动,久而久之,变成拦路虎。对这样的同志要大吼一声,猛击一掌:改革不是自家菜园地,决不能占着位置不干事,要么好好干,要么就靠边站。

改革不当糊涂派。有的领导干部没有认真领会中央改革的大政方针和坚定决心,对改革大势和全局把握不准,对改革举措和路径似懂非懂甚至不懂装懂,缺乏改革的本领和智慧,缺少推进改革和解决问题的几把刷子。随着利益格局深刻调整,利益关系日益错综复杂,形成改革共识的难度在增大。越是在这个时候,就越是需要大家真懂改革,真心改革。南郭先生在改革的大棋局里决不会有自己的位置。

开弓没有回头箭。改革行至中流,每个人都应该全力以赴,尽自己最大的心力,中国这艘大船才能闯过峡谷,驶向辽阔大海。

(《人民日报》2017 年 2 月 10 日)

这篇评论,以习近平同志对领导干部的要求为核心(是事实的重点),中心论点是“推进改革事业,各级领导干部争当促进派、实干派,是改革成功的关键。如何当好改革派,既是检验改革能力水平的风向标,也是检验真改还是假改的试金石。”各个分论点是“改革不当推诿派”“改革不当逍遥派”“改革不当应付派”“改革不当糊涂派”。全篇的结论是“开弓没有回头箭。改革行至中流,每个人都应该全力以赴,尽自己最大的心力,中国这艘大船才能闯过峡谷,驶向辽阔大海。”对上述篇章重点和层次重点、段落重点,要用延展的表达方法,其中加点的词语是语句重点,更要延展,语速稍慢(加点词语音节延长),将其鲜明地凸显出来,使整篇评论的重点更加突出,逻辑脉络更加清晰。

其他体裁稿件如通讯中的议论部分的重音,一般也会采用延展的方法。

例 9.

而这一封封饱含伟大母爱的“剪纸信”,也成了卢春文一生当中**最宝贵**的财富。

(《母亲的“剪纸信”》)

“最宝贵”是对“剪纸信”所体现的母爱的高度评价,是点明主题的词语,又是篇尾下结论的词语。应用延展、放慢的方法将其突出，表达概括和总结之意。

在那些表现哀悼、沉痛、惋惜等情绪的稿件中，也常用延展的方式表达重音，并常伴有低沉的声音，以凸显哀痛之情。

例 10.

3 月 14 日下午两点三刻，当代最伟大的思想家**停止**思想了。让他一个人留在房间里不过两分钟，等我们再进去的时候，便发现他在安乐椅上安静地**睡着**了——但已经是**永远地**睡着了。

（恩格斯《在马克思墓前的讲话》）

在处理稿件中“停止”“睡着”“永远地”等词语时，用减弱、减轻、降低、放缓的表达方法，以突出对这位革命导师逝世的惋惜和哀思。

此外，稿件中的某些词语带有大、长、高、粗、壮、笨等含义时，也需适当延展，以体现相应的感情色彩。

例 11.

央视网 2017 年 2 月 11 日消息，播音：大卫

海关统计显示：今年 1 月份，我国外贸进出口总值 2.18 万亿元人民币，比去年同期增长 **19.6%**。其中，出口 1.27 万亿元，增长 **15.9%**，进口 9 111.7 亿元，增长 **25.2%**，贸易**顺差** 3 545.3 亿元，收窄 2.7%。

外贸实现开门红主要得益于国家促进外贸稳增长一系列**政策措施**的逐步落实，外贸发展的**质量与效益**进一步提升，2017 年我国外贸结构不断优化，1 月份，我国一般贸易进出口 1.25 万亿元，增长 **19.9%**，占我国外贸总值的 **57.3%**。与此同时，外贸**内生动力**进一步增强，**民营企业**进出口延续去年的增势，1 月份，民营企业进出口 8 617.4 亿元，增长 **21.3%**，占我国外贸总值的 **39.6%**。

此外，1 月份**机电产品和劳动密集型产品**出口继续保持增势，**装备制造和高附加值产品**的出口快速增长，国内经济“缓中趋稳、稳中向好”带动原油、煤等**大宗商品**进口量继续保持增长势头。1 月份，我国对欧盟、美国、东盟和日本等主要贸易伙伴进出口均呈现**两位数**以上增长。

与此同时，**“一带一路”**成效逐步显现也给我国外贸注入了更多活力。1 月份我国对大多数“一带一路”沿线国家之间的外贸进出口都实现了快速增长。其中，我国对印度、俄罗斯、沙特阿拉伯和巴基斯坦之间的外贸进出口分别增长 **23.6%**、**44%**、**46.9%**和 **26.5%**。

（央视网 2017 年 2 月 11 日）

这篇新闻的重音有两种类型。

（1）线索性词语

第二段：外贸开门红的原因；第三段：出口增长的产品类型；第四段："一带一路"。这些词语具有线索性，应用适度延展的方法将其强调出来，形成比较清晰的逻辑链条，使有声语言更有条理。

（2）稿件中的数字

不作比较的单纯的数字很难判断绝对的多少、大小，而百分数以100作为参照，可以很轻易地判断其大小、多少。本篇稿件中的增长幅度都是两位数，甚至接近50%，可用适当延展的方法强调涨幅之大。

对于文中其他有意突出的数字在直观上不能判断大小、多少时，需要配合百分数，并采用"着色"的方法给受众留下数字大小多少的印象。

对于稿件中那些较次要的数字，则没必要让受众一个个判断、记住，只要说清即可。

可见，很多时候，用单纯加重、减轻或上升、下降的方法不足以起到突出、强调的作用，而用延展、放慢的方法则效果更佳。可以说，延展、放慢是最为基础的表达语句重点的方法，并常常配合音强变化和音高变化，从而形成"重且长"或"低且慢"的效果。

2. 压缩、加快的方法

与稿件中的某些词语带有大、长、高、粗、壮、笨等含义时适当延展相反，稿件中某些词语带有小、短、矮、细、瘦、巧等含义时，往往以适当压缩的方法，用较短的音节、较快的语速体现相应的色彩。

例 12.

伴随着春茶上市，最贵的茶叶也将来到上海，这是日前从食品一店获得的信息。据悉，这批新茶**四两**的价格为**5 888**元。

在本例中，表现新茶价格高的"5 888元"声音要较为延展，而表现新茶数量少的"四两"声音要较为短促，这两个数字是构成新闻消息的关键点，也是新闻的重点信息。在实际的有声语言表达中，压缩和延展两种方法分别体现出"少"和"贵"，这也就是前文说的"着色"的一种表现。

例 13.

目前，瑞士经济处于空前繁荣时期：去年瑞士的财政预算创纪录地高达**46亿**法郎(合26亿美元)；其消费者信心指数达到**12年来**的最高点；瑞士货币单位瑞士法郎异常坚挺，与欧元的疲软形成鲜明对比；同时，通货膨胀率和失业率只有**2%**，今年2月份的物价上涨率更是只有微不足道的**0.8%**。

在本例中，"46亿""12年来"可以适当延展，以突出瑞士经济繁荣，而"2%"

“0.8%”从另一侧面突出瑞士没有受到欧元疲软的影响，则可在音长上适当压缩，以突出其“小”，反衬出瑞士的经济成果。

另外，表达否定、轻蔑、不屑等色彩时也可采用压缩的方法将其音节处理得轻而短。

时间长了，老人总觉得这样**不能**表达自己的心思……

（《母亲的“剪纸信”》）

本例中，“不能”是否定性的判断词，将其压缩成又短又轻的音节，可以较好突出其否定的意味。

特别需要提出的是，为使论说体裁的稿件和稿件中的议论语体观点鲜明突出，采用延展的方法比较恰当。与此相对，要想突出语句中表示判断特别是否定判断，或是表示小巧、可爱等词语内涵时，采用压缩、加快的方法则比较恰当。

3. 停顿、休止的方法

在第五章“停连的基本类型”一节中，介绍了强调停连和感情停连。这两种停连的目的是体现强调的效果和突出感情色彩，这也是一种突出和强调重音的方法。

为了更好地体现语句强调和突出的效果，在语句中被强调、突出的词语前或后、或前后各增加一处停顿，类似音乐中休止符的功能，可以强化音长变化的反差，达到突出、强调重点词语的目的。

卢春文接到的母亲第一封“剪纸信”，是一只｜**小鸟**图案，……

这一件件算不上精致的“艺术品”，让卢春文｜**坚实地**｜走稳了一步又一步。

（《母亲的“剪纸信”》）

在“小鸟”之前，加一小小的停顿，一是造成一种悬念，吸引人猜测“是个什么图案”；二是使“小鸟”一词轻巧可爱，增添听觉情趣。

在“坚实地”前后各加一短小停顿，在曲折的语流中凸显出稳重，以体现坚定的决心，也使语言表达多了一分深意。

停顿、休止法，是一种比较灵活的突出、强调重点词语的方法，可以对其他方法起到辅助、强化的作用。运用这种技巧既不能过滥，以免造成播音节奏拖沓，又要适时使用，起到四两拨千斤的效果。

（四）明、暗与虚、实

从音色的角度说，声音有明暗、虚实，通过明暗虚实的音色特征变化，可以引起听众的注意，突出表达的重点。

例 14.

各位领导、各位嘉宾、现场的观众朋友们：大家**晚上好**！**大型中秋文艺晚会**

现在开始！

这是综艺晚会的开场，重点词语要求明朗、响亮、热烈，以表达激动、饱满的情感，吸引受众注意力。

例 15.

黑暗的旧中国，地是**黑沉沉**的地，天是**黑沉沉**的天。**灾难深重**的人民啊，你身上带着沉重的**锁链**，头上压着三座大山……

（大型音乐舞蹈史诗《东方红》朗诵词）

这一段文字主要表现旧中国人民所经受的苦难和压迫，表达深切的同情，所以在音色上特别是重点词语的音色上要沉、暗，沉、暗的声音才符合此处的情感特征。

例 16.

我们来到祖国的心脏，
我们在天安门前深情地呼唤：
周——总——理
广场回音：
“呵，轻些呀，轻些，
他正在中南海会见外宾，
他正在政治局出席会议……”
总理啊，我们的好总理！
你就在这里呵，就在这里。
在这里，在这里。

（柯岩《周总理，你在哪里》）

本诗中“我们来到祖国的心脏，我们在天安门前深情地呼唤：周——总——理”用声要缓，要实，而“呵，轻些呀，轻些，他正在中南海会见外宾，他正在政治局出席会议……”用声则要柔、要虚，用实与虚的变换和对比凸显人民对总理的深切感情。

而这一封封饱含伟大**母爱**的“剪纸信”，也成了卢春文一生当中最宝贵的财富。

（《母亲的“剪纸信”》）

“母爱”一词，用含有气声色彩的虚声表达，更能体现发自内心的感动。

第三节　例稿解析和练习材料

一、例稿解析

例 17.

海政文工团赴南沙慰问演出

为庆祝五一国际劳动节，海军组织海政文工团演职人员 50 余人奔赴**南沙岛礁**举行慰问演出，向驻守岛礁的官兵和建设者致以节日的问候。

据海政文工团团长宋祖英介绍，这是他们**首次**在南沙岛礁举行大规模慰问演出活动，5 月 2 日的**永暑礁**之行，是这次慰问的首场演出。5 月 3 日，海政文工团又到了南沙群岛另一座岛礁——**华阳礁**慰问演出。

随着海政文工团的慰问演出，我国南沙多个岛礁的建设**进度和规模**也曝光，此前只有个小哨所的**礁盘**如今变成了**城市**，**马路、跑道、港口一应俱全**。港口即便是开入 **2 万吨**的船坞舰，依然显得十分宽敞，简直如同南沙一艘不沉的**航空母舰**。而这样的"小镇"，我们在南沙有**好几个**。也有的岛礁施工现场，吊车林立，建设**还未**完全完工。

在露天场地上，宋祖英、吕继宏、吕薇、赵育莹等演员为守礁官兵和建设者们表演了歌曲、魔术、舞蹈等**精彩**文艺节目，并与观众亲切**互动**，还向他们赠送了音乐**光盘**，受到大家热烈欢迎。节目中，既有《这片海》《南沙之歌》《南海卫士之歌》等男、女声**独唱**，也有《出发之前》《魔幻手彩》等**小品、魔术**节目。小品《出发之前》是为这次慰问演出活动重新创作的作品，反映了即将被派往岛礁却巧遇家属探亲的官兵决定**舍小家、为国家**的感人故事。演出中，海政文工团的演职人员不时走进**观众**当中，与他们亲切**互动**。

（央视网 2016 年 5 月 4 日）

本篇新闻报道了海政文工团赴基层部队慰问演出，除演出阵容、节目内容外，看似顺便介绍的演出地点永暑礁和华阳礁以及南沙多个岛礁的建设情况，才是报道的重点，让受众了解南沙建设情况和建设前景（能否判断出这一播出目的，考验着播音创作者的新闻敏感度）。

第一段是导语。联系背景，确定演出地点"南沙岛礁"是重音。

第二、三段是背景材料。第二段是直接背景，"首次""永暑礁""华阳礁"是受众关注的焦点。第三段是间接背景，介绍了南沙岛礁建设的"进度和规模"，用"礁盘"和"城市""马路、跑道、港口一应俱全"进行前后对比，用"2 万吨""航空母舰”作进一步描述,用“还未(完全完工)”展望建设前景,这些重音体现了稿件的主题,需要予以强调。

第四段,主体和结尾。介绍演出情况,包括节目类型和内容,无须面面俱到,因为报道目的和受众兴趣均不在此,重音选择要少而精,且不必刻意强调,点到为止即可。

例 18.

习近平会见美国前国务卿基辛格

国家主席习近平17日在人民大会堂会见美国前国务卿基辛格。

习近平称赞基辛格是中美关系的开拓者和见证者,赞赏他数十年来为推动中美关系发展作出的重要贡献。习近平指出,中美关系正取得重要和积极进展。去年11月,我与奥巴马总统在北京成功会晤,不久前我们再次通话,就中美关系发展作出了规划。构建中美**新型大国关系**不仅符合两国人民根本利益,也有利于亚太地区乃至**世界**和平、稳定和繁荣。中方高度重视中美关系,愿与美方一道努力,精心呵护两国关系,落实好双方达成的共识,加强高层及各层级交往,深化各领域务实合作,推动两国关系不断发展。我期待着年内对美国进行国事访问。

习近平强调,中国致力于全面建成小康社会,走**和平发展**道路。中国发展需要**和平**的外部环境。同时,中国也是国际事务中的积极**建设性**力量。处理好中美关系,双方要总结两国关系发展的历史经验,坚持从**大局**出发审视和把握两国关系发展**大方向**,加深相互了解和理解,增进战略互信;坚持相互尊重和求同存异原则,建设性管控好分歧和敏感问题;坚持合作共赢的创新思维,共同把握好两国关系的重要机遇,进一步拓展双边、地区和全球层面的互利合作。

习近平还向基辛格介绍了刚刚闭幕的两会情况。

基辛格说,感谢习近平主席会见我这位中国的老朋友,中国正在进行着具有历史意义的改革大业。美中关系是事关全球和平、进步与发展的重要双边关系,构建美中新型大国关系符合**双方**利益,是着眼长远发展的**远见**之举,相信习主席今年对美国的国事访问将是一次历史性访问并预祝访问成功。

国务委员杨洁篪参加会见。

(新华网2016年12月2日)

基辛格是中国人民的老朋友,多年来始终关注中国的发展,在中美关系的发展中发挥了重要作用。习近平与基辛格的会见传递出双方对国家间关系特别是新型大国关系的看法和希望。在播音创作时,应着重强调比较重要的几个观点性词语(文中作了标注),而对于体现前后文逻辑关系和老朋友相见亲切氛围的词语（文中未作标注），则无须过分突出和强调，将语句重点与周围词语稍稍分开即可。

例 19.

天上的星星

贾平凹

大人们快活了，对我们就亲近；他们烦恼了，却要随意骂我们讨厌，似乎一切烦恼都要我们负担，这便是我们做孩子的不曾明白的。天擦黑，我们才在家捉起迷藏，他们又来烦了，大声呵斥。我们只好蹑蹑地出来，在门前树下的竹席上，躺下去，纳凉是了。

“星星！”妹妹突然叫了一声。

我们都抬起头来，就在我头顶，出现了一颗星星，小小的，却极亮极亮。我们就好奇地数起星星来，数着那是四个光角儿呢，还是五个光角儿，但就在这个时候，那星的周围又出现了几颗星星，就是那么一瞬间，几乎不容觉察，就明亮亮地出现了。啊，两颗，三颗，十颗……奇迹是这般迅速地出现，一时间，漫天星空，一片闪亮。

夜空再也不是荒凉的了，星星们都在那里热闹，有装熊的，有挑担的，也有提着灯笼跑的……

我们都快活起来了，一起站在树下，扬着小手。星星们似乎很得意了，向我们挤弄着眉眼，鬼鬼地笑。

过了一会儿，月亮从村东口的那个榆树丫子里升上来了。它总是从那儿出来，冷不丁地，常要惊飞了树上的鸟儿。先是玫瑰色的红，接着，就黄了脸，瞬间，它就又白了，极白极白的，夜空里就笼上了一层淡淡的乳白色。我们都不知道这月亮是怎么了，却发现星星少了许多，留下的也淡了许多。这使我们大吃了一惊。

“这是怎么了？”妹妹慌慌地说。

“月亮出来了。”我说。

“月亮出来了为什么星星就少了呢？”

我们闷闷不得其解。坐了一会儿，似乎就明白了：这漠漠的夜空，恐怕是属于月亮的，它之所以由红变黄，由黄变白，一定是生气，嫌星星们不安分，在吓唬它们哩。

“哦，月亮是天上的大人。”妹妹说。

我们都没有了话说。我们深深懂得大人的威严，又深深可怜起星星了：月亮不在的时候，它们是多么有精光灵气；月亮出现了，它们就变得这般猥琐了。

我们再也不忍心看那些星星了，低了头走到门前的小溪边，要去洗洗手脸。

溪水浅浅地流着，我们探手下去，才要掬起一抔来，但是，我们差不多全看见了，就在那水底里，有着无数的星星。

“啊，它们藏在这儿了。”妹妹大声地说。

我们赶忙下溪去捞，但无论如何也捞不上来。我们明白了，那一定是星星不能在天上，就偷偷躲藏在这里了。我们就再不声张，不让大人们知道，让它们静静地躲在这里好了。

于是，我们都走回屋里，上床睡了。却总是睡不稳——那躲藏在水底的星星会被天上的月亮发现吗？可惜藏在水底的星星太少了，更多的还在天上闪着光亮。虽然它们很小，但天上如果没有它们，那会是多么寂寞啊！

大人们又骂我们不安生睡觉了，骂过一通，就打起了鼾。我们赶忙爬起来，悄悄溜到门外，将脸盆儿、碗盘儿、碟缸儿都拿了出去，盛了水，让更多更多的星星都藏在里边吧。

《天上的星星》是著名作家贾平凹的散文代表作。该篇散文以一个孩子的视角来叙述，通过充满孩子气的动作、语言、思维，表现了孩子眼中丰富多彩的世界，文字精练朴实、清新动人，富有童趣。文章描写了很多孩子活动的场景，极具动感。例如，当星星又多又亮时，我们“快活起来”；当星星变少时，我们“大吃一惊”“不忍心”；当发现星星藏在水里时，我们“不再声张”……童心童趣跃然纸上。再如“夜空再也不荒凉了，星星们在那里热闹：有装熊的，有挑担的，也有提着灯笼跑的……”大量比喻、排比、拟人修辞手法的运用，把夜空中群星璀璨的景色写得活灵活现，如在眼前。在表达时，需要将这些孩童化的动作通过重音适当突出出来，将孩子们的天真无邪淋漓尽致地展现给受众。（本文的语句重点不再一一标注，请备稿时自主确定。）

例 20.

听　雨

季羡林

从一大早就下起雨来。下雨，本来不是什么稀罕事儿，但这是春雨，俗话说：“春雨贵似油。”而且又在罕见的大旱之中，其珍贵就可想而知了。

“润物细无声”，春雨本来是声音极小极小的，小到了“无”的程度。但是，我现在坐在隔成了一间小房子的阳台上，顶上有块大铁皮。楼上滴下来的檐溜就打在这铁皮上，打出声音来，于是就不“细无声”了。按常理说，我坐在那里，同一种死文字拼命，本来应该需要极静极静的环境，极静极静的心情，才能安下心来，进入角色，来解读这天书般的玩意儿。这种雨敲铁皮的声音应该是极为讨厌的，是必欲去之而后快的。

然而，事实却正相反。我静静地坐在那里，听到头顶上的雨滴声，此时有声胜无声，我心里感到无量的喜悦，仿佛饮了仙露，吸了醍醐，大有飘飘欲仙之概了。这声音时慢时急，时高时低，时响时沉，时断时续，有时如金声玉振，有时如黄钟大吕，有时如大珠小珠落玉盘，有时如红珊白瑚沉海里，有时如弹素琴，有时如舞霹雳，有时如百鸟争鸣，有时如兔落鹘起，我浮想联翩，不能自已，心花怒放，风生笔底。死文字仿佛活了起来，我也仿佛又溢满了青春活力。我平生很少有这样的精神境界，更难为外人道也。

在中国，听雨本来是雅人的事。我虽然自认还不是完全的俗人，但能否就算是雅人，却还很难说。我大概是介乎雅俗之间的一种动物吧。中国古代诗词中，关于听雨的作品是颇有一些的。顺便说上一句：外国诗词中似乎少见。我的朋友章用回忆表弟的诗中有："频梦春池添秀句，每闻夜雨忆联床。"是颇有一点诗意的。连《红楼梦》中的林妹妹都喜欢李义山的"留得残荷听雨声"之句。最有名的一首听雨的词当然是宋蒋捷的"虞美人"，词不长，我索性抄它一下：

少年听雨歌楼上，红烛昏罗帐。壮年听雨客舟中，江阔云低，断雁叫西风。

而今听雨僧庐下，鬓已星星也。悲欢离合总无情，一任阶前点滴到天明。

蒋捷听雨时的心情，是颇为复杂的。他是用听雨这一件事来概括自己的一生的，从少年、壮年一直到老年，达到了"悲欢离合总无情"的境界。但是，古今对老的概念，有相当大的悬殊。他是"鬓已星星也"，有一些白发，看来最老也不过五十岁左右。用今天的眼光看，他不过是介乎中老之间，用我自己比起来，我已经到了望九之年，鬓边早已不是"星星也"，顶上已是"童山濯濯"了。要讲达到"悲欢离合总无情"的境界，我比他有资格。我已经能够"纵浪大化中，不喜亦不惧"了。

可我为什么今天听雨竟也兴高采烈呢？这里面并没有多少雅味，我在这里完全是一个"俗人"。我想到的主要是麦子，是那辽阔原野上的青春的麦苗。我生在乡下，虽然六岁就离开，谈不上干什么农活，但是我拾过麦子，捡过豆子，割过青草，劈过高粱叶。我血管里流的是农民的血，一直到今天垂暮之年，毕生对农民和农村怀着深厚的感情。农民最高希望是多打粮食。天一旱，就威胁着庄稼的成长。即使我长期住在城里，下雨一少，我就望云霓，自谓焦急之情，决不下于农民。北方春天，十年九旱。今年似乎又旱得邪行。我天天听天气预报，时时观察天上的云气。忧心如焚，徒唤奈何。在梦中也看到的是细雨蒙蒙。

今天早晨，我的梦竟实现了。我坐在这长宽不过几尺的阳台上，听到头顶上的雨声，不禁神驰千里，心旷神怡。在大大小小高高低低，有的方正有的歪斜的麦田里，每一个叶片都仿佛张开了小嘴，尽情地吮吸着甜甜的雨滴，有如天降甘露，本来有点黄萎的，现在变青了。本来是青的，现在更青了。宇宙间凭空添了一片温馨，一片祥和。

我的心又收了回来，收回到了燕园，收回到了我楼旁的小山上，收回到了门前的荷塘内。我最爱的二月兰正在开着花。它们拼命从泥土中挣扎出来，顶住了干旱,无可奈何地开出了红色的白色的小花,颜色如故,而鲜亮无踪,看了给人以孤苦伶仃的感觉。在荷塘中,冬眠刚醒的荷花,正准备力量向水面冲击。水当然是不缺的。但是,细雨滴在水面上,画成了一个个的小圆圈,方逝方生,方生方逝。这本来是人类中的诗人所欣赏的东西,小荷花看了也高兴起来,劲头更大了,肯定会很快地钻出水面。

我的心又收近了一层,收到了这个阳台上,收到了自己的腔子里,头顶上叮当如故,我的心情怡悦有加。但我时时担心,它会突然停下来。我潜心默祷,祝愿雨声长久响下去,响下去,永远也不停。

季羡林先生的《听雨》清新、质朴、自然,读起来感觉很亲切。"听雨"这样一个简单的题目,季老却以小见大,围绕着它写了描绘雨声的诗词、听雨时的心情、听到雨声时的联想。

作者听着雨打阳台顶铁皮的声音,感到很舒服,从中他能听出"金声玉振",听出"黄钟大吕",听出"大珠小珠落玉盘",还能听出雨如"弹素琴",如"舞霹雳",如"百鸟争鸣",如"兔落鹘起",他听得"心花怒放"。这些描写雨声的词语需要作为语句重点强调突出,同时要注意的是,使用重音时不可一味地用一种方法,应该多种技巧综合运用。如表达"百鸟争鸣"时,声音抬高、拉长并适当加重;表达"兔落鹘起"时,声高由升转降、音强由重转轻……而后作者感慨一番,说出自己欣然听雨的原因,十年九旱的北方春季太需要雨了,因而表现内心焦急的"天天""时时"等词语要进一步突出。

二、练习材料

例 21.

朝美领导人签署联合声明　确定半岛无核和平目标

朝鲜国务委员会委员长金正恩和美国总统特朗普 12 日在新加坡举行朝美在任领导人历史上首次会晤,并共同签署联合声明。

朝美领导人在声明中承诺建立新的朝美关系,认为这符合两国人民对和平与繁荣的愿望;两国将共同努力构建朝鲜半岛持久稳定和平机制。特朗普承诺为朝鲜提供安全保障,金正恩重申对"朝鲜半岛完全无核化"的承诺。为推进落实会晤成果,朝美将举行高级别政府代表团谈判。

金正恩在签字仪式上说,通过此次会面,双方将迎来"新起点"。特朗普指出,联合声明内容"非常广泛",美朝关系将进入与过去截然不同的局面。

国际社会对此次会晤取得的积极成果表示欢迎,希望朝美领导人继续就推进和实现半岛无核化、推进并建立半岛和平机制迈出实质性步伐。

（《人民日报》2018 年 6 月 13 日）

例 22.

反“四风”要重视“拎包”小细节

丁建庭

近期，有三则关于领导干部“拎包”的新闻。6 月 19 日，《湖北日报》报道了阳新县委常委班子专题民主生活会，政法委书记吴大洪向县委书记童金波火辣开炮：“提包别人拿，茶杯别人端……难道你就不能自己拿一拿？”7 月 10 日，《四川日报》报道了安县县委书记廖雪梅在专题民主生活会后的“异样”：没人帮她提包，大门口不见了“专车”等候。8 月 7 日，新华社报道了江苏省盱眙县委出台的党建新规，明确“领导干部不许让工作人员拎包、拿茶杯、开车门”。三则新闻分别在现象、变化、制度层面上关注了领导干部“拎包”等问题。

毋庸讳言，在一些领导干部身上，不同程度地存在着“提包让人拿、茶杯让人端，车门让人开、雨伞让人打”等现象。而长期以来，这些问题并未引起足够重视，部分领导干部已经习以为常，群众对此也有些见怪不怪。这是不良风气积弊已久的表现，也是反“四风”要解决的问题。显然，这些作风问题日益引起了各方重视。在当前正在开展的第二批党的群众路线教育实践活动中，诸如此类的问题成了专题民主生活会上相互批评的重要内容。领导重视、舆论关注、群众欢迎，就为扭转这些不良作风提供了一个机会。同时，根据现有效果研判，从安县县委书记的变化上、从盱眙县委出台的新规中，可以看到立竿见影的转变和解决问题的制度设计，这在很大程度上增进了整治这些积习的信心。

在一部分人看来，拎包、端茶是“小事”，根本无须小题大做。恰恰相反，小事情暗含大问题。一则因为这些现象实质上是官僚主义作风的一种表现，是领导干部对“官员”“公仆”关系的错位；二则因为下级干部和群众正是通过这些“小事”认识领导干部的，这直接关系到官员群体的整体形象。倘若不从这些“小事”抓起，领导干部势必会慢慢脱离群众，高高在上，忘乎所以。同样是在民主生活会上，有领导干部就自我批评道：“这些年，自己沙发坐得多了、板凳坐得少了，一言堂搞得多了、群言堂搞得少了，高脚杯端得多了、大碗茶端得少了，作风上的一些问题也就随之出现了。”许多问题看似微不足道，但一个一个叠加在一起，将不可避免演变成大问题，官僚主义作风保不准会酿成大错。

习近平总书记多次强调，“要抓早抓小，有病就马上治，发现问题就及时处理，不能养痈遗患”。总书记也为我们作出了很好的示范，去年 7 月，他雨中打伞考察武汉新港的照片受到公众追捧，被网友赞曰“朴实之风迎面来”。而与此形成鲜明对比的是，一些领导干部特别是基层领导干部，仍习惯让别人打伞、让别人拎包，甚至是让别人背着视察灾情。如果任由这些不良作风发展下去，一座无形的墙就会把领导干部和人民群众隔开，“不接地气”“不食人间烟火”的负面评价更会层出不穷。因此，反“四风”也要强调抓早抓小，从一个一个的具体细节入手，从领导干部的身边“小事”抓起，从那些习以为常的不良作风改起。

反“四风”要重视“拎包”小细节，领导干部要放下身段，摆低姿态，深入百姓，体察民情，了解民意，拒绝让下属“拎包”“端水”“开车门”。事实上，越是在这些实打实的细节问题上“红红脸”“亮亮丑”，越能起到“出出汗”“排排毒”的作用。这不正是群众路线教育实践活动要达到的目的吗？

（《南方日报》2014 年 8 月 8 日）

例 23.

总有一种力量让我们泪流满面

长 平

这是新年的第一天。这是我们与你见面的第 777 次。祝愿阳光打在你的脸上。

阳光打在你的脸上，温暖留在我们心里。这是冬天里平常的一天。北方的树叶已经落尽，南方的树叶还留在枝上，人们在大街上懒洋洋地走着，或者急匆匆地跑着，每个人都怀着自己的希望，每个人都握紧自己的心事。

本世纪最后的日历正在一页页减去，没有什么可以把人轻易打动。除了真实。人们有理想但也有幻象，人们得到过安慰也蒙受过羞辱，人们曾经不再相信别人也不再相信自己。好在岁月让我们深知“真”的宝贵——真实、真情、真理，它让我们离开凌空蹈虚的乌托邦险境，认清了虚伪和欺骗。尽管，“真实”有时让人难堪，但直面真实的民族是成熟的民族，直面真实的人群是坚强的人群。

没有什么可以轻易把人打动，除了正义的号角。当你面对蒙冤无助的弱者，当你面对专横跋扈的恶人，当你面对足以影响人们一生的社会不公，你就明白正义需要多少代价，正义需要多少勇气。

没有什么可以轻易把人打动，除了内心的爱。没有什么可以轻易把人打动，除了前进的脚步……

这是新年的第一天，就像平常一样，我们与你再次见面，为逝去的一年而感怀，为新来的一年作准备。祝愿阳光打在你的脸上。

阳光打在你的脸上，温暖留在我们心里。有一种力量，正从你的指尖悄悄袭来，有一种关怀，正从你的眼中轻轻放出。在这个时刻，我们无言以对，唯有祝福：让无力者有力，让悲观者前行，让往前走的继续走，让幸福的人儿更幸福；而我们，则不停为你加油。

我们不停为你加油。因为你的希望就是我们的希望,因为你的苦难就是我们的苦难。我们看着你举起锄头,我们看着你舞动镰刀,我们看着你挥汗如雨,我们看着你谷满粮仓。我们看着你流离失所,我们看着你痛哭流涕,我们看着你中流击水,我们看着你重建家园。我们看着你无奈下岗,我们看着你咬紧牙关,我们看着你风雨度过,我们看着你笑逐颜开……我们看着你,我们不停为你加油,因为我们就是你们的一部分。

总有一种力量它让我们泪流满面,总有一种力量它让我们抖擞精神,总有一种力量它驱使我们不断寻求"正义、爱心、良知"。这种力量来自于你,来自于你们中间的每一个人。

所以,在这样的时候,在这新年的第一天,我们要向你、向你身边的每一个人,说一声,"新年好"！祝愿阳光打在你的脸上。

因为有你,才有我们。

阳光打在你的脸上,温暖留在我们心里。为什么我们总是眼含着泪水,因为我们爱得深沉;为什么我们总是精神抖擞,因为我们爱得深沉;为什么我们总在不断寻求,因为我们爱得深沉。爱这个国家,还有她的人民,他们善良,他们正直,他们懂得互相关怀。

(《南方周末》1999 年新年献词)

例 24.

人　生

王三堂

人生是一个过程
这个过程从自己的哭声迎来别人的笑声开始
到别人的哭声送走自己的无声而告终
整个过程大体上由哭声、笑声和无声组成
该哭时,你就嚎啕大哭
哭它个天昏地暗
该笑时,你就尽情地欢笑
笑它个鬼呆神惊
该无声时,你就要鸦雀无声
犹如那漫漫长夜静待黎明
宁可自己多一点哭声
也要给别人多增添点笑声
只有这样

才能在自己“谢幕”时
得到别人发自肺腑的哭声相送

人生是一次旅程
这次旅程从妈妈的怀抱开始
到走进大地的墓陵
这次旅程犹如一年四季
春天花香，夏天草盛
秋天硕果，冬天雪景
它们各具特色，异彩纷呈
旅途中遇到激流险滩、电闪雷鸣
那是上帝的考验
旅途中能看到沧海日出、雨后彩虹
那更是生命中的万幸
不过无论如何要记住
千里游子终回故乡
一定要走得清清白白，干干净净！

人生是一段征程
这段征程开始于默默无闻
终结于清清静静
征程上不见得杀机四伏
但也绝非是一帆风顺
你要经得起轰轰烈烈
更要耐得住寂寞寒冷
就是遇到了血雨腥风
你也要日夜兼程
如果你有幸得到一块大舞台
那你就浓妆艳抹舒志展宏
把你那十八般武艺统统拿将出来用用
奋斗了、抗争了就好
等到耄耋之年写回忆录时
你就敢说：
我，无愧于人生

《海河颂歌》
演播：王萱、贾宁

第八章　播音创作的语言表达形式

汉代《毛诗序》中说:“情动于中,而形于言;言之不足,故嗟叹之;嗟叹之不足,故咏歌之;咏歌之不足,不知手之舞之足之蹈之也。”人类在漫长的艺术创作历程中,总是会寻找恰切的方式来表达自己的情感,或用语言、或用诗歌、或用音乐、或用舞蹈……这种把思想感情表现出来所采取的特定形式就叫表达形式。播音创作中的表达形式,则是随着播音创作的实践过程,被一代代播音主持艺术工作者逐渐丰富、完善并最终形成的相对稳定、区别于其他艺术门类的独特方式。

播音创作活动是把视觉的书面语言转换成听觉的有声语言的再创造性劳动:以书面稿件为依据,在正确理解、准确感受的基础上,运用特有的有声语言表达形式,准确、鲜明、生动地传达出稿件的精神实质。其中,有声语言的表达形式是把对稿件的理解、感受转化为播音作品的关键一环,直接决定着播音创作水平的高低。

播音创作活动的语言表达形式是指在符合稿件内容基础上,受一定思想感情支配的具体语句的声音表现形式,表现为声音、气息、语流和口腔状态等变化。

第一节　有声语言表达形式的内在依据

在日常生活中,看似简单的语言文字背后蕴藏了丰厚的内涵。比如:“你真行啊!”这句话的直接意思是称赞,夸奖对方能干、聪明、有办法、事情办得好等等,但也可以赋予它与本来含义不完全相同或相反的意思,说对方愚蠢、无能,干出这样差劲的事情,把事全办糟了等等。同一句话因不同的内在依据可以生发出不同甚至截然相反的语言表达形式。

在这种书面文字本身具有多重含义的情况下,要想准确表达其真实含义,需要我们了解作者生平、创作背景、创作意图、创作主旨等,再加上对稿件全文进行精细的分析,才能洞悉稿件真正内涵、明确有声语言内在依据。即便是文字表述非常清晰的稿件,也可能会因为备稿时间不足、前后照应不够、背景材料不清、甚至知识结构欠缺等原因,影响对文字含义的认识,出现表达偏颇的问题。这提示我们应该更加重视对书面文字的理解和挖掘(内在依据),为有声语言表达确定方向,规定脉络走向,使有声语言表达更精准,取得更好的传播效果。

有声语言表达的内在依据,是隐含在稿件文字中的内在逻辑关系和真正含义。它是稿件目的的集中体现,统领着有声语言的表达形式,直接指导着有声语言的表达路径。我们可以从以下几个方面来寻找有声语言表达形式的内在依据。

一、挖掘稿件文字含而不露的深意

在分析稿件时有时会遇到这样的情况,稿件某些局部的文字与作者真正想要表达的含义、主旨是相反的。比如,贾平凹有一篇非常优美的散文《丑石》(见本章例5),稿件的前半部分一直在叙述丑石的“无用”,因为形状不规则,没棱角也没平面,所以不可以用来垒山墙;又因为石质太细,也不能用来洗石磨;压铺台阶也不行,盖房子也不行……但是综观全文会发现,作者采用了欲扬先抑的写作手法,在文章最后揭开了丑石的“谜底”——一颗极具研究价值的陨石。作者的真正意图并不是强调丑石的一无是处,而是强调认识事物不可限于表面,应该透过现象看本质。这样的写作意图,与文章前半部分描写丑石之“丑”形成了巨大反差。可见,如果没有充分了解文章的内在含义,一味进行“见字出声”的播音创作,会闹出大笑话。

稿件中的文字语言是生活语言的浓缩和升华,往往需要播音创作主体认真研读,才能判断和发掘出有限的文字背后的内在深意和感情内涵,为准确、明晰、完整的表达打下良好的基础。

例1.

雨　巷

戴望舒

《雨巷》朗诵:黑丹

撑着油纸伞,独自
彷徨在悠长,悠长
又寂寥的雨巷,
我希望逢着
一个丁香一样的
结着愁怨的姑娘。
她是有
丁香一样的颜色,
丁香一样的芬芳,
丁香一样的忧愁,
在雨中哀怨,
哀怨又彷徨;
她彷徨在这寂寥的雨巷,
撑着油纸伞
像我一样,
像我一样地
默默行着,
冷漠,凄清,又惆怅。
她默默地走近
走近,又投出
太息一般的眼光,
她飘过
像梦一般的,
像梦一般的凄婉迷茫。

像梦中飘过
一枝丁香的，
我身旁飘过这女郎；
她默默地远了，远了，
到了颓圮的篱墙，
走尽这雨巷。
在雨的哀曲里，
消了她的颜色，
散了她的芬芳，
消散了，甚至她的
太息般的眼光，
丁香般的惆怅。
撑着油纸伞，独自
彷徨在悠长，悠长
又寂寥的雨巷，
我希望飘过
一个丁香一样的
结着愁怨的姑娘。

戴望舒的现代诗《雨巷》，深蕴中国古典诗词婉约、清丽的韵致，语言清新、意象温婉。很多人据此将该诗理解为青年对姑娘一见钟情的倾心和惆怅，语言表达上处理得温婉秀丽、清新脱俗，洋溢着温馨的喜悦。可是，如果从宏观去考察作者当时的处境，挖掘文字背后的深意，就会发现这种理解和作者的原意南辕北辙了。

时年22岁的戴望舒，在1927年夏天血腥的“四一二”大屠杀之后创作了这首诗。他因投身革命而被捕入狱，面对笼罩全国的白色恐怖，陷入深深的痛苦迷惘。后隐居在江苏松江朋友家，在孤独中嚼味着“在这个时代做中国人的苦恼”“夜坐听风，昼眠听雨”，在阴霾中盼望见到绚丽的彩虹。个性的轻柔、忧郁和时代的重压，使《雨巷》成为黑暗现实和理想幻灭在诗人心中的投影，贮满了彷徨失望和感伤痛苦的情绪，这才是本诗真正的寓意。在播音创作时，应用缓慢的语速、悠长的语气凸显出这种哀怨之情。

二、分析稿件文字内在衔接的关系

稿件的段落层次是通过语句的衔接体现出来的。在篇章结构的布局中，总是有主有次，有重点有非重点。备稿时，首先要找出稿件中的主要部分和重点内容，通过重点语句抓住稿件的灵魂和主旨，在此基础上，具体分析稿件语句之间的逻辑关系。这就要求我们理清段落之间、语句之间上下关联、前后照应的“关节点”（也就是组合关系）。这些组合关系会成为播音创作的重要抓手，在语句、段落之前需要尽快酝酿感情、投入创作状态时，在语句、段落之间转换情景、感情、态度、观点时，以及在语句结束处需要总结、提炼、展望时，运用铺垫、承接、转折和回味等内在衔接方式，不仅使有声语言顺畅而不显突兀，还可以丰富有声语言表达技巧。

特别是在稿件中那些文气不太贯通的地方，段落层次需要做明显转换而又不好衔接的地方，在那些稿件文字需要有声语言赋予动态感、形象感，以使叙事、状物、议论、抒情更具感染力的地方，以及需要唤起受众注意，引发受众回味、思考的地方，可以依据“关节点”来衔接、过渡、铺垫和转换，从而做到文气顺畅、衔接流畅、转换自然，增强有声语言的表现力。

例 2.

中　计

《中计》播音：芬菲

【故事开始之前需要酝酿感情、投入创作状态时，以内在衔接作为铺垫：**故事是这样的**】七月初的一天，在辽宁省海城县一个小山村里。住在张大爷家的某部侦察排的战士们刚刚起床，就看见房东张大爷气冲冲地走进屋来。【语句之间情景转换时以内在衔接作为承接（下同）：**怎么回事呢**】张大爷绷着个脸问道：“昨天，你们谁进了我家的菜园，把菜地弄得乱七八糟？”【**一时空气凝滞了**】一句话把全排战士给问愣了，互相看了看，谁也没吭声。

【段落之间情景转换时以内在衔接作为转折：**可是**】这时候，有一个小战士脸一下子红到了耳根。【语句之间情景转换时以内在衔接作为承接（下同）：**他是谁呢**】他叫洪松彪，是今年才入伍的新战士。【**这是怎么回事呢**】原来，昨晚上是他悄悄地跑到菜地里，帮张大爷干活的。

【段落之间感情转换时以内在衔接作为承接：**他很紧张**】小洪心里直打鼓，他想，是不是我铲地的时候伤了苗？是不是水浇多了淹了菜？小洪越想越不安。【语句之间情景转换时以内在衔接作为转折：**事情还没完**】这时候，张大娘又跑进来火上浇油地说：“老头子，别跟他们说了，咱们去找指导员说个清楚。”话音未落，就拉着张大爷的袖子往外走。

【段落之间情景转换时以内在衔接作为转折：**要知道**】刚刚十八岁的洪松彪哪见过这个场面啊，【语句之间情景转换时以内在衔接作为承接（下同）：**终于**】小伙子沉不住气了，马上开口说：“大爷，大爷【承接：**请你们**】别发火，【承接：**说实话**】昨天是我跑到菜地里去的。【承接：**因为**】我看你们二老年纪大，【承接：**而且**】大爷成天忙着队上的事，【承接：**根本**】顾不了家，【承接：**所以**】就抽空帮你们干了点活。【转折：**可是**】谁知我不会干，【承接：**反而**】给你们添了麻烦，【转折：**我给二老道个歉**】真对不起你们。【承接：**二老别着急**】有多大损失我一定赔。”

【段落之间情景转换时以内在衔接作为转折：**大家谁也没想到**】张大爷看到这个情景，倒哈哈大笑起来。大娘也跟着笑起来。他疼爱地拉着小洪的手说：“孩子你受委屈了。”【语句之间情景转换时以内在衔接作为转折（下同）：**这下小洪也蒙了**】小洪纳闷地抬起头来看着两位老人，【转折：**张大爷这时道出了实情**】张大爷得意地说：“孩子，你中计了，【承接：**让我从头说起吧**】从打你们到我们村来搞训练,给大家伙干了那么多的好事。可我们就是不知道是谁干的,【转折:**怎么办呢**】昨晚上我和你大娘一合计呀,【承接:**终于有办法了**】就想出这个小计策来。【转折:**哈哈哈!**】果不出所料,你们还真中计了。”

【段落之间情景转换时以内在衔接作为转折:**原来是这样啊**】全排战士这才恍然大悟,和张大爷、张大娘一块笑了起来,【语句之间情景转换时以内在衔接作为转折:**人群中**】洪松彪,这个虎头虎脑的小伙子却像大姑娘似的,羞涩地低下了头。……【语句结束处的总结、提炼以内在衔接引起回味:**这真是一个很曲折但是很有意义的故事啊**】

下面一个例子也很典型。

例 3.

来到吴家花园,起初组织上还是要给彭总派护士、公务员,他不要,他说:“【内在衔接的起始暗示:**我告诉你!**】我没有病,要什么护士,【内在衔接的转折性暗示:**哎!真没有办法!**】现在是个闲人了,还要人家来打扫卫生、料理生活,那真是岂有此理!”

这是稿件《补旧》中的一段文字,通过彭德怀自己补旧棉袄的故事,歌颂他始终保持艰苦朴素的高尚品质。这段文字中彭德怀的话是直来直去的,因为他个性爽朗坦荡;同时考虑到他当时的心境,作为一个“闲人”被别人照顾生活使他心存些许怨气。因此在“现在是个闲人了”之前可以设置一个提示性暗示:“哎!真没有办法!”这样一来,前句与后句就有了不同的声音表现状态,从前句的理直气壮(“我告诉你!”)转到后句的无可奈何(“真没有办法!”)。这也就是播音创作基础中的“内在语”,也是戏剧表演中的“潜台词”。

三、把握稿件文字的整体情感

播音创作主体以有声语言传达稿件内容和思想感情,离不开表达目的的统帅和引导,离不开对全篇稿件的深入理解和感受。把握好有声语言表达的总的感情色彩,关键在于从全篇稿件着眼,寻找稿件整体的感情色彩及其分量。如果仅仅盯住稿件中的某一句话,某一个小层次、小段落,就会被动地跟随稿件文字的走向,只见眼前不见道路、只见树木不见森林,导致目的不明、主次不清、感情随意、色彩模糊、态度不准、分寸不当等问题,最终影响有声语言表达的效果,甚至产生错误的导向。前面介绍过的例子《母亲的“剪纸信”》(见第七章例 1),如果不能从母子通过剪纸信建立交流、沟通、激励的感情渠道看到全篇稿件洋溢的温馨气氛，只是从稿件开头文字中看到魏泽珍老人“老伴去世较早，她一个人含辛茹苦将八个子女拉扯长大”，将感情色彩表现为低沉、痛苦、同情，就违背了稿件想传达的老人发挥聪明才智、用剪纸与儿子联系，谱写出母子情深佳话的本意，感情色彩就南辕北辙了。

在有声语言表达过程中，播音创作主体要以真挚的感情投入到创作中。这真挚的感情既不是天然的，不是想当然的，不是千篇一律的，也不是只见文字、词语、语句不见全篇、全局、全意的见字生情式、见词生意式的“盲人摸象”，而是来自于对稿件全文的全面了解和对稿件意义的深入理解与感受，来自于理性的逻辑思维和感性的形象思维，来自于对稿件的具体内容、形式的把握以及与受众交流的需求。同时要把握好感情的分寸尺度，拿捏好适度的感情分量，恰如其分地运用有声语言表达技巧，才能创造出更易被受众接受的、经得起推敲的播音创作作品。

例 4.

中国石拱桥

茅以升

石拱桥的桥洞成弧形，就像虹。古代神话里说，雨后彩虹是“人间天上的桥”，通过彩虹就能上天。我国的诗人爱把拱桥比作虹，说拱桥是“卧虹”“飞虹”，把水上拱桥形容为“长虹卧波”。

石拱桥在世界桥梁史上出现得比较早。这种桥不但形式优美，而且结构坚固，能几十年几百年甚至上千年雄跨在江河之上，在交通方面发挥作用。

我国的石拱桥有悠久的历史。《水经注》里提到的“旅人桥”，大约建成于公元 282 年，可能是有记载的最早的石拱桥了。我国的石拱桥几乎到处都有。这些桥大小不一，形式多样，有许多是惊人的杰作。其中最著名的当推河北省赵县的赵州桥，还有北京丰台区的卢沟桥。

赵州桥横跨在洨河上，是世界著名的古代石拱桥，也是造成后一直使用到现在的最古的石桥。这座桥修建于公元 605 年左右，到现在已经一千三百多年了，还保持着原来的雄姿。到解放的时候，这座古桥又恢复了青春。

赵州桥非常雄伟，全长 50.82 米，两端宽 9.6 米，中部略窄，宽 9 米。桥的设计完全合乎科学原理，施工技术更是巧妙绝伦。唐朝的张嘉贞说它“制造奇特，人不知其所以为”。这座桥的特点是：(一) 全桥只有一个大拱，长达 37.4 米，在当时可算是世界上最长的石拱。桥洞不是普通半圆形，而是像一张弓，因而大拱上面的道路没有陡坡，便于车马上下。(二) 大拱的两肩上，各有两个小拱。这是创造性的设计，不但节约了石料，减轻了桥身的重量，而且在河水暴涨的时候，还可以增加桥洞的过水量，减轻洪水对桥身的冲击。同时，拱上加拱，桥身也更美观。(三)大拱由28道拱圈拼成,就像这么多同样形状的弓合龙在一起,作成了一个弧形的桥洞。每道拱圈都能独立支撑上面的重量,一道坏了,其他各道不致受到影响。(四)全桥结构匀称,和四周景色配合得十分和谐;桥上的石栏石板也雕刻得古朴美观。唐朝的张鷟说,远望这座桥就像"初月出云,长虹引涧"。赵州桥高度的技术水平和不朽的艺术价值,充分显示出了我国劳动人民的智慧和力量。桥的主要设计者李春就是一位杰出的工匠,在桥头的碑文里刻着他的名字。

永定河上的卢沟桥,修建于公元1189到1192年间。桥长265米,由11个半圆形的石拱组成,每个石拱长度不一,自16米到21.6米。桥宽约8米,路面平坦,几乎与河面平行。每两个石拱之间有石砌桥墩,把11个石拱联成一个整体。由于各拱相联,所以这种桥叫做联拱石桥。永定河发水时,来势很猛,以前两岸河堤常被冲毁,但是这座桥却极少出事,足见它的坚固。桥面用石板铺砌,两旁有石栏石柱。每个柱头上都雕刻着不同姿态的狮子。这些石刻狮子,有的母子相抱,有的交头接耳,有的像倾听水声,有的像注视行人,千态万状惟妙惟肖。

早在13世纪,卢沟桥就闻名世界。那时候有个意大利人马可·波罗来过中国,他的游记里,十分推崇这座桥,说它"是世界上独一无二的",并且特别欣赏桥栏柱上刻的狮子,说它们"共同构成美丽的奇观"。在国内,这座桥也是历来为人们所称赞的。它地处入都要道,而且建筑优美,"卢沟晓月"很早就成为北京的胜景之一。

卢沟桥在我国人民反抗帝国主义侵略战争的历史上,也是值得纪念的。1937年7月7日中国军队在此抗击日本帝国主义的侵略,揭开抗日战争的序幕。

为什么我国的石拱桥会有这样光辉的成就呢?首先,在于我国劳动人民的勤劳和智慧。他们制作石料的工艺极其精巧,能把石料切成整块大石碑,又能把石块雕刻成各种形象。在建筑技术上有很多创造,在起重吊装方面更有意想不到的办法。如福建漳州的江东桥,修建于八百年前,有的石梁一块就有二百来吨重,究竟是怎样安装上去的,至今还不完全知道。其次,我国石拱桥的设计有优良传统,建成的桥,用料省,结构巧,强度高。再其次,我国富有建筑用的各种石料,便于就地取材,这也为修造石桥提供了有利条件。

两千年来,我国修建了无数的石拱桥。解放后,全国大规模兴建起各种形式的公路桥和铁路桥,其中就有不少石拱桥。1961年,云南省建成了一座世界最长的独拱石桥,名叫"长虹大桥",石拱长达112.5米。在传统的石拱桥的基础上,我们还造了大量的钢筋混凝土拱桥,其中"双曲拱桥"是我国劳动人民的新创造，我国桥梁事业的飞跃发展，表明了我国劳动人民的勤劳勇敢和卓越才能。

我们非常熟悉的茅以升的说明文《中国石拱桥》，以赵州桥和卢沟桥为例，介绍我国石拱桥的悠久历史和特点，歌颂了我国桥梁建设的成就和劳动人民的伟大智慧和创造精神。在有声语言表达时，不能只是平淡地介绍，将感情色彩处理得过于冷静客观，而要以鼓励大众热爱祖国、献身科学和传递严谨务实的科学精神为表达目的，整体的感情色彩应该是热情介绍、深情赞美的。

四、增强对稿件文字语言的感受力

播音创作是以获得最佳表达效果为目的的，能否直抵人心、能否涤荡灵魂、能否让人获得真善美的感受是检验有声语言表达效果的重要标准。为了提高表达效果，播音创作主体需要增强语言感受力。有的表达者语言鲜活生动、热情洋溢，能够准确、鲜明、生动地传达出稿件的精神实质；有的表达者则语言平淡单调、索然无味，即便稿件本身蕴含了丰富的思想感情，这样的表达形式也无法打动受众。有声语言表现力的强弱、高下，与表达者通过稿件文字内容调动自身思想感情的能力，即语言感受力有着十分重要的关系。

语言感受力来自两方面，首先是对词语意义的理解，其次是对语句的形象感受。

有些词语本身有着不同含义，同一种意义也可以用不同的词语来表示，相似的词语又有意义的细微差别……播音创作主体只有认识词语的多种表意能力，认识词语与词语之间的意义区别，认识不同词语的内涵，才能恰如其分地表达稿件的思想感情，也才能准确地表达不同词语所蕴含的深意。因此，正确理解词语含义是语言表达的基础。

语句的形象感受来自言语者头脑中对具体事物的联想和想象。语言本身是抽象的，然而语言抽象思维过程的起点却是这类事物中单个的、具体的形象，然后经过提炼、归纳，才形成语言。因而在进行表达时，将文字语言还原为有声语言的过程就不能少了具体、生动的形象。通过对具体事物的联想，文字语言的描述在头脑中形成这一事物的形象，即升华为想象，有声语言才能绘声绘色、生动可感，才能直抵人心。

在播音创作过程中，如果头脑中没有产生具体形象，就无法激发语言表达者的强烈愿望，如果没有思想感情作为引导，就无法形成丰富多样的声音样式，有声语言表达就不生动，不能吸引人和感染人。当然，良好的语言感受力也离不开逻辑思维的运用，需要我们在准备稿件和具体表达的过程中，做到抽象分析和具体感受并重。

在分析稿件时，很多人习惯将思想感情的内在依据以文字形式标注在稿件相应位置，提示有声语言表达时的情感走向，取得了较好的表达效果。

例 5.

丑　石

贾平凹

内心依据	原文	分析
哎！（叹气）	我常常遗憾我家门前的那块丑石呢：	"遗憾"心理，之前加"哎！"，表达惋惜。
	它黑黝黝地卧在那里，牛似的模样；	以"而且"相连接，表示递进。
而且	谁也不知道是什么时候留在这里的，谁也不去理会它。	
	于是，伯父家盖房，想以它垒山墙，但苦于它极不规则，没棱角儿，也没平面儿；用錾破开吧，又懒得花那么大气力，因为河滩并不甚远，随便去捎一块回来，哪一块也比它强。房盖起来，压铺台阶，伯父也没有看上它。	用几个排比句描述丑石的无用（真正意图并非如此）。后面加表示转接作用的"可不止这些"，做足悬念，便于下文的对比反差。
可不止这些	它不像汉白玉那样的细腻，可以凿下刻字雕花，也不像大青石那样的光滑，可以供来浣纱捶布；	将丑石与汉白玉和大青石作对比，描写它因丑陋、没用遭鄙视。
所以它的处境更恶劣	它静静地卧在那里，院边的槐荫没有庇覆它，花儿也不再在它身边生长。荒草便繁衍出来，枝蔓上下，慢慢地，竟锈上了绿苔、黑斑。	加上"所以它的处境更恶劣"，表示承接，反映丑石承受的一切。
于是	我们这些做孩子的，也讨厌起它来，曾合伙要搬走它，但力气又不足；虽时时咒骂它，嫌弃它，也无可奈何，只好任它留在那里了。	孩子们也受到大人们观念的影响，用"于是"引出认同感。
还好	稍稍能安慰我们的，是在那石上有一个不大不小的坑凹儿，雨天就盛满了水。常常雨过三天了，地上已经干燥，那石凹里水还有，鸡便去那里渴饮。	小转折，孩子们毕竟是讲实际的，好玩的地方就有吸引力。"还好"表示一种偷偷的背叛大人意愿的兴奋。

《丑石》朗读：顾瑞雪

续表

内心依据	原文	分析
期待着	每每到了十五的夜晚，我们盼着满月出来，就爬到其上，翘望天边；	情绪上升的小高潮，用“期待着”承接。
可是	奶奶总是要骂的，害怕我们摔下来。	转折，“可是”体现祖孙之间的代沟。
不幸！	果然那一次就摔了下来，磕破了我的膝盖呢。	用“不幸！”体现几分惊恐。
哎！	人都骂它是丑石，它真是丑得不能再丑的丑石了。	总结，极言丑石之丑。用“哎！”表示无奈，与开头呼应，令人回味。
没想到的是	终有一日，村子里来了一个天文学家。他在我家门前路过，突然发现了这块石头，眼光立即就拉直了。	出现转机，丑石的真正价值慢慢显露，“没想到的是”表示转折。
于是	他再没有走去，就住了下来；以后又来了好些人，说这是一块陨石，从天上落下来已经有二三百年了，是一件了不起的东西。不久便来了车，小心翼翼地将它运走了。	揭开谜底，用“于是”，体现长舒一口气的感觉。
究竟是怎么回事呢？太不可思议了！	这使我们都很惊奇！这又怪又丑的石头，原来是天上的呢！它补过天，在天上发过热，闪过光，我们的先祖或许仰望过它，它给了他们光明、向往、憧憬；而它落下来了，在污土里，荒草里，一躺就是几百年了?!	探究事情真相。用“究竟是怎么回事”体现诧异，令人兴奋，引人入胜。 这曲折的经历也令人感慨：“太不可思议了”。
可是	奶奶说：“真看不出！它那么不一般，却怎么连墙也垒不成，台阶也垒不成呢?” “它是太丑了。”天文学家说。 “真的，是太丑了。” “可这正是它的美，”天文学家说，“它是以丑为美的。”	转折，以“可是”引出真相大白后的反思，为中心思想的提出做好铺垫。

续表

内心依据	原文	分析
是啊！	“以丑为美？” “是的，丑到极处，便是美到极处。正因为它不是一般的顽石，当然不能去做墙，做台阶，不能去雕刻，捶布。它不是做这些玩意儿的，所以常常就遭到一般世俗的讥讽。” 奶奶脸红了，我也脸红了。	对主题的升华，指出美的真谛，深化主题，耐人寻味，发人深省。
我不应该误解	我感到自己的可耻，也感到了丑石的伟大；我甚至怨恨它这么多年竟会默默地忍受着这一切，而我又立即深深地感到它那种不屈于误解、寂寞的生存的伟大。	回味似的追述，使主题得到进一步升华。

第二节　有声语言表达的外在形式

没有无形式的内容，也没有无内容的形式。一般说来，艺术内容决定艺术形式，艺术形式表现艺术内容，并随着艺术内容的发展而发展。但艺术形式也有相对的独立性，可以反作用于艺术内容，它既可以有助于艺术内容的完美展示，也可以阻碍艺术内容的充分表现，影响艺术内容社会功用的有效发挥。可见，有声语言表达的外在形式是完成好稿件内容传达的重要途径。

在传统播音创作基础理论中，语言表达形式是表现思想感情的核心手段，即运用声音的表现形式达到传情达意的目的。这一目的的实现，必须依靠恰如其分、丰富多彩的外在声音形式，表现为声音、气息、语流和口腔状态等变化。

有声语言的表达，不以音节、字词为单位，也不以词组为单位，而是以具体的语句为单位。在有声语言表达中，要避免见字生情，避免囿于单个的字词而影响整个语句内容和感情的表达；也不可逾越语句，直接以段落、层次、全篇稿件为单位，忽略语句之间的具体差别，导致有声语言表达粗放、笼统，形成固定的语势。只有以语句为单位，把握好单个字词的地位和作用，才能在全篇稿件的有声语言表达中体现每个语句之间的变化，防止陷入枝节散乱或空泛笼统的泥淖。这也就是传统播音创作基础理论中“语气”的概念和含义——具体思想感情支配下具体语句的声音表现形式。

一、声音形式的把握

准确的声音形式的把握,要在语句内在含义的统摄下,利用音高、音强、音长、音色的多种变化,利用吐字归音的不同位置和力度,利用气息强弱、虚实、深浅、急缓等状态的有效控制,利用口腔的松紧、开闭、前后等活动的调整,最终形成可以恰切体现感情色彩的有声语言表达形式。

有些播音员主持人在播读稿件时,尽管感情投入、状态积极,但声音表现形式单调呆板,缺乏变化,没有色彩,使人感到平淡、枯燥、乏味,其主要原因是对稿件思想感情的体会比较笼统,导致运用声音形式比较随意,不够细致。有时在稿件中的某些部分或者某个语句上似乎寻找到了一点具体感受,但却没有随着故事的推进、事态的发展、人物的变化而变化,没能通过具体语句的声音形式变化把握住全篇稿件感情色彩的变化轨迹。

在准备稿件时要充分注意语句所蕴含的、独有的、差异细微的思想感情,理清其流动的脉络,体察由"这个语句"所激起的特定的"浪花"和"波澜"。

大家耳熟能详的《春夜喜雨》是杜甫名作。杜甫因陕西旱灾来到四川,定居成都两年。他亲自耕作,种菜养花,与农民交往,对春雨感情很深。这首诗描写春夜降雨、润泽万物的美景,抒发了诗人的喜悦之情。全诗诗意连贯,但每句的具体意思和表达的思想感情都是变化的,因而每句话的声音形式也是变化的。

例 6.

春夜喜雨

杜　甫

原文	诗意	声音形式
好雨知时节,当春乃发生。	好雨知道下雨的节气,正是在植物萌发生长的时候。	喜悦舒畅的感慨,声音柔和圆润。
随风潜入夜,润物细无声。	随着春风在夜里悄悄地落下,悄然无声地滋润着大地万物。	悉心享受的惬意,声音后移细腻。
野径云俱黑,江船火独明。	夜景:雨夜中野外黑茫茫,只有江船上的灯火格外明亮。	细心清醒的观察,声音从压抑到明亮。

续表

原文	诗意	声音形式
晓看红湿处，花重锦官城。	晨景：晨曦中看到带着雨水的娇艳花朵，整个锦官城变成了繁花盛开的世界。	饱满浓郁的感慨，声音高昂舒展。

在具体思想感情（内在依据）的指引下，每句诗的声音形式都产生了细腻的变化，都传达出诗人掩抑不住的喜悦心情。

二、气息状态的控制

恰当、灵活的气息运用与稿件有声语言表达外在形式之间有着非常紧密的联系。

呼吸在发声过程中提供动力，气息状态控制的好坏，直接影响发音和用声的状态，因此人们常用“气乃声之本”来概括气息与声音的关系。归纳起来，播音创作主体应当在气息控制方面具有如下能力：吸气深——气息量较大，要求有较大的肺活量；呼气匀——呼气稳定，持续时间长；运用活——能够在有声语言表达中灵活运用不同的呼吸方式。

思想感情的流动带来气息的变化，而气息的运动又带来声音形式的变化。气息在思想情感和声音形式之间充当了不可或缺的桥梁，气息量的多少、气息控制的深浅、气息状态的急缓、气息的虚实等，决定着有声语言声音形式的变化。

仍以杜甫的《春夜喜雨》为例，在思想感情（内在依据）的指引下，每个诗句的气息状态也在发生着变化。

原文	气息状态
好雨知时节，当春乃发生。	气息浓厚饱满，体现欣喜舒畅之情。
随风潜入夜，润物细无声。	气息控制呈收势，有屏息细品的味道。
野径云俱黑，江船火独明。	气息从深沉到通畅，体现沉静、宽阔、厚重。
晓看红湿处，花重锦官城。	气息浓厚饱满，体现清新、自然、轻快。

气息状态的变化是与声音形式本身变化并存的有声语言外在形式变化的重要组成部分。有声语言表达中对于气息控制的要求也受稿件类型的影响。在新闻稿件中，语句结构较为复杂，句子往往较长。这就要求播音创作主体应有较强的呼吸能力，具备较大的气息量和较长的呼吸周期，用以支持连贯的发音。另

外,新闻稿件的有声语言表达吐字工整,声音起伏不大,这也要求呼吸状态要保持相对的稳定。

除了播报新闻消息,播音创作主体还可能参与许多更接近生活的节目,如采用接近口语的讲述方式播出富于感情的通讯,采用论述方式播出逻辑性较强的评述类稿件,采用交流感较强的谈话方式主持访谈、娱乐节目。在这类节目中,语言的感情变化常常很丰富,有声语言表达方式也较为自然。因而,播音创作主体必须具备灵活多变的气息控制能力,以适应不同节目、稿件的要求。

三、语流升降的走向

语流走向,就是有声语言的发展趋向,也是有声语言表达外在形式的组成部分。在播音创作基础理论中将有声语言的语流走向概略地归纳为五种基本形态:波峰类、波谷类、上山类、下山类、半起类。另外平直类和曲折类也是语流走向中的常见类型。

波峰类:语句的开头、结尾较低,中间较高。

波谷类:语句的开头、结尾较高,中间较低。

上山类:语句的开头较低,而后逐渐升高,直至结尾。

下山类:语句的开头较高,而后逐渐走低,直至结尾。

半起类:语句的开头较低,中间顺势而上,结尾气提声止。

平直类:语句的开头、结尾、中间在相对同一音高,变化较少。

曲折类:语句的整体走向不稳定,形成颤抖或浮动的曲线变化。

应该指出的是,语流走向适应着思想感情的运动状态,它并不是固定的、可以随处套用的,其变化建立在语句中各要素的主次关系上,建立在语句的感情色彩和分量上。

还是以杜甫的《春夜喜雨》为例,每个诗句在思想感情(内在依据)的指引下,语流走向具有不同的变化趋势。

原文	语流走向
好雨知时节,当春乃发生。	语势持续上扬,体现心胸开阔的情绪。
随风潜入夜,润物细无声。	语势平稳平静,体现悉心细品的感觉。
野径云俱黑,江船火独明。	从厚重到开阔的语势变化,体现静中见动的心理变化。
晓看红湿处,花重锦官城。	语势清新轻快,体现轻松的心情。

语流走向是有声语言外在形式的重要标志,主导了有声语言变化的发

展趋向，体现了思想感情的变化。将感情色彩和声音形式有机地结合起来，运用恰当的表达技巧展现内心的真实感受，可以使有声语言富有表现力和感染力。

在有声语言表达的具体实践中，要在表达目的的统率下，在具体的语言表达环境中确定语句的语流走向。有声语言的表达不能一味“高、平、空”，也不能单纯“低、虚、轻”，平直的发展趋向、单一的语言技巧，会导致语言呆板、单调，其根本原因是思想感情没有统领声音表现形式，是语言基本功不扎实的表现。因此，播音创作主体应加强基本功训练，避免语言与思维脱节，灵活恰当地控制语流的变化，准确运用各种声音外在表现形式。

四、口腔状态的控制

控制口腔状态是语言基本功的重要一项。口腔是播音中最主要的共鸣器，声音的大小、强弱、急徐、虚实主要依靠口腔的开合（口腔共鸣）来实现。比如，在表达愤怒语气时，口腔开度会比较大、口腔内壁会比较坚硬，让声音在口腔中充分共鸣，形成较强、较粗、较硬的感觉；又如，在表达哀伤语气时，口腔开度会比较小、口腔内壁会比较柔软，形成较弱、较小、较柔的感觉。可见，不同的口腔控制程度会产生不同的声音形式、实现不同的表达效果。

还是以《春夜喜雨》为例，在具体思想感情（内在依据）的指引下，表达者的口腔状态也呈现出不同的变化。

原文	口腔状态
好雨知时节，当春乃发生。	喜悦的感慨。口腔宽松，体现饱满愉快的情绪。
随风潜入夜，润物细无声。	享受的惬意。口腔略窄，体现屏息细品的情绪。
野径云俱黑，江船火独明。	沉静的观察。口腔由负重到窄圆，体现稳重之感。
晓看红湿处，花重锦官城。	欣喜的发现。口腔宽大，体现轻松之情。

第三节　有声语言表达外在形式与内在依据的对应关系

有声语言表达是播音创作主体内在素质和言语能力的综合体现。在有声语言表达中，内在依据和外在形式相互依存、相互融合。

要完成有声语言的表达，就要处理好两个方面的关系，一是外在形式间的依存关系,一是内在依据和外在形式的表里关系。

一、有声语言外在形式间的依存关系

有声语言外在形式包括(但不限于)声音形式、气息状态、语流走向、口腔状态等诸多因素,它们之间是互为依托、相互联系、相生相伴的共同体,既不能单独使用一种形式独打天下,也不会各自发挥作用互不相干,更不应互相掣肘相互抵消。它们拥有共同的内在依据,配合则共同发挥作用,使表达完美和谐;分离则表达不完整、不到位,如果向不同方向拧着使劲,则会南辕北辙,相互抵消,根本谈不上表达效果。

例 7.

春(节选)

朱自清

原文	语流走向
小草偷偷地从土里钻出来,嫩嫩的,绿绿的。	表达出惊喜的感情。“半起类”:句头稍低,气息量较小,音量不大,口腔开度也较小,中间稍高而又有曲折,句尾语调不要落下来。
园子里,田野里,瞧去,一大片一大片满是的。	欣喜而欢快。“上山类”:气息逐渐饱满,音量逐渐加大,语势持续上扬。
坐着,躺着,打两个滚儿,踢几脚球,赛几趟跑,捉几回迷藏。	轻快动感。“上山类”:开头轻轻地说出,然后逐渐走高,盘旋而上。
风轻悄悄的,草软绵绵的。	享受春天的美好。稳稳地、缓缓地说出,气息平稳,口腔宽圆,语流走向属“下山类”。

《春》的这一部分,既描绘了植物生长的形态、颜色、情状,又描写了人物活动的状态、场景,感情丰富饱满,为声音形式、气息状态、语流走向和口腔状态的变化提供了细腻的内在依据。

总之,有声语言外在形式的诸要素必须综合运用、协调配合,以实现内在依据的统一。

二、外在形式和内在依据的表里关系

语句内在的感情色彩及其分量是外在的有声语言表现形式的依据。

播音创作主体在表达过程中，要通过上下文、前后句的语境来准确把握不断变动的感情色彩及其分量。同时，还要注意学习日常生活中人们表达态度和思想的方式，不断充实自己的有声语言储备库。

稿件内在的感情色彩及其分量是播讲目的，表明文章总体的思想情感。而播讲目的是靠声音形式来体现的，声音形式是语句内容的外在表现。播音创作主体要善于利用稿件内在的感情色彩及其分量去强化语句重点，强化语句衔接和转化部分的整体关联。通过对内在的感情色彩及其分量的开掘，将稿件、文字未能表露或者不便表露的语句本质和语句目的，以及语句间的脉络关系转化为自己的内心依据，用内在的思想情感指引外在声音形式的变化。

三、内在依据与外在形式诸因素的对应

为了直观地展现语句内在的感情色彩及其分量（内在依据）与声音形式（外在形式）各个因素之间的相互关系，体会二者之间的作用与反作用，下表展示了同一语句在赋予不同感情色彩后所呈现的声音表现形式的变化：

感情色彩及其分量	语句	声音表现形式			
		气息状态	声音形式	口腔状态	语势走向
由衷赞扬	你这个人真好！	气徐	声柔	口腔宽松	波峰
憎恨厌恶		气足	声硬	口腔窄扁	上山（句尾拉长）
悲伤痛苦		气沉	声缓	口腔负重	下山（句尾曲折）
讥讽嘲弄		气浮	声跳	口腔前位	曲折
热情欢喜		气满	声高	口腔宽大	波谷
害怕恐惧		气提	声凝	口腔窄圆	半起
紧张着急		气短	声粗	口腔窄小	半起

需要指出的是，思想感情的表现形式是开放的、变化的，在有声语言表达中，要结合自身的表达特点灵活运用，同时还要考虑到不同受众的需求，努力发挥主观能动性，将稿件的思想感情以精准的外在形式恰如其分地表达出来。

第四节　例稿解析和练习材料

一、例稿解析

例 8.

当 你 老 了

威廉·巴特勒·叶芝作　冰心译

当你老了，头发花白，睡意沉沉，
倦坐在炉边，取下这本书来，
慢慢读着，追梦当年的眼神，
那柔美的神采与深幽的晕影。
多少人爱过你青春的片影，
爱过你的美貌，以虚伪或是真情，
唯独一人爱你那朝圣者的心，
爱你哀戚的脸上岁月的留痕。
在炉栅边，你弯下了腰，
低语着，带着浅浅的伤感，
爱情是怎样逝去，又怎样步上群山，
怎样在繁星之间藏住了脸。

这是叶芝于 1893 年创作的一首诗歌，是叶芝献给女友毛特·冈妮热烈而真挚的爱情诗篇。诗人采用了多种艺术表现手法，如假设想象、对比反衬、意象强调、象征升华等，再现了诗人对女友忠贞不渝的爱恋之情，揭示了现实中的爱情和理想中的爱情之间不可弥合的距离。在表达时，要注意体会其情感的流动、语气的变化。

诗歌前部的“炉边”场景，可以用较松弛的口腔状态和缓慢的语速，以突出“炉边”睡意沉沉的温馨感；诗歌中部的表白，可以用稍急促的气息和坚定的声音，对比其他仰慕者和“我”的区别；诗歌的后部，可以用稳健的气息和缓慢的语速，表现出“我”对“你”的忠贞。

例 9.

北京大学简介

北京大学简称“北大”，诞生于 1898 年，初名京师大学堂，是中国近代第一所国立大学，也是第一个以“大学”之名创办的学校，其成立标志着中国近代高等教育的开端。北大是中国近代以来唯一以国家最高学府身份创立的学校，最初也是国家最高教育行政机关，行使教育部职能，统管全国教育。北大催生了中国最早的现代学制，开创了中国最早的文科、理科、社科、农科、医科等大学学科，是近代以来中国高等教育的奠基者。

1912 年 5 月 3 日，京师大学堂改称北京大学校，严复为首任校长。1916 年，蔡元培出任校长，“循思想自由原则、取兼容并包之义”，把北大办成全国的学术和思想中心，使北大成为新文化运动的中心、五四运动的策源地。1937 年抗日战争爆发，北京大学与清华大学、南开大学南迁长沙，组成国立长沙临时大学。不久迁往昆明，改称国立西南联合大学。1946 年 10 月在北平复学。1952 年院系调整，校园从内城沙滩红楼迁至西北郊燕园。

北京大学由教育部直属，系中国“211 工程”“985 工程”“2011 计划”建设的全国重点大学，是九校联盟（C9）及中国大学校长联谊会、东亚研究型大学协会、国际研究型大学联盟、环太平洋大学联盟、东亚四大学论坛、国际公立大学论坛重要成员。

作为中国最高学府，北京大学始终与国家民族的命运紧密相连，聚集了许多学者专家，培养了众多优秀人才，创造了大批重大科学成果，影响和推动了中国近现代思想理论、科学技术、文化教育和社会发展的进程。

（北京大学官方网站）

这是一篇北京大学的解说词，一、二段交代了北大的概况和发展历史，三、四段交代了北大现今取得的巨大成就。在表达时，就要注意区分前后部分的口腔控制力度，前半部分口腔开度可以适当小一些、口腔肌肉适当放松一些，用以表现北京大学历史的曲折和厚重；后半部分口腔开度可以适当大一些、口腔肌肉适当紧张一些，用以表现北京大学现今的卓越和辉煌。

例 10.

多余的一句话

我有一个重大的发现，就是当人们发生冲突的时候，其根本原因并不在于各自都说了些什么。原因是什么呢？我发现是大家在说完想要说的话之后说的最后的那句话。没有这句话，大家其实都是在很友好地交流，而一旦加上了这句话，交谈就变成了吵嘴，并且会愈演愈烈，最终局面无法收拾。问题在于，这句话的内容往往和大家要说的事情毫不相干，所以，我把它称为“多余的最后一句话”。

举个例子吧。

我那天坐公共汽车去办事，车上人不多，但也没有空位子，有几个人还站着吊在拉手上晃来晃去。

一个年轻人，干干瘦瘦的，戴个眼镜，身旁有几个大包，一看就是刚从外地来的。他靠在售票员旁边，手拿着一个地图在认真研究着，眼中不时露出茫然的神情，估计是有点儿迷路了。

他犹豫了半天，很不好意思地问售票员："去颐和园应该在哪儿下车啊？"售票员是个短头发的小姑娘，正剔着指甲缝呢。她抬头看了一眼外地小伙子说："你坐错方向了，应该到对面往回坐。"

要说这些话也没什么错了，大不了小伙子下站下车到马路对面坐回去吧，但是售票员可没说完，她说了那多余的最后一句话："拿着地图都看不明白，还看个什么劲儿啊！"售票员姑娘眼皮都不抬地说。

外地小伙儿可是个有涵养的人，他嘿嘿笑了一笑，把地图收起来，准备下一站下车换车去。旁边有个大爷可听不下去了，他对外地小伙子说："你不用往回坐，再往前坐四站换 904 也能到。"

要是他说到这儿也就完了，那还真不错，既帮助了别人，也挽回北京人的形象。可大爷哪儿能就这么打住呢，他一定要把那多余的最后一句话说完："现在的年轻人哪，没一个有教养的！"

我心想，大爷这话真是多余，车上年轻人好多呢，打击面太大了吧！可不，站在大爷旁边的一位小姐就忍不住了。"大爷，不能说年轻人都没教养吧，没教养的毕竟是少数嘛，您这么一说我们都成什么了！"这位小姐穿得挺时髦，两根细带子吊个小背心，脸上化着鲜艳的浓妆，头发染成火红色。可您瞧人这话，不像没教养的人吧，跟大爷还"您"啊"您"的。可谁叫她也忍不住非要说那多余的最后一句话呢！

"就像您这样上了年纪看着挺慈祥的，一肚子坏水儿的可多了呢！"

没有人出来批评一下时髦的小姐是不正常的。

可不，一个中年的大姐说了："你这个女孩子怎么能这么跟老人讲话呢，要有点儿礼貌嘛，你对你父母也这么说话吗？"

您瞧大姐批评得多好！把女孩子爹妈一抬出来，女孩子立刻就不吭声了。

要说这事儿就这么结了也就算了，大家说到这儿也就完了，大家该干嘛干嘛去。可不要忘了，大姐的"多余的最后一句话"还没说呢。"瞧你那样，估计你父母也管不了你。打扮得跟妖精似的！"

后面的事大家就可想而知了，简单地说，出人命的可能都有。这么吵着闹着，车可就到站了。

车门一开，售票员小姑娘说："都别吵了，该下车的赶快下车吧，别把自己正事儿给耽误了。"当然，她没忘了把最后一句多余的话给说出来："要吵统统都给我下车吵去,不下去我车可不走了啊！烦不烦啊！"

烦不烦？烦！不仅她烦,所有乘客都烦了！整个车厢这可叫炸了窝了,骂售票员的,骂外地小伙子的,骂时髦小姐的,骂中年大姐的,骂天气的,骂自个儿孩子的,真是人声鼎沸,甭提多热闹了！

那个外地小伙子一直没有说话,估计他实在受不了了,他大叫一声:"大家都别吵了！都是我的错,我自个儿没看好地图,让大家跟着都生一肚子气！大家就算给我面子,都别吵了行吗?"

听到他这么说,当然车上的人都不好意思再吵,声音很快平息下来,少数人轻声嘀咕了两句也就不说话了。但你们不要忘了,外地小伙子的"多余的最后一句"还没说呢。

"早知道北京人都是这么一群不讲理的王八蛋,我还不如不来呢!"

想知道事情最后的结果吗?

我那天的事情没有办成,我先到派出所录了口供,然后到医院外科把头上的伤给处理了一下,我头上的伤是在混战中被售票员小姑娘用票匣子给砸的。你们可别认为我参与了他们打架,我是去劝架来着。我呼吁他们都冷静一点儿,有话好好说,有没什么大事儿,没什么必要非打个头破血流。

我多余的最后一句话是这么说的:"不就是售票员说话不得体吗？你们就当她是个傻蛋,和她计较什么!"

这篇稿件从人们日常说话不经意入手,描写了一个有趣的故事,语言简练诙谐、内涵却丰富深刻。文章夹叙夹议,在表达时,叙述部分要绘声绘色,把各色人物的性格充分描摹出来,在议论部分要重点阐释,把其中的观点和意图传达出来。其中对话中的承接和转折关系是声音、气息、语流和口腔等外在表达形式变化的依据。

要注意的是,在表达各色人物的对话时,单一使用某一种技巧会使表达显得虚假和刻意,应当综合运用多种有声语言表达技巧,才能使人物语言既生动可感又恰当贴切。

例 11.

市声拾趣

张恨水

我也走过不少的南北码头,所听到的小贩吆唤声,没有任何一地能赛过北平的。北平小贩的吆唤声,复杂而谐和,无论其是昼是夜,是寒是暑,都能给予听者一种深刻的印象。虽然这里面有部分是极简单的,如"羊头肉""肥卤鸡"之类。可是他们能在声调上,助字句之不足。至于字句多的,那一份优美,就举不胜举,有的简直是一首歌谣。例如夏天卖冰酪的，他在胡同的绿槐荫下，歇着红木漆的担子，手扶了扁担，吆唤着道："冰激凌，雪花酪，桂花糖，搁的多，又甜又凉又解渴。"这就让人听着感到趣味了。又像秋冬卖大花生的，他喊着："落花生，香来个脆啦，芝麻酱的味儿啦。"这就含有一种幽默感了。

也许是我们有点主观，我们在北平住久了的人，总觉得北平小贩的吆唤声很能和环境适合，情调非常之美。如现在是冬天，当早上的时候，黄黄的太阳，穿过院树落叶的枯条，晒在人家的粉墙上，胡同的犄角儿上，兀自堆着大大小小的残雪。这里很少行人，两三个小学生背着书包上学，于是有辆平头车子，推着一个木火桶，上面烤了大大小小二三十个白薯，歇在胡同中间。小贩穿了件老羊毛背心儿，腰上来了条板带，两手插在背心里，喷着两条如云的白气，站在车把里叫道："噢……热啦……烤白薯啦……又甜又粉，栗子味。"当你早上在大门外一站，感到又冷又饿的时候，你就会因这种引诱，要买他几大枚白薯吃。

在北平住家稍久的人，都有这么一种感觉，卖硬面饽饽的人极为可怜，因为他总是在深夜里出来的。当那万籁俱寂、漫天风雪的时候，屋子外的寒气，像尖刀那般割人。这位小贩，却在胡同遥远的深处，发出那漫长的声音："硬面……饽饽哟……"我们在暖温的屋子里，听了这声音，觉得既凄凉，又惨厉，像深夜钟声那样动人，你不能不对穷苦者给予一个充分的同情。

其实，市声的大部分，都是给人一种喜悦的，不然，它也就不能吸引人了。例如：炎夏日子，卖甜瓜的，他这样一串的吆唤着："哦！吃啦甜来一个脆，又香又凉冰激凌的味儿。吃啦，嫩藕似的苹果青脆甜瓜啦！"在碧槐高处一蝉吟的当儿，这吆唤是够刺激人的。因此，市声刺激，北平人是有着趣味的存在，小孩子就喜欢学，甚至借此凑出许多趣话。例如卖馄饨的，他吆喝着第一句是"馄饨开锅"，声音洪亮，极像大花脸喝倒板，于是他们就用纯土音编了一篇戏词来唱："馄饨开锅……自己称面自己和，自己剁馅自己包，虾米香菜又白饶。吆唤了半天，一个子儿没卖着，没留神饶去了我两把勺。"因此，也可以想到北平人对于小贩吆唤声的趣味之浓了。

该篇文章，以常见的叫卖吆喝声为观察对象，用简练活泼的语言详细描绘了各种市井声音和作者独特的体悟。在有声表达时，要注意不同的场景、不同的吆喝、不同的体悟所带来的各种变化，并通过恰当的表达技巧体现出来。

值得一提的是，在表达各种市井声音时，我们不可能也没必要把声音完美"还原"出来，抓住不同声音特点并结合自身的声音条件，对各种声音进行大致"描摹"，做到"神似"即可。

二、练习材料

例 12.

全国人大常委会举行宪法宣誓仪式

十三届全国人大常委会 21 日上午在人民大会堂举行宪法宣誓仪式。全国人大常委会委员长栗战书主持并监誓。

刚刚闭幕的十三届全国人大常委会第一次会议任命了全国人大常委会副秘书长、预算工作委员会主任、第四任香港特别行政区基本法委员会主任和第四任澳门特别行政区基本法委员会主任。根据全国人大常委会关于实行宪法宣誓制度的决定,上述人员依法进行宪法宣誓。

上午 11 时许,栗战书宣布宪法宣誓仪式开始。全体起立,同唱中华人民共和国国歌。领誓人、新任命的全国人大常委会副秘书长信春鹰手抚宪法,领诵誓词。新任命的全国人大常委会副秘书长韩晓武、郭雷、古小玉、郭振华、柯良栋、何新,预算工作委员会主任史耀斌,香港基本法委员会主任、澳门基本法委员会主任沈春耀跟诵誓词。

全国人大机关有关负责同志参加了宣誓活动。

(《人民日报》2018 年 3 月 22 日)

例 13.

精准扶贫不落一户

在西藏昌都市卡若区达修村的山顶上,住着 68 户农牧民。2016 年底,天津实施的精准扶贫新农村建设项目——达修天津新村建成,山上的藏民陆续搬入新居。不过,有一户一直没搬下来。这是怎么回事呢?

八达雪山的山腰上,是多多家的木屋。这半年来,同村 67 户人家都搬走了,只有他和姐姐西噶,一直留在这儿。

达修村的海拔将近 4 000 米,一年中有半年时间日最低气温都在零度以下,关节病是当地人的常见病。而且别看都是一个村,68 户村民居得分散,多多家的邻居,最近的一户离他家步行也要走二十多分钟。这里没有公路、没有自来水,也没有通信信号。

山下的达修天津新村,就是天津精准扶贫新农村建设项目。不花一分钱,就能搬家入住,而且海拔比老屋低了四五百米,姐姐西噶的关节会舒服些。但对多多来说,他就从没想过要搬下来。

像多多这样的藏民,祖祖辈辈"逐水草而居",搬走了,牛怎么办。为了打消他们的顾虑，天津援藏指挥部定下政策：山上的老屋不拆！牛棚不拆！搬迁的藏民依然可以上山放牧。这样，多多的15头牦牛就不用卖掉，他开始和姐姐商量搬家的事了。

多多姐弟俩是因病致贫，搬下去如何灵活就业？这几天，村干部又带着多多来到卡若区的果树种植基地，干了一天活。

卡若区的异地搬迁安置点，规划在了昌都经济开发区的旁边，村民走路十几分钟就能来上班。这处水果种植基地，是天津静海的农业科技企业刚刚筹建的。贫困户除了得到固定的分红收入，在这里干活每天还能拿到150元到170元的工资。

天津人好，达修新村好！看到了未来的美好，多多一家，终于决定从雪山上搬下来！

一张藏床，一套桌椅，天津援藏干部还筹集了捐款，为多多家置办下了家具，这一天，山上的68户藏民终于全部实现了异地搬迁。

不让一家一户过不去，天津把援藏资金更多向基层倾斜、向农牧民倾斜、向贫困人口倾斜。80%以上资金用于县级以下基层建设，80%以上资金用于改善民生项目建设。

（天津广播电视台2018年6月15日）

《野草》题辞
朗诵：贾宁

例14.

《野草》题辞

鲁　迅

当我沉默着的时候，我觉得充实；我将开口，同时感到空虚。

过去的生命已经死亡。我对于这死亡有大欢喜，因为我借此知道它曾经存活。死亡的生命已经朽腐。我对于这朽腐有大欢喜，因为我借此知道它还非空虚。

生命的泥委弃在地面上，不生乔木，只生野草，这是我的罪过。

野草，根本不深，花叶不美，然而吸取露，吸取水，吸取陈死人的血和肉，各各夺取它的生存。当生存时，还是将遭践踏，将遭删刈，直至于死亡而朽腐。

但我坦然，欣然。我将大笑，我将歌唱。

我自爱我的野草，但我憎恶这以野草作装饰的地面。

地火在地下运行，奔突；熔岩一旦喷出，将烧尽一切野草，以及乔木，于是并且无可朽腐。

但我坦然，欣然。我将大笑，我将歌唱。

天地有如此静穆，我不能大笑而且歌唱。天地即不如此静穆，我或者也将不能。我以这一丛野草，在明与暗，生与死，过去与未来之际，献于友与仇，人与兽，爱者与不爱者之前作证。

为我自己，为友与仇，人与兽，爱者与不爱者，我希望这野草的死亡与朽腐，火速到来。要不然，我先就未曾生存，这实在比死亡与朽腐更其不幸。

去罢，野草，连着我的题辞！

例 15.

北平年景

梁实秋

过年须要在家乡里才有味道，羁旅凄凉，到了年下只有长吁短叹的份儿，还能有半点欢乐的心情？而所谓家，至少要有老小二代，若是上无双亲，下无儿女，只剩下伉俪一对，大眼瞪小眼，相敬如宾，还能制造什么过年的气氛？北平远在天边，徒萦梦想，童时过年风景，尚可回忆一二。

祭灶过后，年关在你迩。家家忙着把锡香炉，锡蜡签，锡果盘，锡茶托，从蛛网尘封的箱子里取出来，作一年一度的大擦洗。宫灯，纱灯，牛角灯，一齐出笼。年货也是要及早备办的，这包括厨房里用的干货，拜神祭祖用的苹果干果等等。

主妇当然更有额外负担，要给大家制备新衣新鞋新袜，尽管是布鞋布袜布大衫，总要上下一新。祭祖先是过年的高潮之一。祖先的影像悬挂在厅堂之上，都是七老八十的，有的撇嘴微笑，有的金刚怒目，在香烟缭绕之中，享用蒸祼，这时节孝子贤孙叩头如捣蒜，其实亦不知所为何来，慎终追远的意思不能说没有，不过大家忙的是上供，拈香，点烛，磕头，紧接着是撤供，围着吃年夜饭，来不及慎终追远。

吃是过年的主要节目。年菜是标准化了的，家家一律。人口旺的人家要进全猪，连下水带猪头，分别处理下咽。一锅炖肉，加上蘑菇是一碗，加上粉丝又是一碗，加上山药又是一碗，大盆的芥末墩儿，鱼冻儿，肉皮辣酱，成缸的大腌白菜，芥菜疙瘩，——管够，初一不动刀，初五以前不开市，年菜非囤集不可，结果是年菜等于剩菜，吃倒了胃口而后已。

“好吃不过饺子，舒服不过倒着”，这是乡下人说的话，北平人称饺子为“煮饽饽”。城里人也把煮饽饽当做好东西，除了除夕宵夜不可少的一顿之外，从初一至少到初三，顿顿煮饽饽，直把人吃得头昏脑涨。除夕宵夜的那一顿，还有考究，其中一只要放进一块银币，谁吃到那一只主交好运。家里有老祖母的，年年是她老人家幸运的一口咬到。谁都知道其中作了手脚，谁都心里有数。

孩子们须要循规蹈矩，否则便成了野孩子，唯有到了过年时节可以沐恩解禁，任意的作孩子状。除夕之夜，院里洒满了芝麻秸儿，孩子们践踏得咯吱咯吱响,是为"踩岁"。闹得精疲力竭,睡前给大人请安,是为"辞岁"。大人摸出点什么作为赏赍,是为"压岁"。

新年狂欢拖到十五。但是我记得有一年提前结束了几天,那便是"民国元年",阴历的正月十二日,在普天同庆声中,袁世凯嗾使北军第三镇曹锟驻禄米仓部队哗变掠劫平津商民两天。这开国后第一个惊人的年景使我到如今不能忘怀。

(《雅舍小品续集》,有删改)

第九章　播音创作的起伏变化

不同艺术的美都需要借助有规律的起伏变化来体现和表达。音乐中的旋律回环、书法中的布局铺陈、绘画中的色彩明暗、文学中的起承转合……这些艺术形式通过高低、快慢、动静、强弱、虚实等对比，形成了有规律的起伏变化。我们把运用反复、对应等形式把各种变化因素加以组织，最后形成的前后连贯的有序整体称作节奏。节奏变化是艺术美的灵魂，是艺术作品的重要表现手段。

在播音创作中，需要通过各种声音形式的对比，形成抑扬顿挫、错落有致、轻重缓急的回环往复。这种形式的集合，就是播音创作的有规律的起伏变化，也是我们常说的播音节奏。

第一节　起伏变化是播音创作表达规律的总体体现

播音创作的节奏以全篇稿件的内容为基础，并由全篇稿件总的思想感情所支配，是利用声音的高低、快慢、动静、强弱、实虚、明暗、放收、刚柔等形式的对比，产生有声语言规律的、丰富的、回环往复的变化，增强语言表达的美感，使受众在获得信息的同时得到美的享受。只有把握好有声语言规律性的起伏变化，准确地利用各种表达手段，才能把受众带入到语言表达的节奏当中，激发其收听兴趣并改善收听效果。

对于播音创作主体来说，日常所接触的稿件不一定都是熟悉的领域、熟悉的内容、熟悉的体裁，短暂的备稿时间和有声语言表达的准确性之间存在着矛盾。这就要求播音创作主体必须在有限的时间内快速理解稿件，围绕着稿件的创作意图、思想感情等，整体把握全篇稿件语言表达的起伏变化，进而借助声音的起伏变化实现表情达意的目的。

一、以起伏变化体现稿件的目的意图

任何一篇稿件，总要传达一定的信息，表达一定的观点，实现一定的目的。要想更好地实现这些功能和作用，就得明确稿件的宣传目的和总体意图。赞扬什么、批判什么、给人什么启示、对社会发展有什么促进作用等等，有声语言的起伏变化正是体现这些目的和意图的手段。

（一）以目的意图的判断确定起伏变化

“文似看山不喜平”，大多数时候一篇稿件不会直白地告诉读者所要表达的思想，很多高水平的稿件，特别是叙述性文体往往会将具体的思想情感和目的意图隐藏于客观的描述中。这就要求我们在准备稿件的过程中迅速、准确地从“叙描抒议”中提炼出稿件的中心思想，把握作者的写作意图和传播目的，进而以有声语言表达的起伏变化传达出来。

例 1.

红 高 粱

李 瑛

北方 红高粱挺立在秋的田野上
据说在长城以北
猛烈的风雨和炎热的阳光
使它们总是攥着拳头生长

它修长的大叶子，肆意地飞舞
选择的是大刀的形象

它钢筋般的根，紧掘住泥土
甚至求取的裸露在地表上
显示出生命的执着和顽强

当摇曳的红穗穗涌向了天边
如同画幕上浓重的油彩
满天的流云
便化作滔滔的红浪

其实在北方
红高粱从春到冬
从年少到年长
都给我们输出温热的血液
红高粱和镰刀、犁铧、锄头
都是我的直系血亲、兄弟和爹娘
叶是旗帜
根是宣言
红高粱是北方历史的诗行
你闻到过汗的气息吗
你闻到过火的气息吗
你闻到过血的气息吗
红高粱是我们民族的、美学的崇高形象

只是这些年啊
我们仿佛丢失了一些什么
甚至自己
甚至红高粱

如今你在北方
已经很难吃到大盆里热腾腾的红米饭了
只有在宾馆的宴席上
当好酒好菜之后
多情的小姐，会端上一小碗叫你品尝

这就够了，这就够了
为的是点燃你周身的热量
为的是酿一杯烈性的酒
为的是让你忆念起
山清水清的家乡
然后，把根扎进黑土地

茁壮地生长
把根扎进黑土地

茁壮地生长

（选自《中国当代名诗人选集——李瑛》，有删改）

这是当代著名诗人李瑛于 1993 年创作的一首诗歌。诗歌以北方常见的红高粱为描写对象，红高粱尴尬的境遇引发了作者的深刻思考。全诗文字朴实、简练，意蕴深远。结合稿件的时代背景可以发现：90 年代初期，很多人受益于改革开放，先后富了起来。以红高粱为代表的一批农作物逐渐被更精细的食品所取代，并且吃喝之风大行其道、浪费现象屡见不鲜，人们丢掉了勤俭节约的好习惯。据此，稿件的创作意图和传播目的可以判断出来了：抒发了作者对红高粱顽强生命力的赞美之情，表达了对一部分人“富起来”后却忘记优良传统的深深忧虑。

因而，创作主体在诗歌的表达中，对前半部分应充满热情，语调积极向上；诗的中部，对红高粱沦为酒席上点缀的红米饭而失落，陷入失望低沉的情绪；但紧接着，诗的结尾，作者呼吁：不忘初心，重新唤起热爱家乡、扎根热土、焕发斗志的激情，语调充满温情和希望。整体的节奏呈现从温暖热情到悲凉失落复归温暖希望的“暖—冷—暖”的回环。在红高粱生机勃勃的整体意境中，将“扎根”的理念酝酿、深化，抵消高粱饭成为宴席上的摆设所造成的“异化”，回归到“继承优秀民族精神”的主题中来。

（二）以目的意图的深化强化起伏变化

有时，稿件的内容表面上看来可能很普通，但实质上却揭示了复杂的社会问题。因而，播音创作主体在备稿过程中，必须对稿件文字做更深一步的理解，才能把握住稿件真正的写作意图。

例 2.

致　橡　树

舒　婷

我如果爱你——
绝不像攀援的凌霄花，
借你的高枝炫耀自己；
我如果爱你——
绝不学痴情的鸟儿，
为绿荫重复单调的歌曲；
也不止像泉源，
常年送来清凉的慰藉；
也不止像险峰，
增加你的高度，衬托你的威仪。
甚至日光，
甚至春雨。

不，这些都还不够！
我必须是你近旁的一株木棉，
作为树的形象和你站在一起。

《致橡树》朗诵：芬菲

根,紧握在地下;
叶,相触在云里。
每一阵风过,
我们都互相致意,
但没有人,
听懂我们的言语。
你有你的铜枝铁干,
像刀,像剑,也像戟;
我有我红硕的花朵,
像沉重的叹息,
又像英勇的火炬。
我们分担寒潮、风雷、霹雳;
我们共享雾霭、流岚、虹霓。
仿佛永远分离,
却又终身相依。
这才是伟大的爱情,
坚贞就在这里:
爱——
不仅爱你伟岸的身躯,
也爱你坚持的位置,
足下的土地。

《致橡树》是舒婷的成名作,创作于1977年3月。该诗是朦胧诗派的代表作之一,全诗语言清新淡雅、情感质朴坚定,一经问世即受到了读者的追捧,至今热度不减。

《致橡树》表达的是一种体现着美好人生理想的成熟的爱情追求。“我必须是你近旁的一株木棉/作为树的形象和你站在一起”,这种各自独立而又互相扶持的爱情观被广大读者欣赏。

诗的前半部看似美好的诸多描写——花、鸟、泉、峰、日、雨,“美”得那么浅薄,表达时应带有蔑视、轻视、藐视;后半部分“树”的宣言高亢、坚定,展现了一种同舟共济、共担风雨的博大的爱,表达时应体现温暖、激昂,在“伏”中孕育“起”,在“冷眼”中孕育“热烈”。

舒婷在一次接受采访时说道,创作《致橡树》的起因是呼唤和展现女性的觉醒意识,她是在用自己的声音说出对世界的感受。因此,这并非一首爱情诗,诗中的爱是远远大于男女之爱的更伟大的爱。在表达该诗时,如果仅停留于男女爱情的卿卿我我、你侬我侬的表层,就会使整首诗歌陷入单一的唯美,造成其有声语言表达没有起伏,失去了应有的节奏。

二、以起伏变化立体展现稿件的思想感情

世间万物都处在不断的运动变化过程中,面对变化着的世界人们的内心就产生了相应的思想感情,再通过文字记录下来就形成了一篇篇表情达意的文章。这些情感和感受的存在形式是丰富多样的,可以直抒胸臆也可以含蓄内敛、可以惊涛骇浪也可以润物无声。播音创作主体要充分理解稿件,从不同角度、不同程

度立体地感受作者想要表达的中心思想，才能形成有声语言的起伏变化。

（一）充分调动各种感受，展现起伏变化

人对世间万物的感受大体可以通过视觉、听觉、触觉、味觉、嗅觉等获得。我们在有声语言表达时，要从稿件文字中提取展示这些感觉的材料，在内心形成符合稿件意境的起伏变化，从而让稿件内容通过声音表现形式生动地展现在受众面前。

朱自清的《春》是一篇非常经典的写景抒情的散文，作品所描写的场景来源于作者的真实情感，如何从中提炼各种感受而产生相应的有声语言表达节奏呢？（注：起伏变化包括扬抑、强弱、快慢、高低、动静等多种形式，在后文中会有介绍，此处的起伏变化指语言控制的收纵变化。）

例 3.

春（片段）

朱自清

<table>
<tr><th>原文</th><th>感觉判断</th><th colspan="3">用声特点</th></tr>
<tr><td>红的像火，</td><td rowspan="3">视觉判断</td><td rowspan="3">根据颜色的特点</td><td>用声开放</td><td rowspan="3">纵
↓
收</td></tr>
<tr><td>粉的像霞，</td><td>用声细腻</td></tr>
<tr><td>白的像雪。</td><td>用声轻柔</td></tr>
<tr><td>鸟儿将巢安在繁花嫩叶当中，高兴起来了，呼朋引伴地卖弄清脆的喉咙，</td><td rowspan="2">听觉判断</td><td colspan="2">“清脆”</td><td rowspan="2">纵
↓
收</td></tr>
<tr><td>唱出婉转的曲子，与清风流水应和着。</td><td colspan="2">“婉转”</td></tr>
<tr><td>“吹面不寒杨柳风”，不错的，像母亲的手抚摸着你。</td><td>触觉判断</td><td colspan="2">用声柔和、细腻</td><td rowspan="3">收</td></tr>
<tr><td>花里带着甜味……</td><td>味觉判断</td><td colspan="2">略靠前，收小口腔（舌体对甜味的感知集中在舌尖）</td></tr>
<tr><td>风里带来些新翻的泥土的气息，混着青草味，还有各种花的香，都在微微润湿的空气里酝酿。</td><td>嗅觉判断</td><td colspan="2">有些“朦胧感”
（清香气味捉摸不定）</td></tr>
<tr><td>坐着、躺着，</td><td rowspan="3">运动判断</td><td colspan="2">轻而稳</td><td rowspan="3">纵</td></tr>
<tr><td>打两个滚，踢几脚球，赛几趟跑，</td><td colspan="2">较疾且放</td></tr>
<tr><td>捉几回迷藏。</td><td colspan="2">轻且有小心翼翼的感觉</td></tr>
</table>

续表

原文	感觉判断	用声特点	
盼望着、盼望着,东风来了,春天的脚步近了。	时间判断(由远及近)	由虚转实、由缓转疾	收↓纵

(二)仔细揣摩心理,细化起伏变化

情感的跌宕起伏受内心状态变化的影响,不同阶段、不同环境、不同的遭遇会使一个人心理产生不同的变化。不同的心理变化就需要用不同的有声语言技巧来表达,因而,播音创作主体要仔细揣摩作者或稿件人物的心理活动,并掌握这些心理活动与有声语言表达起伏变化的内在联系。

例 4.

生 死 说

缘起
深深的地层 长长的巷道
机器喧嚣的掌子面
生龙活虎的汉子
有老有少 有说有笑
汗水浸着乌黑的脸庞
阳光般的幸福内心里荡漾
马上要升井
马上就能和娇妻孩子亲亲抱抱
突然"嘭"的一声闷响
像潮湿的鞭炮被燃放
脚下轻微震动
顷刻
眼睛黑了 天地黑了
黑 比黑夜要黑
黑 比煤层要黑
这黑就是死亡

《死者说》

究竟怎么了
我储满温度和力量的躯体
我奔腾着希望和憧憬的头颅
冰冷僵硬 支离破碎
没有疼痛 没有呼喊
没有任何的征兆
短短的时间里我的命就没有了
短短的时间 真的很短
我的命短过火柴的亮度
我的命短过一根香烟的燃烧
甚至 一只爆竹都比我的命响亮
我不甘心就这样闭上了眼睛
停止了心跳 呼吸
他们说我被强大的气流
贴在巷道的墙壁上
样子很安详如同标本一样
还有我们班上的其他弟兄
有的匍匐在地上或者相互紧紧搂抱
有的眼睛睁得很大
眼角还残留黑黑的泪水
有的张着大嘴 满嘴黑黑的煤尘
不要什么当代火神 普罗米修斯

乌金　墨玉　奉献光和热的美誉
不听什么不惜一切代价　以人为本
全力做好抢救　善后工作的口号
我只想要回我的命
我要的不多
是谁把我简单的生活粉碎
我的理想并不远大
是谁无情地剥夺了我作为人的权利
我死了
谁能听见死者的声音
活着的人啊
我嫉妒你们　也祝福你们
人世间的一切
你们都要好好珍惜着　爱着呀

《生者说》

1. 妻子说

天呀
我想都没有想过
你就塌了
你怎么就那么狠心
我骂你　我掐你
我紧紧抱着你
眼泪一遍遍打湿你
你怎么就不睁眼看看
我没有了泪　我也哭不出声
我心里装满了恨
我恨你呀
两手一撒　不管不问咱这个家
我恨我自己呀
怎么平时不多给你些体贴
我恨那座山一样的煤堆
每一块煤里我都看到你的脸
我恨那旺盛的炉火　闪闪的火光
分明就是熬的你的血
有人说我快成神经病了　可是
谁又真正尝过万箭钻心的滋味
天黑了
劝解的人走了　安静了
我的痛还没有停止
看着你的照片　亲爱的
我们能叫相依为命　白头偕老吗
我哭也哭够了　泪也流干了
人死不能复生
以后有伤我也不说了
亲爱的　你走吧
别忘了隔三岔五咱们梦里见个面

2. 孩子说

夜里的大风
像找不着家的小孩
哇哇大哭　很吓人
我不害怕　我有爸爸
藏到他的怀里
他用大手拍拍我
我就看到太阳当空照
花儿微微笑
天很黑　没有矿灯一样的星星
夜里的风　哇哇大哭
像找不到家的小孩
躲在被子里　我还是害怕
爸爸　你在哪呀
没有你　就没有了笑声
我们家的月亮不完整
你走以后
我心里雨一直下　风使劲地刮
我必须要快点长大　因为
没爸的孩子心里很害怕

3. 旁观者说

年迈的父母双亲

失去血气方刚的儿子
韶华正旺的妻子没有了丈夫
娇弱的孩子不再享受父亲的阳光
设身处地想想 我无法不感情用事
我陪着流泪
泪 流不进他们的心里
我说尽了千言万语
没有一句话能给人家宽慰
一场灾难让我变得实际
原来命是如此的容易破碎
昨天还是有血有肉 有说有笑的弟兄
怎么就突然变成了一捧骨灰
生老病死是规律 可是
正当午时的太阳猛地坠落
不能不让我心惊肉跳
不能不让我感叹平安是福 活着真好
送走本不该走的弟兄
彻夜未眠 我知道
活着的依旧要柴米油盐
依旧要上班下班 日子
简简单单 平平凡凡
但是 我不能不许一个心愿：
“我要好好活着，坚持活着，一直活到老死。”
请相信这与崇高无关这与信仰无关
这仅仅只是一句实实在在的人话
就让这眼泪化作洗涤污浊的雨水
就让这怒吼化作征战腐朽的号角
就让生存不再成为一个人的奢望
就让生与死之间的界限不再是
那样的无奈和突然
不再控诉
不再祈祷
不再责难
但我们企盼
企盼生的平凡
企盼死的坦然
企盼对生命尊重的信仰
永存于天地之间！

《生死说》是一篇关于矿难的稿件，其中描写了死者及其妻子、孩子、工友的内心活动。稿件总的感情色彩是“悲痛”，在这种感情色彩下，面对相似的声音表现形式，如何做到起伏变化呢？我们截取其中妻子的部分来分析表达时心理状态对声音起伏变化的影响。

原文	心理变化	声音形式	
天呀 我想都没有想过 你就塌了 你怎么就那么狠心 我骂你 我掐你 我紧紧抱着你	刚刚得到丈夫遇难的消息后，不敢相信，极度悲伤。	整体偏高、偏强。 声音释放感强，可以有控制地“喊”出来。	高强

续表

原文	心理变化	声音形式	
眼泪一遍遍打湿你 你怎么就不睁眼看看 我没有了泪　我也哭不出声 我心里装满了恨 我恨你呀 两手一撒　不管不问咱这个家 我恨我自己呀 怎么平时不多给你些体贴	接受现实后的无奈和哀怨。	整体偏低、偏弱。 声音收起，可以有控制地“懈”下去。	低弱
我恨那座山一样的煤堆 每一块煤里我都看到你的脸 我恨那旺盛的炉火　闪闪的火光 分明就是熬的你的血 有人说我快成神经病了　可是 谁又真正尝过万箭钻心的滋味	悲痛过后转到了对忽视安全生产而造成自己家破人亡的煤矿主的控诉。心理状态转变成极度的气愤。	渐行渐高。 整体偏硬，冲击力强，最后完全释放。	高强
天黑了 劝解的人走了　安静了 我的痛还没有停止 看着你的照片　亲爱的 我们能叫相依为命　白头偕老吗 我哭也哭够了　泪也流干了 人死不能复生 以后有伤我也不说了 亲爱的　你走吧 别忘了隔三岔五咱们梦里见个面	面对突如其来的巨大打击，各种感情纠缠不清：既有对命运的无奈，又有对过去的回忆，也有对未来生活的担忧……	用声偏平和。 状态由“松懈”转向“柔和”。	低弱

三、起伏变化彰显有声语言音乐美

播音创作的起伏变化不是随心所欲的，而是有一定规律的，有些初学者在追求声音起伏变化时过于随意，最后竟形成了一种固定的“腔调”，不但不能吸引受众，甚至会让受众产生厌烦心理。播音创作的起伏变化的本质是语言表达的节奏感，是在播音中“由全篇稿件生发出来的、播音员思想感情的波澜起伏所造成的抑扬顿挫、轻重缓急的声音运动形式的回环往复。”[1]

① 姚喜双：《播音主持概论》，高等教育出版社2012年版，第50页。

播音创作的起伏变化是有声语言有规律的起伏变化，一定要从稿件的内容和形式出发，灵活地运用表现技巧，才能使起伏变化既层次多样又错落有致，体现艺术语言的音乐美。

本章之前讲述的起伏变化，本身就可使有声语言表达充满音乐美，另外，稿件的体裁形式特点和有声语言本身的声韵调特点也能展现出有声语言的音乐美。

（一）把握稿件体裁特点，体现音乐美

文学作品的音乐美，历来是艺术创作追求的目标，也是文学语言的一个突出特点，叠词叠韵的运用、句尾押韵的处理、篇章结构的安排无一不体现着文学作品的音乐美。特别是在诗歌、韵文等体裁中，更具有朗朗上口、嘤嘤有韵、余音绕梁的艺术效果。

例 5.

死　水

闻一多

这是一沟绝望的死水，
清风吹不起半点漪沦。
不如多扔些破铜烂铁，
爽性泼你的剩菜残羹。

也许铜的要绿成翡翠，
铁罐上锈出几瓣桃花；
再让油腻织一层罗绮，
霉菌给他蒸出些云霞。

让死水酵出一沟绿酒，
飘满了珍珠似的白沫；
小珠笑一声变成大珠，
又被偷酒的花蚊咬破。

那么一沟绝望的死水，
也就夸得上几分鲜明。
如果青蛙耐不住寂寞，
又算死水叫出了歌声。

这是一沟绝望的死水，
这里断不是美的所在，
不如让给丑恶来开垦，
看他造出个什么世界。

《死水》作于 1926 年，是闻一多的代表作。诗人把黑暗腐败的旧中国比喻为“一沟绝望的死水”，表达了对丑恶势力的憎恨和对祖国深沉的挚爱。在绝望中饱含着希望，在冷峻里灌注着一腔爱国主义的热情之火，是这首诗的思想特色。

《死水》也是闻一多实验他的“三美”（音乐美、绘画美、建筑美）新格律诗的典型。这首诗格律极严。全诗共五节，每节四行，每行由三个“二字（音）尺”和

一个“三字(音)尺”构成,节奏相同,字数也相同,从内在节奏到外在形式都十分工整。因而在有声语言表达时,要注意把握在诗歌严谨、齐整的特点,在压抑、低沉的声音中体现诗歌特定的情绪,形成规格统一、起伏有致、变化自如的有声语言形态。

(二)发挥汉语声韵调特长,体现音乐美

汉语普通话的语音本身就包含着丰富的音乐色彩,比如音节结构简单、发音响亮的元音(乐音)占优势,则悦耳动听;辅音和元音相互间隔,形成了界限分明的音节,则节律感强。特别是普通话的声调高低分明、抑扬顿挫,富于流动变化之感,高、扬、转、降区分明显,直接体现着跌宕起伏的音乐美。

例 6.

一　字　诗

陈　沆

一帆一桨一渔舟,
一个渔翁一钓钩。
一俯一仰一场笑,
一江明月一江秋。

在烟波浩渺的碧波之上,远远见一渔舟荡桨而来,渔翁手持钓钩,钓得鱼来满心欢喜。《一字诗》中用了十个“一”字,错落有致,含义不俗,有“独”“一”“满”“全”等多种意思。每个“一”都具有鲜明的形象,写人状物,绘声绘色。在有声语言表达时,要注意“一”字的变调对整首诗的连接和烘托作用,例如第一句,三个“一”字均读四声,调值从最高迅速降到最低,如果调值不够饱满、音调高低不能形成落差,就不足以把作者盎然的兴趣表达出来。另外,还要注意每句诗结尾字的处理,如果调值不够高,就会拉低整首诗的基调,整首诗的趣味就会被大大削弱。

第二节　稿件起承转合规律与播音创作轻重缓急的关系

一、稿件的起承转合规律

起承转合最早是诗文写作结构章法方面的术语,是文字作品的一种基本结构方式。清代学者刘熙载在《艺概·文概》说:“起、承、转、合四字,起者,起下

也，连合亦起在内；合者，合上也，连起亦在内；中间用承用转、皆顾兼趣合也。”也就是说，文章写作的基本框架大致遵循着提出话题、承接话题、引申话题、呼应话题四个步骤。“起”是起因，文章的开头；“承”是事件的过程；“转”是结果，是转折；“合”是对该事件的议论，是结尾。

播音创作主体在备稿过程中，离不开对写作规律的研究和应用。当然，起承转合之间的关系并不是一成不变的，而是起中有合、合中有起，首尾呼应、前后照应，上下勾连、一脉相承。四者互相依存、互相影响，有着严密的逻辑性。我们探求起承转合的最终目的，就是在把握稿件总的感情色彩的前提下，确定播音创作轻重缓急的变化规律。

例 7.

送杜少府之任蜀州

王　勃

城阙辅三秦，风烟望五津。
与君离别意，同是宦游人。
海内存知己，天涯若比邻。
无为在歧路，儿女共沾巾。

首联写的是眼前的景象，气度非凡；颔联转写与友人离别的情景；颈联突然起笔，抒发了“友情深厚，江山难阻”的感情；尾联点出“送”的主题。全诗开阖顿挫，气脉流通，意境旷达，一洗送别诗中的悲凉凄怆之气，音调爽朗，清新高远，独树一帜。

理解了这些关系后再进行有声语言表达，就能避免感情色彩找不准——过于灰暗低沉，缺少变化的通病，进而在播音创作中体现抑扬顿挫、轻重缓急的美感：首联持续上扬，表现开阔的视野和景象；颔联低沉徘徊，表现难舍的离别场景；颈联再度上扬，抒发“纵使千山万水，也无法阻隔你我”的感慨；尾联再度徘徊，将难舍的离别之情推向高潮。这样的律诗，在中国古典文学中比比皆是，掌握了它们的起承转合规律，就能使有声语言表达更准确、更丰富。

起承转合，体现了作者写作时心理、情感状态的起伏变化和谋篇布局的基本思路。把握住作品起承转合的变化规律，就能抓住稿件的情感脉络和逻辑结构，并将其融会到稿件的有声语言表达中。

需要注意的是，起承转合在稿件中分别起着不同的作用，绝非是恒定不变、僵化死板的。播音创作主体应该根据作品的内容特点、作者的创作特点和具体的创作背景，对各种表达技巧进行灵活运用和组合。

（一）起始部分

即起因或开头部分，通常采用或开门见山、或设置悬念、或宏观概括、或细节导入等手法切入。可以说，作者对于开篇的设计都要费一番心思，设法让作品吸引人，尤其是文学作品的起始部分，往往不仅起着引出下文的作用，也会起到奠定作品感情色彩、确定人物性格、烘托事件气氛等作用。在有声语言创作中，一定要抓好起始部分，发挥其对全篇稿件的核心引导作用，布好局，开好篇。

（二）承接部分

即事件的展开，通常采用或平铺直叙、或环环相扣、或着重情节推进、或着重细节描写等手法切入。承接部分作为稿件的主体，其写作手法丰富多样，是作者多着笔墨之处。对于广播电视稿件来说，这个部分在播音创作中的可塑元素也是最多的，在有声语言表达时，要注意这部分元素的复杂性、多样性，理清其脉络和逻辑线索，为展开表达提供清晰的层次和纲领。

（三）转折部分

即事件的转折，通常采用或峰回路转、或豁然开朗等手法切入。清代袁枚在《随园诗话》中说过“文似看山不喜平”“文须错综见意，曲折生姿”，由此而知，“曲”是使文章结构精巧的重要特征之一。他强调写文章要像山一样起起伏伏，不要平淡无味，要写出波澜，有曲折起伏。稿件中的情节和叙事往往不会直接指向某一结果，而总是会有意想不到的转折、突如其来的变化、柳暗花明的惊喜等等，因此，播音创作主体必须有较强的对全篇稿件的解读能力和精巧细致的设计能力，能准确迅速地抓住转折连词后作者要表达的真正意图。

（四）结尾部分

即议论或事件的结尾，通常采用或升华主题、或延伸意境等手法切入。不管稿件有没有给出人们期待的结尾，作者在完成了观点和情感的表达后，文章就结束了。播音员主持人在处理稿件结尾时，要把握住作者创作意图，当作品明白晓畅地揭示出结局时，要以对比变化展示结尾的透彻；当作品对现有结果引申展望时，要以耐人寻味的语气来引人遐思；当作品以开放式的结局留给人遐想空间时，要以循循善诱的语言给人意犹未尽的感觉。明确的结尾具有丰满务实的指向性，前瞻远眺的结尾具有纵深辽远的引导性，多元开放的结尾犹如绘画中的“留白”给受众遐想和思考空间，显得意味深长。

一篇稿件的起承转合往往会根据作者所要表达的思想感情有轻有重地推进，但并不会固定地出现，有的稿件可能会产生多个起承转合，而有的稿件可能起承转合并不完整，缺了某些部分。因而，播音员主持人在将其转化为有声语言时，要区分不同情况，按照其特点把握轻重缓急的规律，并注意衔接部分的和谐过渡。

二、播音创作的轻重缓急

“由全篇稿件生发出来的，播音员思想感情的波澜起伏所造成的抑扬顿挫、轻重缓急的声音形式的回环往复”，这是传统播音创作基础理论对于节奏的概念，如果说抑扬顿挫是基于个别语句的微观处理，那轻重缓急就是基于篇章整体的宏观设计。

虽然起承转合不是稿件行文的必需手段，有声语言表达的重点也并非必然地存在于某一环节，但总体说来，有声语言表达还是有一定规律可循的。

（一）开篇起始部分

一般来说，播音创作时都力求在稿件起始部分做到引人入胜，紧紧地抓住受众的注意力，使其产生收听欲望。无论是新闻稿件还是文学稿件，无论稿件开篇是篇幅较长、铺排细腻，还是篇幅短小、简捷明快，都不能忽视起始部分的有声语言表达，要根据内容和形式的特点，轻重快慢交替配合，轻中有重、快中见慢。

（二）铺垫承接部分

铺垫承接部分往往是一篇稿件的主体部分，作者会对这一部分施以浓墨重彩深入刻画。正因为这部分一般篇幅较长、内容丰富、结构复杂，所以有声语言表达的轻重缓急的处理就更为复杂多变，所使用的表达手段也相对更丰富全面。

（三）高潮重点部分

这部分往往也是稿件的转折部分，由承接部分的细致描写笔锋一转，进入或引而不发、或揭示谜底、或峰回路转、或直指要害的高潮部分。由内容本身的不可预见性所产生的强烈陌生感可以吊足受众的胃口，大大地增加受众的参与感。虽然稿件的这一部分一般篇幅不长，但在有声语言表达时仍要充分重视，做到轻重得当、缓急适度。

（四）结尾续势部分

作者往往要在稿件的结尾部分做画龙点睛的总结，或留下让人意犹未尽的遐想。我们在处理此部分时，要准确领会作者意图，根据内容和写作特点做好“续势”，一般处理不宜过重，语速偏缓，形成“收缩、聚拢”的表达效果。

例 8.

跪拜的藏羚羊

原文	起承转合	轻重缓急
天下所有**慈母的跪拜**，**包括动物在内**，**都是神圣的**。 这是听来的一个西藏故事。发生故事的年代距今有好些年了。可是，我每次乘车穿过藏北无人区时，总会不由自主地想起这个故事的主人公——那只将母爱浓缩于**深深一跪**的藏羚羊。	起始部分。开宗明义，直接展现稿件主旨，展现主人公——藏羚羊及标志性动作——跪，给人极大猜测空间。	开篇加强处理。重要词语要加重处理，与后文呼应。
那时候，枪杀、乱逮野生动物是不受法律惩罚的。就是在今天，可可西里的枪声仍然带着罪恶的余音低回在自然保护区巡视卫士们的脚印难以到达的角落。当年举目可见的藏羚羊、野马、野驴、雪鸡、黄羊等，眼下已经成为凤毛麟角了。 当时，经常跑藏北的人总能看见一个肩披长发、留着浓密大胡子、脚蹬长筒靴的老猎人在青藏公路附近活动。那支磨蹭得油光闪亮的杈子枪挂在他身上，身后的两头藏牦牛驮着沉甸甸的各种猎物。他无名无姓，云游四方，朝别藏北雪，夜宿江河源，饿时大火煮黄羊肉，渴时一碗冰雪水。猎获的那些皮张自然会卖来一笔钱，他除了自己消费一部分外，更多地用来救济路遇的朝圣者。那些磕长头去拉萨朝觐的藏家人，心甘情愿地走一条布满艰难和险情的漫漫长路。每次老猎人在救济他们时总是含泪祝愿：上苍保佑，平安无事。 杀生和慈善在老猎人身上共存。促使他放下手中的杈子枪是在发生了这样一件事以后——应该说那天是他很有福气的日子。大清早，他从帐篷里出来，伸伸懒腰，正准备要喝一铜碗酥油茶时，突然瞅见两步之遥对面的草坡上站立着一	承接部分。故事的主体部分，包括人物背景和猎杀藏羚羊的全部过程，尤其是猎杀部分的描写跌宕起伏、细腻生动。在此出现这篇作品的第一个重点——渲染重点。	处理时要细腻。对于人物背景的处理可以放轻，以和后面情节渲染的“重笔”形成对比。猎杀部分的情节描写虽然笔墨较多，但要考虑到是在很短的时间内发生的，所以此处处理偏急。 总体说来，由于这部分内容丰富，轻重缓急的变化较为明显。

续表

原文	起承转合	轻重缓急
只肥肥壮壮的藏羚羊。他眼睛一亮，送上门来的美事！沉睡了一夜的他，浑身立即涌上来一股清爽的劲头，丝毫没有犹豫，就转身回到帐篷拿来了杈子枪。他举枪瞄了起来，奇怪的是，那只肥壮的藏羚羊并没有逃走，只是用企求的眼神望着他，然后冲着他前行两步，两条前腿扑通一声跪了下来。与此同时只见两行长泪就从它眼里流了出来。老猎人心头一软，扣扳机的手不由得松了一下。藏区流行着一句老幼皆知的俗语："天山飞的鸟，地上跑的鼠，都是通人性的。"此时，藏羚羊给他下跪自然是求他饶命了。他是个猎手，不被藏羚羊的求饶打动是情理之中的事。他双眼一闭，扳机在手指下一动，枪声响起，那只藏羚羊便栽倒在地。它倒地后仍是跪卧的姿势，眼里的两行泪迹也清晰地留着。		
那天，老猎人没有像往日那样当即将猎获的藏羚羊开宰、扒皮。他的眼前老是浮现着给他跪拜的那只藏羚羊。他感到有些蹊跷，藏羚羊为什么要下跪？这是他几十年狩猎生涯中唯一见到的一次情景。夜里躺在地铺上他也久久难以入眠，双手一直颤抖着…… 次日，老猎人怀着忐忑不安的心情对那只藏羚羊开膛扒皮，他的手仍在颤抖。腹腔在刀刃下打开了，他吃惊得叫出了声，手中的屠刀咣当一声掉在地上……原来藏羚羊的子宫里，静静卧着一只小藏羚羊，它已经成型，自然是死了。这时候，老猎人才明白为什么那只藏羚羊的身体肥肥壮壮，也才明白它为什么要弯下笨重的身子为自己下跪：它是在求猎人留下自己孩子的一条命呀！	转折部分。也是稿件的高潮部分。揭示了故事的谜底，给人心灵带来巨大冲击。出现了稿件处理的第二个重点——情感重点。	整体偏重，语速偏慢，环环紧扣，层层推进，到"原来"一句达到高潮。加重、变慢和减轻、变快交替出现。
天下所有慈母的跪拜，包括动物在内，都是神圣的。 老猎人的开膛破腹半途而停。 当天，他没有出猎，在山坡上挖了个坑，将那只藏羚羊连同它那没有出世的孩子掩埋了，同时埋掉的还有他的杈子枪……从此，这个老猎人在藏北草原上消失，没有人知道他的下落。	结尾部分。通过老猎人的心灵忏悔升华主题，达到让人自省的目的。出现稿件的第三个重点——意义重点。	用声渐行渐轻，偏缓，停顿较多，造成明显的延展感。

第三节　声音弹性控制和播音创作起伏变化的对比规律

一、声音弹性与播音创作变化起伏的关系

声音弹性,即有声语言表达的声音形式对于人们变化着的思想感情的适应能力,或者说声音随着感情变化而呈现出的伸缩性、可变性。

播音创作主体的思想感情总在不停地运动变化,这种思想感情的运动状态是有声语言创作的内在动力,它要求气息、声音随之产生变化,以声音形式来展现对稿件的理解。播音创作中的声音形式是思想感情的表现符号,僵滞、单调的声音形式不可能表现出丰富的思想感情,而与内心情感相契合的流动、变化的声音形式,才能适应运动变化着的思想情感。

播音创作有规律的起伏变化是思想感情支配下声音形式产生变化的结果。稿件内容的不同、语言传播目的的不同、语言环境的不同,有声语言表达的方式、弹性的控制也必然会有所不同。

声音弹性所带来的声音变化主要体现在音高、音长、音强、音色这四个物理要素上。那些附着在声音形式上的声音高低、强弱、快慢、断连等方面的变化,正是构成播音创作有规律起伏变化的基本要素。它们所形成的承续、主次、分合、对比等多层次、多侧面的有序律动,正是播音节奏的具体表现。

简言之,声音弹性是实现播音创作起伏变化的重要支撑和主要手段,播音创作的起伏变化是声音弹性的现实目的,二者相辅相成、缺一不可。

二、播音创作起伏变化的对比规律

没有"高大"的参照,就没有所谓的"矮小";没有"富裕"的比较,就没有所谓的"贫穷";没有"美丽"的对照,就没有所谓的"丑陋"。同理,有声语言表达有规律的起伏变化也是在各种声音要素的对比中呈现出来的,通过声音要素的抑扬、快慢、强弱、虚实等变化,就可以体现稿件内容和思想感情的变化。并且,这种对比总是以某一种声音运动形式为主,以另一种声音运动形式的变化作为强化和衬托,由此可以形成更为细腻、贴合的起伏变化类型。

在实际运用中,对比的规律更多表现为多种声音运动形式的综合运用,这构成了有声语言表达起伏变化的基本转换形式。

（一）欲扬先抑，欲抑先扬，扬中显抑，抑中显扬

一般来说，抑与扬的对比（即低与高的对比），主要体现在语势升降的变化上。声音由低向高的发展趋势，称为“扬”；声音由高向低的发展趋势，称为“抑”。

欲扬先抑是指在语势的峰顶到来之前，有语势的低谷作为铺垫，这种对比强化了听觉反差，使峰顶的效果更为突出；相反，欲抑先扬是指在语势的低谷之前，有语势的峰顶作为铺垫，使低谷的效果更为突出。简而言之，以抑作扬的铺垫，或以扬作抑的衬托，这样组合使用会优化表达效果。

例 9.

卖火柴的小女孩（片段）

抑扬	句	原文
扬	①	她又擦了一根。
逐渐上扬	②	火柴燃起来了，发出亮光来了。
	③	亮光落在墙上，那儿忽然变得像薄纱那么透明，她可以一直看到屋里。
	④	桌上铺着雪白的台布，摆着精致的盘子和碗，肚子里填满了苹果和梅子的烤鹅正冒着香气。
	⑤	更妙的是这只鹅从盘子里跳下来，背上插着刀和叉，蹒跚地在地板上走着，一直向这个穷苦的小女孩走来。
抑	⑥	这时候，火柴灭了，她面前只有一堵又厚又冷的墙。

这一作品的整体节奏属于低沉型，全篇稿件总的感情呈“抑”的色彩。尽管一根根火柴的点燃产生了一次次“幻境”，给小女孩带来一次次虚幻的“兴奋”，似乎总有心境的“高潮”出现，但随着每次火柴的熄灭而“低沉”重现，全篇仍是以抑为主，欲抑先扬，回环往复。

上面所节选的一段中，又一次出现“幻境破灭”的“反差”，在有声语言处理上，可以由扬转抑，即欲抑先扬，扬中显抑。第①句“幻境”即将出现，呈“扬”的形态，从第②句开始逐渐上扬，到第⑤句更扬，而第⑥句突然转为最抑，“只有一堵又厚又冷的墙”是最能体现低沉情绪的句子，至此，抑扬的交替使用造成了一个回环。

广义地说，抑和扬的变化不仅指低和高的变化。由于情绪压抑而造成的弱与情绪高扬所造成的强形成的对比，与热烈的场面相对应的动、快、实和与沉稳的讲述相对应的静、慢、虚等形成的对比等等，都属于抑扬对比关系。

（二）欲快先慢，欲慢先快，快中显慢，慢中显快

快与慢的对比主要体现在语流的速度变化上。语流的快与慢，是由音节长短的差异、停连断续的次数等因素决定的。在有声语言表达中，有时抑扬变化不太大，而快慢变化却较为显著，甚至以快慢变化为主。

例 10.

有这么一位营长（节选）

快慢	段	层	句	原文
慢	一			他是中国人民解放军一位普通军官。
慢	二	1	①	我第一次见到他，是在保卫大庆油田南部战斗中，那时他还显得相当英俊，相当精神。
快			②	他在向自己的部下喊话："你们必须手拉手，你们必须肩并肩，大家谁也不许掉队。"话说得干净利落。
			③	这时有些战士掉在水里，他就回过头来一个一个把他们拉起来。
慢		2	④	这是我第一次见到他，我觉得作为一个指挥员他很爱兵。

这篇稿件夹叙夹议，基于以议论为主的"主观"线索（表现为思考、沉思、感叹）用较慢的语速，是点睛之笔。而以叙述、描绘为主的"客观"线索（表现为观察、探究、体验），大多用较快的语速。议论的慢速与叙述、描绘的快速交替出现，形成欲快先慢、欲慢先快的有规律的起伏变化。

（三）欲强先弱，欲弱先强，强中显弱，弱中显强

强与弱的对比主要体现在音强的变化上，与吐字力度、口腔松紧及气息密度有关。以较弱的声音作为较强的声音的衬托，以较强的声音作为较弱的声音的衬托，或者二者交替呈现，做到强中有弱，弱中有强。

例 11.

倔法官白来德

强弱	层	原文
强		包头市郊区法院，是全国少数民族地区各级法院中唯一被最高法院授予集体一等功的。 包头市郊区法院院长白来德，远近闻名。

《倔法官白来德》播音：贾宁

续表

强弱	层	原文
弱	一	曾找他求过情的人对别人讲:“那个人倔得很,找也不用找,他呀,烟火不进。” 作为当地成长起来的干部,白来德亲戚较多。一些亲戚没好气地说:“咱‘衙门’里白有个大院长了,他白来德到事上一点也指望不上。”
强		可群众和郊区法院干警们说:“白院长头上的国徽是干干净净、亮亮堂堂的,这才是共产党的法官。”
弱渐强	二	共产党员白来德,1984年担任郊区法院院长,1990年、1991年,郊区法院接连被上级法院授予集体一等功,白来德也被上级法院授予个人一等功。作为一个基层法院院长,他经常告诫自己:“党和人民的法官不是墙头草,软风硬风都不能左右倒。”
弱		有一年,白来德的远房舅舅犯了重婚罪。案子开审了,他舅舅暗喜到了外甥管辖的地盘,平时关系又好,手下留情是不成问题的,所以口气也挺硬。
强		白来德知道了这件事,立即召开审判委员会会议,先是作自我批评:“是我的亲戚给审判工作带来了阻力,对不起大家。我建议由老院长亲自主审,尽快依法裁决。”
弱		结果,这个远房舅舅被判了两年有期徒刑。
强		白来德说:“在法庭上,要是想让我徇私枉法,一点门也没有。”
弱渐强		这些年,白来德在电话里顶过上边说情的人,撕过个别领导写来的条子,拒绝过送钱求他说情的同学。得罪了人,白来德也苦恼,但他很欣慰,因为心里是无怨无悔的。
弱渐强	三	白来德有三个子女,两个儿子都是待业几年后,凭自己的本事考工找到工作的。曾有人主动为他儿子安排工作,白来德都拒绝了。他女儿结婚好几年了,女婿一直没有工作。白来德的妻子埋怨他说:“咱孩子倒霉,咋就遇上你这个倔爹了。跟你说过多少次了,你认识那么多人,给孩子找个工作算啥大事啊。”白来德好言劝慰:“托人给孩子安排工作不难,可咱拿什么回报人家呀。咱手中的权力不小,千万不能挪用一点来谋私啊。”
弱		前些年白来德三世同堂,一直住在一处不宽敞的平房里。郊区政府分给法院好几套房子,他都让给别人。大家见他住房紧张,都劝他先住,可最后都拗不过他。直到区里将一套住房点名分给他,这才搬了家。

续表

强弱	层	原文
弱	三	郊区法院干部贺中林前几年没有住房,隔个一年半载就搬家。白来德多次找房管部门替贺中林陈请困难,好言相求,使贺中林搬进了新居。
强		贺中林工作更积极努力了,他说:“和白院长一起工作,我心里这团火旺着呢!”

以此类推:

欲急先缓,欲缓先急,急中显缓,缓中显急;欲动先静,欲静先动,动中显静,静中显动;欲实先虚,欲虚先实,虚中显实,实中显虚等,都体现了有声语言表达起伏变化的规律。

需要注意的是,无论是抑扬对比、快慢对比,还是强弱对比、虚实对比,都是相对而言的。如“扬”,可以有语势的最高峰、高峰和相对高峰,“抑”则有语势的最低谷、低谷和相对低谷;“强”有最强、次强、相对强,“弱”也有最弱、次弱和相对弱等。

除此之外,节奏的转换也需要根据具体的稿件内容和思想感情的运动状态来运用,既可以用单一转换形式,也可同时将两种以上转换形式综合运用,从而使有声语言表达更为生动灵活,准确得当。

第四节　例稿解析和练习材料

一、例稿解析

例 12.

有感于中南海“直通车”

“中南海要始终直通人民群众,我们要始终把人民群众放在心中脑中。”在近日召开的中央政治局民主生活会上,习近平总书记“直通人民群众”的要求,是对中央委员会和中央政治局同志的叮嘱,更为全体党员干部做出了表率。

有这样两个细节,阐释着“直通车”的分量。2013 年冬天,习近平来到湖南花垣县十八洞村特困户家中,苗族大妈石爬专问:“怎么称呼您?”习近平握住老人的手询问年纪,说:“你是大姐。”去年 9 月,习近平出访美国,回忆起在陕西梁家河的插队岁月,“我很期盼的一件事,就是让乡亲们饱餐一顿肉,并且经常吃上肉”。这样的质朴情怀,映照出的正是“直通人民群众”背后一切为了群众的价值理念。

加强党内政治生活,一个重要方面就是通过民主生活会等形式,站稳群众立场,增进群众感情,把对上负责和对下负责一致起来。“直通人民群众”,决不仅是一种理念宣示,更要用行动来体现和检验。习近平总书记在中央财经领导小组会议上强调,从解决好人民群众普遍关心的突出问题入手,推进全面小康社会建设。北方冬季清洁取暖、提高养老院服务质量等民生“小事”,成为中央领导专题研究的内容。全党同志都以党中央为标杆,与人民心心相印、与人民同甘共苦、与人民团结奋斗,日拱一卒、久久为功,党群干群之间的“直通车”将把我们带向更美好的未来。

(《人民日报》2016 年 12 月 29 日)

稿件中第一段属于“启”,开门见山提出了“直通人民群众”的核心观点;第二段属于“承”,通过细节描述,阐释了“直通车”的分量;第三段属于“转”,详细论述了我党加强与人民群众联系的重要性。可以看出,一二段是铺垫,交代了观点的由来和必要的背景信息,第三段是核心,详细论证了观点。两部分的重要程度是不一样的,因而在表达时,在铺垫的一、二段可以适当“抑”“弱”一些,在高潮的第三段可以“扬”“强”一些。

例 13.

幼儿园中的洋阿舅

记者 王祖凌

《幼儿园中的洋阿舅》
播音:贾宁

声音形式	自然段	原文
静	一	从知道泰达一幼里有个男外教老师开始,就一直好奇不已。但不论之前如何想象,
动		当看到孩子群中那个身高 1.85 米,腰围绝对让两个孩子都抱不过来的老外——肖恩·奥特森时,真的不得不让人感到惊讶。
静		41 岁的肖恩来自加拿大,来中国是为自己放一个长假,而这个假一放竟是 5 年。
动	二	当肖恩刚走到教室门外时,早已等候在玻璃门前的孩子们立即呼唤起来:“肖恩,肖恩!”4 月天的泰达依然带有寒意,然而肖恩却将外套脱去,仅着短袖衬衫便融入孩子们热情的欢迎中,一堂课下来总是满头大汗。

续表

声音形式	自然段	原文
静	三	41岁的男士正处于事业相对稳定时期，是需要努力工作养家的年龄，而肖恩却选择在这个时候住到了中国。肖恩在加拿大有自己的事业，而且经营得很好。“因此我有很多的时间可以来中国接受新的文化，就为自己放了一个长假。其实我来到中国已经5年了，一方面想用自己的语言优势来回馈社会，另一方面想在中国寻找新的机遇挑战自己。”
动	四	只要肖恩走进孩子群中，教室便开始沸腾了。这时肖恩不仅是个老师，还是孩子们的玩伴。肖恩往地上一坐，孩子们便立刻围拢过来，拼命地往他身边挤。搂脖子的、往身上爬的、抱手抱脚的，没多久1.85米的大高个便消失在孩子堆里。
静	五	10分钟后，课程正式开始了。所有课堂教学全部用英语来表达，
动		为了让孩子们能够明白自己的意思，肖恩总是要用“手舞足蹈”的肢体语言加上“龇牙咧嘴”的面部表情来辅助表达，于是刚才还没大没小的孩子们全部听话起来，唱歌、跳舞、游戏、齐声读配合得十分默契。一个小时的课教下来，即使寒冬腊月，肖恩也是满身大汗。
静		教孩子很辛苦，但他却觉得成就感最大。
		肖恩有个心愿，那就是希望通过他的教学，能够对孩子带来积极的、正面的影响。

（《每日新报》，有删改）

这篇稿件，体现了天津经济技术开发区（泰达）一所幼儿园引进热心外教，用轻松有趣的教学方法培养幼儿的国际视野。原稿较长，经删改后基本符合了广播播出要求，但跳跃感仍较强。备稿时可以提炼出全篇作品的两条线索，一条是记者采访的由头、主人公的身份背景及内心活动，另一条是主人公与孩子们轻松互动的开心场面和生动活泼的教学情景，一静一动，在广播稿播出中非常适合沿着静动相异、相宜、相依的有声语言起伏规律，打破自然段的界限，强化动静对比。动静变化体现在语速的急切、舒缓，语势的弹发、平和等对比效果上，全篇稿件以静衬动，以动衬静，静能转动，动能转静，营造出有规律的节奏美。

二、练习材料

例 14.

新疆将为沙漠胡杨林生态输水 12 亿立方米

今年，新疆将在主汛期向塔里木河流域“四源一干”胡杨林区生态输水 12 亿立方米，扩大和巩固生态治理成果。

据介绍，新疆于 2 月 27 日启动了自 2000 年以来最早的一次春季生态输水。此次为第十九次向塔里木河下游输水，第一阶段计划输送生态水 3 000 万至 4 000万立方米，水头将达到台特玛湖；第二阶段将根据来水和水库蓄水情况于 7 月实施。

记者从新疆水利厅获悉：今年将在保证流域用水总量控制指标前提下，通过生态闸适时向胡杨林保护区和塔里木河下游生态输水 12 亿立方米，其中叶尔羌河 1 亿立方米、阿克苏河 0.5 亿立方米、和田河 1.5 亿立方米、开都—孔雀河 1.5 亿立方米、塔里木河干流 7 亿立方米（含塔里木河下游生态输水 3.5 亿立方米），以及塔里木河干流向孔雀河中下游生态调水 0.5 亿立方米。

生态输水期间，当地水利、林业等相关部门将提前打通输水点与生态输水区域的输水通道，实施退耕、封井行动，并联合国土、电力部门加大巡查力度，确保生态输水全部用于生态保护和恢复。

多年来的持续输水，结束了塔里木河下游河道连续断流 30 年的历史，并有效缓解了流域生态严重退化的被动局面，受水区地下水位大幅抬升、地下水水质明显好转，塔里木河下游动植物物种显著增加，水环境得到有效改善。

（《人民日报》2018 年 3 月 21 日）

例 15.

坚持一个中国原则是大势所趋

12 月 26 日，中国和圣多美和普林西比（以下简称“圣普”）签署两国复交联合公报，宣布两国正式恢复大使级外交关系。圣普在联合公报中承认世界上只有一个中国，中华人民共和国政府是代表全中国的唯一合法政府，台湾是中国领土不可分割的一部分。圣普此前已于 12 月 20 日宣布同台湾当局“断交”。

圣普宣布与台“断交”后，中国外交部立即作出回应，欢迎圣普回到一个中国原则的正确轨道上来。12 月 26 日，中圣普两国在各自首都庄严宣布两国从即日起正式恢复大使级外交关系。两国复交是历史发展的必然，顺应了当今时代潮流，体现了坚持一个中国原则已是大势所趋、人心所向，符合两国和两国人民现实和长远利益。

众所周知，1971 年 10 月第二十六届联合国大会通过了 2758 号决议，承认中华人民共和国政府是代表全中国的唯一合法政府。该决议所体现的一个中国原则已成为国际社会的普遍共识和公认的国际关系准则。圣普承认一个中国原则，同台湾当局断绝所谓“外交关系”、同中华人民共和国复交，维护了国际关系准则，体现了国际正义。

一个中国原则涉及中国的核心利益和全体中华儿女的感情，是中国同世界各国保持和发展友好合作关系的前提和政治基础。在一个中国原则问题上，中方没有任何妥协余地。任何人或任何势力企图以任何方式想要改变一个中国原则或台湾是中国一部分的事实，或拿一个中国原则来做交易，都将遭到全体中华儿女和国际社会的坚决反对。

中国和非洲历来是休戚与共的利益共同体和命运共同体。2015 年中非合作论坛约翰内斯堡峰会成功召开，开启了中非合作共赢、共同发展的新时代。习近平主席在峰会上提出未来 3 年中非重点实施以助推非洲工业化和农业现代化为主要目标的“十大合作计划”，引起非洲各国强烈共鸣，让非洲看到合作发展的新希望。当前，中国已成为非洲第一大贸易伙伴和主要投融资来源国。非洲国家纷纷期待搭乘中国发展的快车，实现经济独立和自主可持续发展；中国已成为非洲谋求自主可持续发展可信赖的主要外部力量。

圣普同台“断交”完全是圣普政府和人民作出的正确选择，反映了中非友好合作的历史必然。台湾当局就此事搬出的百般借口，更加说明其没有看清时与势的实质。非洲拥有丰富的自然和人力资源，非洲各国第一要务就是发展，期待国际社会真正帮助它们实现经济独立和自主可持续发展。非洲最需要的是增强“造血”功能，而非单纯的援助。

当今世界已经并将继续发生深刻而复杂变化，中国综合国力和国际影响力已今非昔比。台海两岸力量对比也已发生根本变化，大陆无论是综合实力还是发展势头，都不是台湾可以相提并论的。回到“九二共识”的正确轨道，承认两岸同属于一个中国，是两岸关系和平发展的前提和基础。历史潮流面前，台湾当局尤需认清大势，不要再自欺欺人。

（《人民日报》2016 年 12 月 27 日）

例 16.

高铁线上的骡马队

刘 燕 王 璐

“叮叮、叮叮……”1 月 13 日，一串清脆的马铃声打破了合(肥)福(州)高铁武夷山段的宁静。清晨灰白色的云雾中，一支由 10 名桥隧工和 5 头骡子组成的队伍，正沿着一条羊肠小道，缓缓向山上行进。

“山太陡了，汽车没法开上去，水泥又太重，只有骡马队好使。”南昌西工务段南平北路桥车间主任冯定中说。地处山区的合福高铁闽赣段，90% 以上的线路都是桥梁和隧道，再加上这里雨水较为充沛，常有泥石滑落，巡视和检修工作十分繁重。

“进入春运后，通过的高铁列车增多，确保安全是我们最重要的责任。”冯定中说。据介绍，春运期间，南平北路桥车间除了要对管内 270.4 公里线路、88 座隧道、163 座桥梁和 53 个涵洞进行细致检查，每天还要带领骡马施工队，将一筐筐砂石水泥运往山顶，对山体进行加固处理。“今天骡马施工队的目的地是崇秀隧道，光走上去就是个艰巨的任务！”冯定中一语道出了养护山区高铁的艰难。

崇秀隧道建在半山腰处，看着不算高，山体斜长约有 200 多米，但最大坡度却将近 70 度。只见冯定中一手牵着骡子，另一只手抓住身旁粗壮的树枝，右腿弓、左腿蹬，用尽全身力气在爬着一截陡峭的土坡。负重的骡子“吭哧吭哧”跟着他，猛冲了几步却没成功。骡子停下来喘息一会儿，在冯定中的不断催促下，积蓄好力量后又冲了上去。冯定中和工友们则随着骡子的节奏行走在陡峭的山路上，脚下的土块被他们踩得“沙沙”作响。

快到山顶时，领头的骡子突然发出一声悲鸣。冯定中赶紧叫停队伍，上前查看情况。原来，山路上的一根钢丝绳绊住了头骡，剐掉了它脖子上一撮毛。90 后职工吴宇翔说自己觉得“好心疼”：“骡子长期和我们一起工作，我们早就把它们当成自己的伙伴。”冯定中说，车间管内像这样险峻的山头，还有 200 多座，“这些骡子出了不少力，每次驮三四百斤材料，相当于 8 个人的运量呢！”

一路崎岖前行，留在山路上的，是一串串深深的脚印。半小时后，骡马队一行终于抵达施工地点。顾不上休息，大伙儿抓紧时间把骡子身上的砂石卸下，用水泥桶装好，肩挑手提运到一处标记好的危石旁，开始进行加固施工作业。大家把身体紧紧地攀附在山体上，手持水泥抹刀，上下挥动着胳膊，将已经掺混好的砂石材料，认真地涂抹在危石与山体结合的缝隙处。

12 时 30 分，危石加固任务基本完成，冯定中和工友们累得大口喘气，安全帽的里衬已经被汗水浸湿。他们拿出自带的馒头和饼干，席地而坐，就着冰冷的矿泉水大口吃起来。

一列时速300公里的高铁穿出隧道，从他们眼前飞驰而过，巨大的呼啸声响彻山谷。“刚开始的时候，听到高铁经过的声音真心觉得很吵。”冯定中说，由于工作在大山里，常年与寂寞为伴、桥隧为友，已经习惯这里安静而紧张的生活。“但时间长了反而喜欢听了，对我们工务人来说，这就是高铁安全的声音，就是旅客平安回家的乐声。”

（《中国青年报》2017年1月17日）

例17.

我的战友邱少云

李元兴

敌人控制的“391”高地，像一颗毒牙，楔入我们志愿军阵地。我们准备在黄昏时分发动突然袭击，拔掉这颗毒牙，把战线往南推移。

那一天，天还没有亮，我们连悄悄地摸进“391”高地下面的山坳，潜伏在一条比较隐蔽的山沟里。太阳渐渐爬上山头。我发现前面60多米的地方就是敌人的前沿阵地，不但可以看见铁丝网和胸墙，还可以看见地堡和火力点，甚至连敌人讲话都听得见。敌人居高临下，当然更容易发现我们。我们趴在地上必须纹丝不动，咳嗽一声或者蜷一下腿，都可能被敌人发觉。我看了一下前面，班长和几个战士伏在枯黄的茅草丛里，他们身上披着厚厚的茅草作伪装，猛一看去，很难发现他们。我又看了看伏在我身边不远的邱少云。他也全身伪装，隐蔽得更好，相隔这么近，我几乎找不到他。

我们的炮兵不断地轰击敌人的阵地，山顶上腾起一团一团的青烟。敌人阵地前沿的地堡一个接一个被掀翻了。看着这种情景，我只盼望天快点儿黑，好痛痛快快地打一仗。

到了中午，敌人突然打起炮来，炮弹一排又一排，在我们附近爆炸。显然，敌人已经感觉到他们的前沿阵地不太安全了，可是没有胆量冒着我军的炮火出来搜索，只好把看家的本领“火力警戒”拿出来了。

排炮过后，敌人竟使用了燃烧弹，我们附近的荒草着火了。火苗子呼呼地蔓延，烧得枯黄的茅草毕毕剥剥地响。我忽然闻到一股浓重的棉布焦味，扭转头一看，哎呀！火烧到邱少云身上了！他的棉衣已经烧着，火苗趁着风势乱窜，一团烈火把他整个身子包住了。

这时候，邱少云只要从火里跳出来，就地打几个滚，就可以把身上的火扑灭。我趴在他附近，只要跳过去，扯掉他的棉衣，也能救出自己的战友。但是这样一来，我们就会被山头上的敌人发觉，我们整个班，我们身后的整个潜伏部队，都会受到重大的损失，这一次作战计划就全部落空了。

我的心绷得紧紧的。这怎么忍受得了呢？我担心这个年轻的战士会突然跳起来，或者突然叫起来。我不敢朝他那儿看，不忍眼巴巴地看着我的战友被活活地烧死。但是我忍不住不看，我盼望出现什么奇迹——火突然间熄灭。我的心像刀绞一般，泪水模糊了我的眼睛。

为了整个班，为了整个潜伏部队，为了这次战斗的胜利，邱少云像千斤巨石一般，趴在火堆里一动也不动。烈火在他身上烧了半个多钟头才渐渐地熄灭。这位伟大的战士，直到最后一息，也没挪动一寸地方，没发出一声呻吟。

黄昏时候，漫山遍野响起了激动人心的口号："为邱少云同志报仇！"我们怀着满腔怒火，勇猛地冲上"391"高地。敌人全部被我们歼灭了。看看时间，从发起冲锋到战斗结束，才 20 分钟。

我永远忘不了那一天——1952 年 10 月 12 日。

下　编

第十章　播音创作的文体与语体

稿件是播音创作活动的起点和直接依据。对稿件的分析研究，直接决定着整个播音创作活动的成败，是播音创作主体必须掌握的一项关键技能。

第一节　稿件的结构语体

所谓语体，是人们在社会各个领域，针对不同对象、不同环境，使用语言进行交际时所形成的常用词汇、句式结构、修辞手段等一系列语言运用的特点。简言之，人们会根据不同的情况，选择不同的语言表达方式，这些方式经过学理提纯、学术升华就形成了语体。

具体到播音创作中的语体，是指稿件作者在创作稿件时，所惯常使用的不同的表达手法（主要有叙述、描写、抒情、议论和转述、对话等）。这些表达手法，在形式上、内容上都有着不同的个性气质、起着不同的作用，是播音创作活动的重要依据，掌握这些表达手法的特点，将使有声语言表达更贴切、恰当。

一、叙述与描写

在生活中，所谓的叙述就是将事情的前后经过记载下来或说出来。而在文学艺术创作领域，叙述是使用频率最高的一种表达方法，是文学创作最基本的方式。

叙述的基本特点在于陈述“过程”，用它来展开情节、交代人物活动和事件的经过和背景，一般包括时间、地点、人物、事情的起因、经过、结果六个组成要素。叙述相对于其他表述方式是比较客观、冷静的，所以在有声语言表达时总体语流、语势会较为平和，情感表达有节、语言起伏有度，处于“收”的态势。

描写也称描绘，就是用色彩鲜明、立体感强、生动形象的文字语言，把描写对象的状态生动、具体地表述出来，给人以栩栩如生、身临其境之感。它是一种“形神兼备”的表现方法，主要用于记人、叙事、写景类文章。描写的基本特点是刻画形象，它追求用文字绘声绘色地再现出客观事物的“状态”，让受众产生如见其人、如闻其声、如临其境的真实感。描写就如影视画面中的特写镜头，主要着眼于事物的局部，以突出细节、局部的某些特点。在有声语言表达时要注意对细节的描摹刻画，用绘声绘色、惟妙惟肖的语言使人物和事件栩栩如生、活灵活现地呈现出来。

叙述与描写尽管都是直接展现事实的,但前者比较直白、概括,注重归纳、串联、交代等作用,线条清晰;后者则绚丽多彩、生动可感,着眼于受众的真切感受,展现出细微的情景、情节甚至心理变化。在播音创作中,要依据内容和语体而灵活变化,当叙则叙,不可过于细腻造成壅滞不畅;当描则描,不可表达过于简单造成平淡无味。

二、议论与抒情

议论也是一种重要的语言表达方法,指对人或事物所发表的评论性意见或言论。议论是一种评析、论理的表述法,一篇或一段完整的议论,通常由论点、论据和论证三要素组成,要求论点明确、论据充分、论证周密;而穿插在非议论性稿件中的议论部分则不必完整。议论的特点是以理服人,用说理的方法,以概念、判断、推理等逻辑形式,直接对客观事物进行分析、评论、证明。在表达完整的议论时,要注意把握议论的内在逻辑关系,主要通过“摆事实、讲道理”来展开议论,做到有理有利有节;在表达穿插的议论语句时,主要是为提炼观点、升华主题起到点睛作用,应注意其与相关内容的内在联系,做到突出、醒目。

抒情即表达情思、抒发情感,是语言创作的重要表述方法。它与叙述相对,具有鲜明的主观性、个性化和诗意化等特征,在有声语言表达中应注意感情真挚、情真意切。在通讯等抒情叙事类稿件中,抒情并不一定单指稿件中的抒情段落,也包括贯穿于稿件叙述、描写、议论中的丰富、深刻的感情内涵,也就是说,在这类抒情性的叙事稿件的有声语言表达中,叙述、描写、议论也应体现出有分寸的抒情色彩。

三、引述和转述

稿件中直接引用的人物语言称为引述,而以播音创作主体口气引用的人物语言称作转述。稿件作品中对人物语言的引述和转述是一种特殊的描写,是再现人物音容笑貌、传递内心情感的重要手段。

一般来说,在引述时,播音创作主体要模仿被引述者的音色和状态,惟妙惟肖地传达人物的外在形态和内在神采,力求做到活灵活现。在转述时,播音创作主体也不能完全客观中立、无动于衷,而要以被转述者的心态,使内在的情感尽量外显出来。但在新闻性的稿件中,为保持有声语言表达的客观性和真实性,无论引述还是转述一般都要保持转述语式,即在播音创作主体自然音色的基础上,通过丰富的语气变化来完成对人物的刻画，力求“神似”地传达人物的精神面貌。

例 1.

谁是最可爱的人

魏 巍

【抒情】 在朝鲜的每一天，我都被一些东西感动着；我的思想感情的潮水，在放纵奔流着；我想把一切东西都告诉给我祖国的朋友们。但我最急于告诉你们的，是我思想感情的一段重要经历，这就是：我越来越深刻地感觉到谁是我们最可爱的人！

【议论】 谁是我们最可爱的人呢？我们的战士，我感到他们是最可爱的人。

也许还有人心里隐隐约约地说：你说的就是那些“兵”吗？他们看来是很平凡、很简单的哩，既看不出他们有什么高深的知识，又看不出他们有什么丰富的感情。可是，我要说，这是由于他跟我们的战士接触太少，还没有了解我们的战士：他们的品质是那样的纯洁和高尚，他们的意志是那样的坚韧和刚强，他们的气质是那样的淳朴和谦逊，他们的胸怀是那样的美丽和宽广！

让我还是来说一段故事吧。

【叙述】 还是在二次战役的时候，有一支志愿军的部队向敌后猛插，去切断军隅里敌人的逃路。当他们赶到书堂站时，逃敌也恰恰赶到那里，眼看就要从汽车路上开过去。这支部队的先头连就匆匆占领了汽车路边一个很低的光光的小山冈，阻住敌人。一场壮烈的搏斗就开始了。**【描写】**敌人为了逃命，用了 32 架飞机、10 多辆坦克发起集团冲锋，向这个连的阵地汹涌卷来，整个山顶的土都被打翻了，汽油弹的火焰把这个阵地烧红了。但是，勇士们在这烟与火的山冈上，高喊着口号，一次又一次把敌人打死在阵地前面。敌人的死尸像谷子似的在山前堆满了，血也把这山冈流红了。**【叙述】**可是敌人还是要拼死争夺，好使自己的主力不致覆灭。这场激战整整持续了八个小时。最后，勇士们的子弹打光了。蜂拥上来的敌人占领了山头，把他们压到山脚。飞机掷下的汽油弹把他们的身上烧着了火。**【描写】**这时候，勇士们是仍然不会后退的呀，他们把枪一摔，向敌人扑去，身上帽子上呼呼地冒着火苗，把敌人抱住，让身上的火，也把占领阵地的敌人烧死。……**【转述】**据这个营的营长告诉我，战后，这个连的阵地上，枪支完全碎了，机枪零件扔得满山都是。烈士们的遗体，保留着各种各样的姿势。有抱住敌人腰的，有抱住敌人头的，有掐住敌人脖子把敌人摁倒在地上的，和敌人倒在一起，烧在一起。有一个战士，他手里还紧握着一个手榴弹，弹体上沾满脑浆；和他死在一起的美国鬼子，脑浆迸裂，涂了一地。另一个战士，嘴里还衔着敌人的半块耳朵。在掩埋烈士遗体的时候，由于他们两手扣着，把敌人抱得那样紧，分都分不开，以致把有些人的手指都掰断了。……【叙述】这个连虽然伤亡很大，他们却打死了300多敌人，更重要的，他们使得我们部队的主力赶上来，聚歼了敌人。

【议论】　这就是朝鲜战场上一次最壮烈的战斗——松骨峰战斗，或者叫书堂站战斗。假若需要立纪念碑的话，让我把带火扑敌和用刺刀跟敌人拼死在一起的烈士们的名字记下吧。他们的名字是：王金传、邢玉堂、井玉琢、王文英、熊官全、王金侯、赵锡杰、隋金山、李玉安、丁振岱、张贵生、崔玉亮、李树国。还有一个战士，已经不可能知道他的名字了。让我们的烈士们千载万世永垂不朽吧！

【叙述】　这个营的营长向我叙说了以上的情形，他的声调是缓慢的，他的感情是沉重的。他说在阵地上掩埋烈士的时候，他掉了眼泪。但是，他接着说：【引述】“你不要以为我是为他们伤心，不，我是为他们骄傲！我觉得我们的战士太伟大了，太可爱了，我不能不被他们感动得掉下泪来。”

【议论】朋友，当你听到这段英雄事迹的时候，你的感想如何呢？你不觉得我们的战士是可爱的吗？你不以我们的祖国有着这样的英雄而自豪吗？

【抒情】　我们的战士，对敌人这样狠，而对朝鲜人民却是那样的爱，充满国际主义的深厚热情。

【描写】　在汉江北岸，我遇到一个青年战士，他今年才21岁，名叫马玉祥，是黑龙江青冈县人。他长着一副微黑透红的脸膛，高高的个儿，站在那儿，像秋天田野里一株红高粱那样淳朴可爱。不过因为他才从阵地上下来，显得稍微疲劳些，眼里的红丝还没有退净。【叙述】他原来是炮兵连的。有一天夜里，他被一阵哭声惊醒了，出去一看，是一个朝鲜老妈妈坐在山冈上哭。原来她的房子被炸毁了，她在山里搭了个窝棚，窝棚又被炸毁了。回来，他马上到连部要求调到步兵连去，正好步兵连也需要人，就批准了他。我说：“在炮兵连不是一样打敌人吗？”【引述】“那不同！”他说，“离敌人越近，越觉着打得过瘾，越觉着打得解恨！”

【叙述】　在汉江南岸阻击敌人的日子里，有一天他从阵地上下来做饭。刚一进村，有几架敌机袭过来，打了一阵机关炮，接着就扔下了两个大燃烧弹。有几间房子着了火，火又盛，烟又大，使人不敢到跟前去。【描写】这时候，他听见烟火里有一个小孩子哇哇哭叫的声音。他马上穿过浓烟到近处一看，一个朝鲜的中年男人在院子里倒着，小孩子的哭声还在屋里。他走到屋门口，屋门口的火苗呼呼的，已经进不去人，门窗的纸已经烧着。小孩子的哭声随着那滚滚的浓烟传出来，听得真真切切。当他叙述到这里的时候，他说：【引述】“我能够不进去吗？我不能！我想，要在祖国遇见这种情形，我能够进去，那么，在朝鲜我就可以不进去吗？朝鲜人民和我们祖国的人民不是一样的吗？我就踹开门，扑了进去。

呀！满屋子灰洞洞的烟，只能听见小孩哭，看不见人。我的眼也睁不开，脸烫得像刀割一般。我也不知道自己的身上着了火没有，我也不管它了，只是在地上乱摸。先摸着一个大人，拉了拉没拉动；又向大人的身后摸，才摸着小孩的腿，我就一把抓着抱起来，跳出门去。我一看小孩子，是挺好的一个小孩儿啊。他穿着小短褂儿，光着两条小腿儿，小腿儿乱蹬着，哇哇地哭。我心想：'不管你哭不哭，不救活你家大人，谁养活你哩！'这时候，火更大了，屋子里的家具什物也烧着了。我就把他往地上一放，就又从那火门里钻了进去。一拉那个大人，她哼了一声，我就使劲往外拉，见她又不动了。凑近一看，见她脸上流下来的血已经把她胸前的白衣染红了，眼睛已经闭上。我知道她不行了，才赶忙跳出门外，扑灭身上的火苗，抱起这个无父无母的孩子。……"

【议论】　朋友，当你听到这段事迹的时候，你的感觉又是如何呢？你不觉得我们的战士是最可爱的人吗？

谁都知道，朝鲜战场是艰苦些。但战士们是怎样想的呢？**【描写】**有一次，我见到一个战士，在防空洞里，吃一口炒面，就一口雪。我问他："你不觉得苦吗？"他把正送往嘴里的一勺雪收回来，笑了笑，说：**【引述】**"怎么能不觉得？我们革命军队又不是个怪物。不过我们的光荣也就在这里。"他把小勺儿干脆放下，兴奋地说，"就拿吃雪来说吧。我在这里吃雪，正是为了我们祖国的人民不吃雪。他们可以坐在挺豁亮的屋子里，泡上一壶茶，守住个小火炉子，想吃点什么就做点什么。"他又指了指狭小潮湿的防空洞说，"再比如蹲防空洞吧，多憋闷得慌哩，眼看着外面好好的太阳不能晒，光光的马路不能走。可是我在这里蹲防空洞，祖国的人民就可以不蹲防空洞啊，他们就可以在马路上不慌不忙地走啊。他们想骑车子也行，想走路也行，边溜达边说话也行。只要能使人民得到幸福，就是我们最大的幸福。所以，"他又把雪放到嘴里，像总结似的说"我在这里流点血不算什么，吃这点苦又算什么哩！"我又问："你想不想祖国啊？"他笑起来："谁不想哩，说不想，那是假话，可是我不愿意回去。如果回去，祖国的老百姓问，'我们托付给你们的任务完成得怎么样啦？'我怎么答对呢？我说'朝鲜半边红，半边黑'，这算什么话呢？"我接着问："你们经历了这么多危险，吃了这么多苦，你们对祖国对朝鲜有什么要求吗？"他想了一下，才回答我："我们什么也不要。可是说心里话，——我这话可不一定恰当啊，我们是想要这么大的一个东西……"他笑着，用手指比个铜子儿大小，怕我不明白，"一块'朝鲜解放纪念章'，我们愿意戴在胸脯上，回到咱们的祖国去。"

【议论】　朋友们，用不着多举例，你们已经可以了解我们的战士是怎样一种人，这种人有一种什么品质，他们的灵魂多么的美丽和宽广。他们是历史上、世界上第一流的战士，第一流的人！他们是世界上一切伟大人民的优秀之花！

是我们值得骄傲的祖国之花！我们以我们的祖国有这样的英雄而骄傲，我们以生在这个英雄的国度而自豪！

【抒情】亲爱的朋友们，当你坐上早晨第一列电车驰向工厂的时候，当你扛上犁耙走向田野的时候，当你喝完一杯豆浆、提着书包走向学校的时候，当你坐到办公桌前开始这一天工作的时候，当你往孩子口里塞苹果的时候，当你和爱人一起散步的时候……朋友，你是否意识到你是在幸福之中呢？你也许很惊讶地说："这是很平常的呀！"可是，从朝鲜归来的人，会知道你正生活在幸福中。请你意识到这是一种幸福吧，因为只有你意识到这一点，你才能更深刻了解我们的战士在朝鲜奋不顾身的原因。朋友！你是这么爱我们的祖国，爱我们的伟大领袖毛主席，你一定会深深地爱我们的战士，——他们确实是我们最可爱的人！

严格地说，把这篇经典稿件机械地分割成叙、描、抒、议、引、转等部分是不够严谨的。比如有些文段的叙述中带有描写的细腻，有些文段的议论中则带有抒情的美好。但经过划分，便于在以抒情为贯穿主线的前提下选择恰当的表现手法，使有声语言表达更丰富、更有感染力。

第二节　新闻性文体表达技巧

对于各级各类媒体而言，最重要的职责就是播发新闻、提供信息，满足人们日益增长的信息需求。可以说，新闻的采编播能力是媒体的核心竞争力，能否拿到第一手新闻、在整个舆论场中占据有利位置，直接关系到一个媒体的兴衰成败。因而，即便是在新媒体异军突起、传统媒体生存空间被大肆挤占的当今时代，新闻仍然是各大媒体的"保留曲目"。

对于播音员主持人来说，新闻性稿件是实际工作中经常遇到的稿件类型，能否播好新闻稿件是业务能力的重要指标。常言道："新闻好播，播好难"，从模仿新闻播音员特有的"新闻腔调"来说，播读新闻的确比较容易；但要熟练自如地驾驭新闻稿件、恰如其分地交代清楚相关事实，却是异常困难的。

从新闻性稿件的类型来说，新闻是一个集合概念，分为消息、通讯和评论三部分，这三部分也就是我们常说的"新闻三大件"。"对症下药"才能"药到病除"，要想播好新闻，弄清楚新闻的具体类型和特点是必要前提。

值得注意的是，在当今的各级各类媒体中，很难再看到洋洋洒洒、长篇大论的通讯和评论了，因而，很多人在唱衰通讯和评论，认为它们是已消逝的、已死亡的文体。可仔细分析一下当今一些“新”的新闻体裁，会发现它们是从旧有的通讯和评论体裁中派生出来的，是旧有的通讯和评论体裁在新传播环境下的不同表现形式（变体）。例如，现在的新闻消息越来越追求在真实基础上的细腻表达，在行文时，客观写实和主观抒情的界限十分模糊，甚至有些消息就是实际上的通讯。再如，尽管长篇幅的评论已经十分少见，但在新闻节目中随处可见夹叙夹议，其中的议论精练短小、见解独到，深受受众青睐。因而，通讯和评论并不过时，仍是我们学习新闻播音的重要项目。此外，通讯和评论的很多表达技巧是夯实语言基本功、使语言表达能力更上一层楼的重要训练内容。正是基于这样的考虑，本书把这三个主要新闻稿件类型单列一节，以期引起学习者的充分重视；同时，也加入了一些新的文体形式或新的提法，希望对新时代的播音创作工作有更大帮助。

一、消息和资讯

新闻即“新近发生的事实的报道”（陆定一），有广义与狭义之分，广义上，包括消息、通讯、特写、速写、评论等报道形式；狭义上，则专指消息。消息是用概括的叙述方式，以较简明扼要的文字，迅速及时地报道国内外新近发生的、有价值的事实。写法上主要是叙述，有时也会夹杂一些议论、描写、评论。近些年，为了满足人们快速获取新闻的需求，一种更快、更新、更简洁的消息——资讯应运而生，并逐渐成为最受人们欢迎的新闻类型之一。

消息和资讯播音的特点是用事实说话、突出新鲜性。要体现这个特点，播音创作主体在消息和资讯的准备和表达时就要努力做到叙事清楚、新鲜感强。

（一）叙事要清楚

1. 解读消息的深度内涵

消息以事实为载体，报道的是最有新闻价值的信息，因而播音创作主体在搞清新闻事实的基础上，还要探究其深层含义。要将新闻事实摆放在特定的时空坐标上，上联政策，下联实际，明确宣传背景和宣传目的，把握新闻导向。要做到这些，就要求我们平时注意学习和积累，关心党和国家的大政方针、国内外形势的发展变化，提高自己的政治觉悟和新闻敏感。这既是广义备稿的一部分，也是成为一名合格的播音员主持人必备的基本功。

2. 理清消息的结构层次

一则消息一般包括标题、导语、主体、背景和结尾五个部分。熟悉消息的体裁特点，可以迅速把握新闻事实的核心和重点，理顺新闻层次、确定新闻导向。

导语是消息的开头部分（一段或几句），或概括全篇事实，或突出最重要的事实，或展现最新鲜生动的事实，或提出亟待解决的问题。播音创作主体分析导语的关键是在特定的宣传背景中确定语句重心、精选语句重音，以引导受众关注和理解整篇稿件最核心的事实和稿件要达到的目的，以导语为中心引导主体内容的层次和重点，就可以做到“纲举目张”。

主体是消息事实的展开部分，一般篇幅较长，内容和层次较丰富。播音创作主体要在新闻目的和导向的引导下，在新闻导语的统领下，理清新闻主体的内部层次，确定各层次的重点，使主体内部线索清晰、层次分明。

消息中的背景是指与新闻主要事实有密切关系的历史情况、社会环境、政治局势、自然风貌、人物简历、知识资料和相关数字等材料。实际上，背景材料从一个侧面对新闻事实起到说明、引导、对比作用。播音创作主体必须明确背景材料的用途，才能挖掘新闻事实的意义。

结尾是消息最后给以概括性评价或展望的部分。播音创作主体要领会消息结尾对新闻事件原因的探索、对稿件主题的深化，以及对新闻事实的扩展，进而给受众留下深刻印象。

3. 锤炼扎实的语言基本功

播读新闻需要有扎实的语言功力，没有明亮坚实的声音、通畅自如的气息、标准清晰的字音、灵活的口齿是难以胜任新闻播音工作的。这些基本功也是保证新闻播音语意清晰、叙事清楚、信息准确传递的保证。因此，播音员主持人必须苦练基本功，不断提高有声语言表达能力。

（二）新鲜感要强

1. 新鲜感的获得

消息发布的都是最新的信息。消息的新鲜感首先产生于它的时效性，即新近发生的事实给受众带来的新鲜感。除了时间新、事件新以外，消息的新鲜感还表现在角度新、形式新、政策新、思想新等方面。这种新鲜感时刻提醒着播音创作主体要以特有的新闻敏感发现新闻事实中的新意，并将主观感受向宣传目的转化，最终形成强烈的播讲愿望。

从本质上来说，这个过程就是前文提到的“解读稿件的深度内涵”。只有关心国内外形势的发展变化和人民群众的思想实际，只有深刻理解党的路线方针政策，只有不断提高理论水平和分析理解问题的能力，才能增强新闻敏感，在看似平淡的浅层事实中捕捉到具有导向性的核心信息，才能把握住新闻的新鲜感。

2. 新鲜感的展现

播音创作主体理解和感受到的新鲜感，必须通过具体可感的声音形式传达给受众，以恰当的有声语言技巧来展现。

（1）吐字发声规范到位、气息运用灵活得当。普通话要纯正流畅，做到字正腔圆，吐字既要有力度又要干净利落。语句要规整，做到层次清晰，语意集中。用声要朴实无华，做到既不拖泥带水又无浓彩重抹。膈肌弹发要有力，带有明显的跳跃节奏感，气息要灵活自如、稳健舒展，做到快而不乱、慢而不断。

（2）多连少停，语势常扬。新闻语言只有语气明朗才能体现新鲜感，因而，要打破标点符号的限制，在整体内容的宏观参照下，以完整语气中的错落和曲折来区别语意。多用连接的方法取代停顿，以扬停或短促的"一挫"取代落停，语势多取上扬的走向，避免语调下坠。

（3）重音少而精，表达以单纯加重为主，注意语流的疏密变化。新闻消息要想给受众留下较深印象，就应该突出重点，减少非重点信息的干扰。因而，选择重音一定要准确，将最能体现新闻内涵的词语进行强化处理，而舍弃干扰重点的其他部分。同时，为体现消息语气平实、客观真实的特点，重音不做过于复杂的渲染，一般采用单纯加重的方法。另外，调整表达中的疏密度，加强并适当延展重点部分、压缩并带过次要部分，也是体现内容层次、强化内容重点的有效方法。

同时，为了适应现代社会的快节奏生活，"快讯快播，以事省人"的要求被提出来，即将新闻的各个要素简洁、清晰地播报出来即可。这看似降低了新闻播音的技术要求，但实际上要求播音创作主体必须具备快速备稿、快速识稿、准确播稿的能力，这无形中提出了更高的标准。因而，播音创作主体要不断夯实语言基本功、加强广义备稿，才能适应更加快节奏的工作需要。

例 2.

野生东北虎再现黑龙江 被确认为"定居虎"

黑龙江省林业厅 22 日发布消息，黑龙江宁安小北湖国家级自然保护区工作人员整理红外相机时，发现拍摄到**野生东北虎**的照片及视频。经专家对比，这只东北虎与 2015 年 11 月 26 日在该保护区监测到的为**同一只**。

东北虎又称西伯利亚虎，主要分布在亚洲东北部，包括俄罗斯西伯利亚地区、朝鲜和中国东北地区。全球目前野生东北虎数量**不足 500 只**，中国境内主要分布在黑龙江和吉林两省的山区。

黑龙江宁安小北湖国家级自然保护区工作人员向中新网记者介绍说，20 日在对编号为 10 号的相机进行数据整理时发现**拍摄到**野生东北虎的照片及视频，影像拍摄日期为 2016 年 6 月 15 日 17 点 03 分，照片共 6 张，视频 2 段共 20 秒。

经中国国家林业局猫科动物研究中心教授姜广顺鉴定为东北虎。同时，经专家比对，这只东北虎与 2015 年 11 月 26 日监测到的是**同一只**东北虎。这充分说明，这只东北虎在中国内陆张广才岭已经**定居**，黑龙江小北湖保护区是其家域的重要组成部分,适合东北虎的生存。

据此前报道,2015 年 11 月 26 日在该地区发现的东北虎为成年雄性,体重约为 200 公斤左右。由于小北湖保护区地处内陆,因此该东北虎可以称为真正意义的中国内陆虎。

黑龙江省林业厅相关负责人告诉记者,自 2015 年 11 月 26 日监测到野生东北虎足迹以来,经中国国家林业局猫科动物研究中心专家确定,小北湖保护区内为野生东北虎栖息定居地。目前,该保护区已加大科研监测投入力度,监测设备布设在野生动物重点活动区域,对保护区内的东北虎及其猎物资源进行全面监测。

(中新网 2016 年 9 月 22 日)

该消息介绍了黑龙江再次发现野生东北虎的事件经过,脉络简洁、结构清晰。

导语部分(第一自然段)抓住"野生东北虎"和"同一只"两个重音,体现了"定居于此地"的稿件重心,可以突出本文"我国野生动物保护工作成效显著"的主题,起到提纲挈领的作用。

背景材料(第二自然段)通过东北虎原分布范围广大和现在仅分布在黑、吉两地的对比,将"不足 500 只"强调出来,以体现野生动物保护刻不容缓。同时,也可以将"我国环境保护初见成效"的内涵外显出来。

主体部分(第三、四自然段)将"拍摄到""同一只""定居""适合""内陆虎"这几个关键信息点予以重点突出,就可以很好地勾勒出事件发现、分析、得到初步结论的完整线索。

结尾部分(第五自然段)强调"栖息定居地""全面监测",可以交代事件发展的阶段性结果。

在播音创作时,要把握住该消息的"新鲜感",就要运用相关有声语言技巧积极热情地向受众传达环境保护的重要意义;同时要注意将整个事件发展的脉络交代清楚,重点的主体部分可以适当延展,背景和结尾部分可以适当压缩,将消息的主次突出出来。

二、通讯及抒情叙事类报道

通讯,是运用叙述、描写、抒情、议论等多种手法,具体、生动、形象地反映新闻事件或典型人物的一种新闻报道形式。它也是报纸、广播电视常用的文体之一,一般分为人物通讯、事件通讯、概貌通讯、工作通讯等类型。通讯主要报道生活中有意义的人和事,报道的时效性没有消息强,但报道的内容比消息更具体更丰富。与消息比较,具体性、形象性是它的特点,而与文学作品比较,真实性、时效性是它的特点。因此,可以说通讯是介于新闻消息和文学作品之间的一种独立的新闻报道体裁。近几年,在广播电视节目中兴起了一种脱胎于通讯的抒情叙事类报道,如新闻特写、新闻专题、深度报道等,较之传统的通讯其篇幅更加短小精悍、语言更加朴实生动、内容更加集中深刻,成为广大受众喜闻乐见的新闻报道类型之一。

通讯及抒情叙事类报道,在备稿和表达时要注意以下三个方面。

(一)逻辑感受和形象感受并重

尽管通讯和抒情叙事类报道也以讲述人与事件为主要内容,但是表达的核心目的是以感情的抒发来推动事件发展、表现主题和感染受众。因而,抒情既是这类稿件的表现手法和特点,也是这类稿件的线索和核心。在备稿和表达时,逻辑思维对稿件层次、思想、意义的统领必须与形象思维的形象感受和情感体验紧密结合并相互支撑。具体做法如下:

1. 理清稿件的结构脉络

理清稿件的结构脉络,把稿件中所展现的人物外貌特征、行为举止、心理动态以及与他人及环境的关系、事件发生发展的先后变化梳理清楚,为有声语言表达的运动变化提供依据,为思想感情的积聚、展现和迸发提供源泉。

2. 深入挖掘文章立意

充分挖掘稿件的中心思想,联系党的政策方针和中心工作的大局,并与社会现实中的热点问题紧密结合,进而确定正确的舆论导向和宣传目的,引导思想感情朝着导向和目的的纵深发展。

3. 寻找感情的触发点

在通讯及抒情叙事类稿件中,由于播音创作主体的个人经历和性格特征等方面的差异,在对稿件的感受、体验过程中,往往会出现不同的情感触发点。找到这个情感触发点可以唤起播音创作主体鲜活的情感体验,使其迅速进入创作状态,产生带动全篇思想感情的原动力。

(二)用情感统领叙描抒议

通讯及抒情叙事类稿件作为具体、生动、形象地反映新闻事件或典型人物的新闻报道形式,运用了比其他新闻样式更丰富的表现手法。一篇好的叙事抒情类稿件会充分运用叙述、描绘、议论、抒情、引述和转述等多种表现手法,多侧面、多角度、深入立体地展现人物风采和新闻事件。

通讯及抒情叙事类稿件表达的核心是以情感人，抒情在其中担当着统领表达的重要作用，所有表达手法都受到“以情感人”的整体基调的影响，带有或多或少、或显或隐、或直接或间接的抒情色彩。在通讯中，叙述是抒情的叙述、描写是抒情的描写、议论是抒情的议论、引述和转述也是带有抒情色彩的引用和转述。但需要注意，它们只是因为抒情的共同基调而增加了抒情色彩，不能代替也不能等同于抒情本身。

（三）人物语言的处理注重神似

本章第一节“稿件的结构语体”中介绍过引述和转述本身就是特殊的描写，是再现人物音容笑貌、传递内心情感变化的重要手段，是通讯类体裁中的常见手法。

播音创作主体引述人物语言时不应只是传递信息，还应展现人物的内心世界、形象特点及情感特征。此外，通讯毕竟属于新闻性体裁，必须保持其真实性、客观性的基本特征，所以在引述人物语言时，播音创作主体应以自然音色，运用语气的变化，体现出“神似”（本质的“像”）。也就是说，不要也不应追求表面的“像”，不用刻意追求“形似”。

（四）起伏顺畅收纵自如

“以情感人”的写作特点，使得通讯具有强烈的抒情性。受到稿件形式、内容的引导，播音员主持人的思想感情处在不断变化中，必须要依靠声音形式的变化将其外化。

思想感情运动状态的变化要跟随稿件内容和形式的引导。当稿件内容处在酝酿时、积累时、铺垫时、低潮时，情感不适时的爆发，不但会与原有的内容不相协调，甚至会干扰和减弱感情喷发的效果，进而影响整体节奏的顺畅。因此，必须要学会“收”的处理方式：在需要隐忍、需要沉寂、需要平静时，能控制情绪、能收敛气势、能为感情的喷发提供铺垫。当稿件中感情从高峰倾泻时、当人物的光彩展现时、当事件的高潮来临时，也必须当机立断，在恰当的时机、恰当的节点，将这些重要的部分及时、突出地表现出来，这就是“纵”的功夫。

在本教材第九章第三节中，详细介绍了声音弹性所带来的声音变化，主要体现在音高、音长、音强、音色这四个物理要素上。那些附着在声音形式上的高低、强弱、快慢、断连等方面的变化，正是构成播音创作起伏变化的基本要素。它们展现的承续、主次、分合、对比等多层次、多侧面的立体感，正是播音节奏的具体表现形式。该章节也详细介绍了欲扬先抑，欲抑先扬，欲快先慢，欲慢先快等有声语言表达起伏变化的规律。在具有具体性、生动性、形象性特征的通讯类体裁的播音创作中，更应恰当、灵活地运用这些变化技巧。

例 3.

95 岁医学专家李桓英正式入党：我觉得自己可能合格了

27 日中午，一场不同寻常的入党宣誓仪式在北京友谊医院举行。中国共产党的同龄人、95 岁高龄的世界著名麻风病防治专家李桓英女士在这里宣誓，正式成为中国共产党党员。

站在一群年轻的新党员中间，李桓英特意戴上的红色围巾映衬着满头银发。老人眼含泪花、神情坚定，这位为我国卫生事业奉献了近 60 年的爱国华侨终于得偿夙愿。

“入党和做研究一样，都是追求真理。服务了快 60 年，我觉得自己现在可能合格了。但还不能放松，还要继续奋斗。”李桓英说。

李桓英说：“我这些年来取得的成绩，与党组织的关心和支持是分不开的。人的生命是有限的，如果去世后，身上不能披上一面党旗，那会遗憾的。”

至今，在友谊医院内，时常能看到李桓英工作的身影。

出生于北京的李桓英于上世纪 40 年代获得美国约翰霍普金斯大学细菌学和公共卫生学硕士，1950 年成为世界卫生组织首批官员。1957 年，她放弃了世卫组织工作续约的邀请，离开了已在美国定居的家人，只身一人回到祖国。从此，她将全部精力都奉献给了麻风病的防治和研究工作。

李桓英率先将国外先进疗法与中国实际相结合，开展短程联合化疗和消灭麻风病特别行动计划，为数以万计的麻风病患者解除痛苦。她还率先在国内开展消除麻风运动，首次提出了麻风病垂直防治与基层防治网相结合的模式，被称为“全球最佳的治疗行动”。中国麻风病防治事业能得到国际认同，李桓英功不可没。

由于其杰出贡献，李桓英曾获得国家科技进步一等奖、全国五一劳动奖章、“全国医德楷模”等荣誉。2016 年 9 月，第 19 届国际麻风大会在北京召开，李桓英教授荣获首届“中国麻风病防治终身成就奖”。就在获奖的当月，李桓英就向党组织递交了入党申请书。

在入党申请书中，李桓英写道：“在多年的社会生活和医疗工作中，我深刻领悟到中国共产党是全心全意为人民服务的党。正是在党的培养、支持和帮助下，我为广大麻风病患者做了一些工作，取得了一定的成绩，党又给了我很多荣誉和鼓励。我虽已进入耄耋之年，但愿意以党员的身份为麻风事业奋斗终生！”

“李桓英教授是一位老专家，也是我们党的新血液。”友谊医院党委书记辛有清说，作为老一辈的医学工作者，李桓英把爱国情怀、科学精神和大写的医德用一生的实践给我们树立了学习的楷模，为医院基层党组织建设带来宝贵的精神财富和力量。

（新华网 2016 年 12 月 27 日）

本文是一则小通讯或者叫抒情性报道，报道了医学专家晚年入党的感人事迹，字里行间充满了老人对中国共产党的向往之情和令人动容的高尚医德。播音创作的基本要求是，在将老人入党的来龙去脉交代清楚的同时，更要传达出蕴含其中的浓浓的情感。本文运用了比较多样的写作手法，应在抒情基调的统领下，充分发挥各种表达手法的作用，语流的起伏相对较大，语气的变化相对丰富，做到情动于衷、娓娓道来，用老人的真情实感来打动受众。

三、评论与言论性报道

新闻评论，是媒体或独立作者对新近发生的有价值的新闻事件和有普遍意义的热点问题，运用分析和综合的方法，就事论理、就实论虚，有着鲜明针对性和指导性的一种新闻文体。新闻评论以其新颖的立意、严谨的逻辑、深刻的论述发挥着独特的舆论引导、监督作用。近几年兴起了一种言论性报道，其篇幅更短小、措辞更通俗、思想锋芒更隐蔽，受到受众青睐。另外，在新闻性节目中播音员主持人用以引领串联节目的引语，特别是新闻节目中主持人发表的言论、观点等，以及在节目中点评嘉宾、时事评论员的言论等，都是新闻评论的新的表现形式，这些新的评论形式，因其更适应当今受众的心理期待、审美诉求，收到了良好的传播效果。

例 4.

人民时评：把握“稳”与“改”的辩证法

“做好明年经济工作，最核心的是要坚持稳中求进、改革创新”，随着中央经济工作会议闭幕，“稳”和“改”这两个汉字，一下子成为各方解读的焦点，成了岁末“年度汉字”评选的热门。畅想新的一年，这两个字，对中国这个世界第二大经济体意味着什么？在全面深化改革的语境下，又被赋予了哪些新内涵？

《把握“稳”与“改”的辩证法》播音：国铃

微言之中有大义。不少人敏锐捕捉到了明年经济工作核心要求的“变”与“不变”。“稳中求进”依然是总基调，“改革创新”同样被提到突出位置。稳，意味着稳扎稳打，步步为营，保持政策连续性和稳定性，巩固稳中向好的发展态势；改，意味着推动全面深化改革，坚持问题导向，勇于突破创新，以改革促发展、促转方式调结构、促民生改善。“稳”也好，“改”也好，二者辩证统一、互为条件。

前不久，有一组数据引人注目。伴随着取消下放334项行政审批等事项，全国新注册企业同比增长约两成，其中民营个体企业增长超过三成，带动了民间投资以23%左右的速度增长。这正是发展新趋势的一个有力诠释。回首即将过去的2013年，面对经济下行压力，宏观政策保持定力，不搞短期刺激，而是通过深化改革释放内生动力，决策不折腾，改革不停顿，才有了良好开局。

万事开头难，起跑决定后程。不管是过去35年的风雨兼程，还是十八大以来的新气象，实践不断提示着这样的辩证法：稳中求进是改革之基，改革创新是平稳之源。行稳才能致远，改革才能图治。把握好“稳”与“改”，既是经济工作主旋律，更是全面深化改革的辩证法。

在全面深化改革的接力赛中，把握“稳”与“改”的辩证法，凭着壮士断腕的勇气、统筹谋划的智慧、愚公移山的韧劲，我们定能奋力推进改革大业，写下现代化编年史上更为荡气回肠的篇章。

（《人民日报》2013年12月17日，有删改）

这篇评论以独到的视角对社会现实予以密切关注，对焦点、难点、热点问题予以敏锐的捕捉、缜密的剖析，保持了新闻的严谨性、真实性和时效性。在进行播音创作时，观点鲜明、逻辑严密是要牢牢把握的要点。

（一）观点鲜明

1. 抓住观点线索，分清主次关系

评论性稿件的目的是讲道理，而要讲清道理就要有观点的支撑。评论性稿件一般分为标题、论点、论据、论证等部分，其中最核心的是中心论点。论据部分和论证部分的分论点，是一组分解中心论点、证明中心论点的论点群。确认稿件中的观点，理清中心论点（包括标题和结尾中的中心论点）与分论点的主次和逻辑关系，有重点、有层次地突出稿件观点，是播好评论稿件的关键。

如例4中，标题《把握“稳”与“改”的辩证法》直接将评论的主题点了出来。首段首句“做好明年经济工作，最核心的是要坚持稳中求进、改革创新”是本文的中心论点，引领着全文的走向。第二段具体论述“‘稳中求进’依然是总基调，‘改革创新’同样被提到突出位置”。第三段用具体的事实论证了坚持“深化改革”的重要性。最后两段，再次点明了中心论点。

理清了以上的逻辑、主次关系，有重点、有层次地突出观点，就为播好这篇稿件做好了最关键的基础工作。

2. 运用对比变化，做到鲜明突出

（1）在观点部分的处理中，要注重语句意义的分析，特别要以关键词语（重音）的突出带动观点部分的语句意义的表达，使其醒目。如例 4 中的所有“稳”和“改”是议论核心要点（即线索性重复的词语），将它们强调出来，也就抓住了整个评论的关键。

（2）在对关键词语（重音）进行处理时，尽量用褒贬、正反、程度、态度等体现感情色彩的语气来“着色”，以体现稿件的核心态度和立场。如例 4 中的所有的“稳”和“改”是作者倡导的，因而语言表达时给其着上倡导、肯定的色彩，就会使文章的舆论导向鲜明起来。

（3）利用听觉的反差（对比效应），比如音节的延展、音强的加强、音高的抬升，以及适当的重复（如反复回述标题或重复论点），使观点部分特别是其中的关键词语突出，可以给受众留下较深刻的印象。在评论播音中，较为常用的是延展的方法，也就是重点部分可以放慢语速、延长音节，与非重点部分的稍快语速、加快带过形成对比。这样处理一方面可以让重点更加突出，另一方面也可以给受众留下充足的回味空间。

（二）逻辑严密

1. 主次明晰，以理服人

要突出中心论点，讲清道理，就要注意理清中心论点和分论点间的逻辑关系。例如，概念分析法——以分论点的视角，对中心论点中的关键词语分别加以分析，明确其内涵和外延；因果分析法——在确立作为“果”的中心论点后，再分析达成结果的原因；辩证分析法——用分论点对中心论点进行正反对照的分析等等。在表达中应避免中心论点和分论点以及分论点间互不关联、各说各话等割断逻辑链条的现象。同时，将分论点的关键词语（重音）和声音形式（语气）向中心论点集中，可以实现观点间主次明晰、关系清晰、条理清楚。

在评论性稿件的分析和表达过程中，要分清主次，理顺主次之间的逻辑关系，以突出重点作为主线，带动非重点部分发挥作用。要运用逻辑分析的方法，理清提出问题、分析问题、解决问题的顺序，既要让重要部分给人留下深刻印象，也要让引发、证明、补充观点的非重点部分起到相应的“坐实”观点的作用。

2. 分清述评，以评为主

“有评有述、夹叙夹议”是评论性稿件的一大特点，评论往往是以广受关注的新闻事件（叙述部分）为切入点展开的。但评论性稿件中的叙述部分，并非只为传递事实，而是引出观点、引发论述的由头，其中总会带有鲜明的倾向性。因而,作为论据的叙述部分,不是与评论截然分开的,而是以事论理、事中蕴理,叙述时往往会体现出一定的态度倾向。在分清叙述和评论两种语体,弄清其在稿件中各自基本表达样式(参见本章第一节)的同时,要特别注意评论性稿件的播出目的和叙述语体在其中所起的作用。评论稿件中的叙述往往是议论性的叙述,在有声语言表达中就要使叙述部分明显地带有议论的色彩、议论的特征,这样才能让稿件观点鲜明、逻辑严密。

3. 语言通顺,层次分明

所谓语言通顺,是要求播音创作主体所播出的每一句话都应该是清清楚楚、明明白白的。短句子要注意"归堆儿""抱团儿",长句子要注意划分、停顿,以适当的停连体现语句关系。比如例 4"伴随着取消下放 334 项行政审批等事项","取消""下放"是并列关系,在"伴随着"之后"334 项"之前各加一个小停顿,将"取消""下放"之间连得紧一些,意思才明白。如果播成"伴随着取消("取消"做重音,此处加停顿)下放("下放"不做重音)334 项行政审批等事项",就完全背离了语句的原意。

要做到语言通顺,还应该处理好语句之间的关系(包括分句与分句之间、段落与段落之间、层次与层次之间的关系处理)。

比如例 4 中,"前不久,≈有一组数据引人注目。‖伴随着取消下放 334 项行政审批等事项,|全国新注册企业同比增长约两成,≈其中民营个体企业增长超过三成,|带动了民间投资以 23%左右的速度增长。‖这正是发展新趋势的一个有力诠释。∨回首即将过去的 2013 年,‖面对经济下行压力,|宏观政策保持定力,≈不搞短期刺激,≈而是通过深化改革释放内生动力,|决策不折腾,≈改革不停顿,|才有了良好开局。"用这样的停连关系就理清了语句与语句之间的逻辑关系,使之更易理解。

除语句关系外,段落与段落之间、层次与层次之间的关系也要处理得当,以使全篇稿件的逻辑线索和主次关系严密准确。

如例 4 全篇稿件的层次关系应为:

自然段	一级层次	二级层次
一	提出问题	提出中心论点,并以提问引出论述
二	分析问题	论述"稳中求进"与"改革创新"、"稳"与"改"的辩证关系
三		用事实证明稳定中创新改革的成果
四		用历史和现实的经验证明必须把握"稳"与"改"的辩证法
五	解决问题	总结:把握"稳"与"改"的辩证法定会迎来新篇章

第三节　稿件的表达样式

表达样式，指经过长期的艺术实践后，那些由前人总结、被后人继承的，行之有效、能最恰当地展现某一类型稿件风貌的表达范式。也就是说，表达样式就是一种大家约定俗成的、用来表达某一稿件类型的固定的表达手段。一般来说，有声语言表达中，有播报、宣读、谈话、诵读、陈述等样式。

可以说，稿件的表达样式是对播音主持中客观存在的表达现象的高度概括，是有声语言形式美的集中体现。在长期的播音主持实践中，涌现出了一大批风格不同、深受群众喜爱的经典作品和代表人物。但近年来播音主持表达样式被“污名化”“妖魔化”，很多人把它们称为陈旧乏味、垂死挣扎的“播音腔”而避之不及、敬而远之，好像只有像日常说话、平日聊天才能“接地气”、才是不“做作”。

一定的艺术内容需要恰当的艺术形式来展现，这是已经被各个艺术门类所证明了的真理，却被某些人认为是糟粕。殊不知，有些人认为自然的“港台味”“平淡地说”仍然没有超脱表达样式的约束，本身也是表达的范式之一。我们反对的是不考虑播音创作发展状况和规律、不根据具体稿件的内容和形式、不立足于节目的性质和特点、不符合自身声音条件的所谓“播音腔”。我们提倡根据广播电视语言表达的规律、稿件的内容和形式、立足节目的性质和特点、结合自身的声音条件，在继承的基础上不断创新和发展的规范、优美、自然的播音主持表达范式，这才是宝贵的艺术财富。我国广播播音史上出现的四大艺术高峰就是通过播音表达样式而取得良好传播效果的经典范例：齐越的“朗诵式”播音，气势磅礴、豪放洒脱；夏青的“宣读式”播音，端庄严谨、铿锵隽永；林田的“讲解式”播音，清新流畅、娓娓动听；费寄平的“谈话式”播音，宽松和蔼、亲切爽快。可见，表达样式不是对创作能力的束缚，而是可以帮助我们更好地表达内容；表达样式不是我们嗤之以鼻的陈糠烂谷，而是应该继承发扬的珍贵财富。

在播音主持学习中，我们必须坚持“继承传统、与时俱进”的原则。要将优秀的、行之有效的表达范式固定下来，并不断跟上时代的步伐、不断改进表达手段，才能在日趋激烈的传媒竞争中立于不败之地。

一、播报式

播报式是新闻播音中使用频率最高的一种样式，适用范围很广。其特点是“规整自如”，在传统新闻播音样式中，其规范度属于“中量级”，它既有报道新闻的准确简捷，又吸收了自然交流的轻松自如，是介于宣读式和谈话式中间的一种“半书面半口语”的语言样式。

例 5.

习近平同越共中央总书记举行会谈

欢迎仪式后，中共中央总书记、国家主席习近平在人民大会堂同越共中央总书记阮富仲举行会谈。

双方一致表示，要秉持长期稳定、面向未来、睦邻友好、全面合作方针，和好邻居、好朋友、好同志、好伙伴精神，着眼大局、立足长远、坚定目标、相向而行，推动中越关系沿着正确轨道向前发展。

习近平对阮富仲在越共十二大连任总书记后首次访华表示欢迎。习近平说，此访恰逢中越建交 67 周年及两国传统新春佳节即将来临之际，体现了越共中央和总书记同志对中越两党两国关系的高度重视。在双方共同努力下，中越全面战略合作伙伴关系持续健康稳定发展，两国传统友谊日益巩固，政治互信不断深化，务实合作成果累累，人文交流更加活跃。我们对中越关系的良好发展势头感到高兴。

习近平说，中越两国都是共产党领导的社会主义国家，是具有战略意义的命运共同体。在两党两国几代领导人精心培育和大力推动下，中越两国人民结下了“同志加兄弟”的友谊。我们双方要把这一传统友谊继承好、维护好、发扬好。中方始终从战略高度和长远角度看待和发展双边关系，愿同越方一道，牢牢把握中越友好大方向，坚持相互尊重，加强战略沟通，增进政治互信，深化务实合作，妥善管控分歧，继续把中越全面战略合作伙伴关系推向前进。

习近平就进一步发展中越关系提出七点建议：一是加强高层引领，增进政治互信。两党两国领导人保持经常接触，为推动双边关系发展发挥重要战略引领作用。二是深化两党合作，促进交流互鉴。两党关系对两国关系具有重要引领作用，双方要构建全方位、宽领域、多层次交往格局，深化治党治国经验交流互鉴，共同提升执政能力和党的建设科学化水平。三是深化务实合作，加快战略对接。要发挥双边合作指导委员会的统筹协调作用，深化两国互利合作，促进共同发展。四是拓展两军交往，深化安全合作。双方要深化两国执法安全交流合作，落实已经签署的合作机制和协议。五是活跃民间交往，夯实民意基础。双方要密切两国人民特别是年轻一代交往，加强教育、文化、新闻、旅游、体育等领域合作。六是妥善管控分歧，推进海上合作。双方要加大战略沟通力度，继续增进互信，为海上问题解决奠定扎实的政治基础，同时推进海上共同开发与合作。七是加强国际协调，维护共同利益。中方支持越方举办 2017 年亚太经合组织领导人非正式会议。

阮富仲对中共十八大以来所取得的重大建设成就表示热烈祝贺，祝愿中国人民在以习近平同志为核心的中共中央领导下，早日实现全面建成小康社会伟大目标。他表示，越中两党老一辈领导人共同培育了双方“同志加兄弟”的友谊，这在当今世界国与国关系中十分特殊和珍贵。2015 年我同习近平总书记实现了历史性互访。在双方共同努力下，越中两党两国关系取得令人鼓舞的发展，越方对此给予高度评价。

会谈后，习近平和阮富仲共同出席双方有关合作文件的签字仪式。

签字仪式后，两党总书记进行了茶叙，畅谈中越共通的茶文化，共叙两党两国关系未来。

王沪宁、刘奇葆、栗战书、常万全、杨洁篪、郭声琨等参加有关活动。

（央视网 2017 年 1 月 12 日）

这是一则重要的外事报道，采用播报式方式来表达是比较合适的。既规范严谨又稍显轻松自如，一方面将会谈的庄重性、严肃性突出出来，一方面也可以将活跃的、积极的现场氛围表现出来。同时要注意，不同的播报场合，可以通过控制口腔壁的力度、节制气流的大小、调节腰腹的着力感来适当抬高或降低播报的规整度，以适应不同的节目需求（如在《新闻联播》中播出其规整度会较高，甚至会接近宣读式表达样式；而在《朝闻天下》中播出其规整度则会较低，甚至会接近谈话式表达样式）。

二、宣读式

宣读式是传统的新闻播音表达样式之一，在日常播出中虽然使用率并不高，但由于它在气、声、字、组句方面的要求特别严格，成为考核播音员语言基本功力的重要项目。它的特点是“郑重宣告”，在传统新闻播音样式中属于“重量级”，即规范性的要求最高，口腔控制的力度最大、气息控制最强、语流的速度最慢，既有发布新闻的新鲜感，又要体现重要消息的严肃感和持重感。多用于公告、通告、讣告、名单、命令等重大新闻的发布。有声语言表达时要求气息沉稳、吐字规整，语句工整、语速缓慢，讲究顿挫、语气庄重。

《中华人民共和国政府与挪威王国政府关于双边关系正常化的声明》播音：国铃

例 6.

中华人民共和国政府与挪威王国政府关于双边关系正常化的声明

中华人民共和国政府与挪威王国政府经协商决定自即日起实现两国关系正常化。

一、中挪双方认为，中挪两国人民有着传统友谊。挪威是最早承认中华人民共和国,并同新中国建交的西方国家之一。长期以来,中挪关系发展总体良好,各领域合作不断深入。

二、2010年诺贝尔和平奖颁授前,中挪两国关系密切。由于2010年诺贝尔和平奖颁授及同该奖有关的事件,中挪关系恶化。挪方充分认识到中方的立场和关切,并积极致力于推动两国关系重回正轨。通过过去数年来多次严谨细致的对话,中挪双方取得了实现双边关系正常化的互信基础。

三、挪政府充分尊重中国的发展道路和社会制度,高度赞赏中国所取得的具有历史意义的非凡发展成就。挪政府重申坚持一个中国政策,充分尊重中国的主权和领土完整,高度重视中国的核心利益和重大关切,不支持损害中方核心利益和重大关切的行为,将全力避免双边关系今后受到损害。

四、中挪双方认为,中挪两国拥有广泛的共同利益,在许多重要领域均有深化合作的巨大潜力。两国将在相互尊重、平等互利的基础上,发展友好关系,推动经贸、文化、科教、极地等领域的互利共赢合作,在国际问题上加强沟通协调,共同应对全球挑战,造福两国和两国人民,维护世界和平,促进共同发展。

(新华社2016年12月19日)

该则声明,回顾了两国交往历史,指出了关系陷入僵局的根源,规划和展望了未来两国关系的发展方向,全文结构规整、措辞严谨、意义重大,宜用宣读式样式进行表达。气息沉稳、咬字着力,态度端庄、语气郑重,语速较缓、起伏不大,用以突出声明的严肃性、庄重性。同时,后半部分可以根据内容的发展适当积极、活跃些,突出对中挪关系正常化的欣喜和对未来发展的期待。

三、谈话式

谈话式是传统新闻播音表达样式之一,又称为“说”新闻,在新闻播音中被广泛使用,多见于记者或主持人的现场采访报道、新闻节目主持人的串联语以及特定题材(如社会新闻)和样式(如新闻综述)中。它的特点是“轻松自如”,其规范度属于“轻量级”,即在新闻语言准确、简捷的前提下,尽可能多地保留说话般的轻松和自然。它像说话,但比说话利索有力度;它像播报,但比播报轻松随和。有声语言表达时要求气息通畅、吐字平实,语气自如、语流自然、节奏轻快,轻微雕琢、追求朴质。

例7.

大采购　巧装扮　欢欢乐乐迎新年

今天是腊月二十九,老话说,“二十九,去打酒”。大包小包的年货,张灯结彩的忙活，让人们感觉到这年味儿是越来越浓了。

年味儿在大包小包的年货里。记者在深圳、南京等大城市发现，大型超市、批发市场是市民买年货的首选。商务部数据显示，全国货源充足，大型批发市场库存一般可供7至15天的销售。种类上，吃穿用“老三样”依然是年货构成的大头，家居、家电、饰品、鲜花等新品类占比提升。

来自电商平台的数据显示，年货网购清单上，农村购买力继续提升，数码、家电和食品被放进购物车的次数最多。

年味儿也在漂亮的新装上。这两天，徽州古城挂上千盏大红灯笼，红红火火。河北唐山南湖、山西大同古城点亮万盏彩灯，照亮节日的夜空。西安大唐芙蓉园的新春灯展则还原了唐代上元灯节盛世景象，传递中华传统文化的魅力。

军营里也是年味十足，全军驻边海防一线部队和高山哨所的官兵，都收到了品种齐全的年货，保证官兵在春节期间能够吃上新鲜的肉蛋、蔬菜和水果。

（央视网 2017 年 1 月 26 日）

这是一条社会新闻（消息），内容喜庆祥和、语言轻松活泼，适合用谈话式样式来表达。吐字轻巧利索、气息积极昂扬、语流顺畅流利、语气欢快明朗，无须过于用力，把相关的信息点交代清楚、突出欢快喜庆的氛围即可。

四、陈述式

陈述式是新闻播音表达样式之一，因其充分适应受众的接受心理而成为当下影响力较大的表达样式。陈述式播音，是由中央电视台新闻主播崔志刚和贺红梅根据长期主持电视新闻节目的工作心得及多年来培训实习生的经验积累，所提出的比较适合新闻稿件播音的表达样式。两人在合著的《好好说话》一书中对陈述式播音进行了定义：遵循“清新自然”的特点，在忠实于普通话规范语音的前提下，从文稿内容出发，根据字词间的汉语语法逻辑关系所自然形成的播读节奏，来合理分配语气的抑扬顿挫，有条理地进行事实陈述，从而达到语言表达的终极目的——突出语句内容重点。它要求：水到渠成、顺势而为，条分缕析、陈述讲解，因势利导、突出重点，语气自然、语流顺畅，接近口语、轻微雕琢。

例 8.

多名学者提交重复实验结果

因实验结果无法重复，河北科技大学副教授韩春雨的实验争议愈演愈烈。近日，多名科学家向《自然 · 生物技术》期刊提交其实验结果。昨日，该杂志新闻发言人回应称，已收到关于韩春雨论文的多个意见，批评意见经同行评议后，有可能会被刊登。

提交者之一北京大学生命科学学院研究员魏文胜介绍，实验结果主要以论文的形式提交，内容主要为多位学者重复韩春雨实验过程后的结果，“与韩春雨的论文结果有所不同”。

另一位提交者哈尔滨工业大学生命科学与技术学院教授黄志伟介绍，内容主要整合了多个学者此前的实验结果，“比如实验后，发现样本没有活性”。

今年5月2日，河北科技大学副教授韩春雨在国际期刊《自然·生物技术》发表研究论文引发关注。但一个月后，由于实验结果无法重复，遭到国内外多名学者质疑。

昨日，针对多名学者向《自然·生物技术》提交实验结果一事，该杂志新闻发言人向记者回应，已收到关于争议论文的多个意见，已经在谨慎考虑这些意见。

对于《自然·生物技术》通常如何处理类似批评意见，上述发言人解释，批评意见经过同行评议之后，可能会被刊登。如果来函特别令人感兴趣，或是对原始研究论文重要的科学评论和澄清说明，或是关于其他已经发表、经过同行评议的材料，它们会与原文作者的回应一起刊登。

此外，据其介绍，根据《自然·生物技术》发稿规范，对于一些意义重大的批评，可能让作者或编辑推断出论文基本结论是无效的，原始论文会被撤稿；如果有必要突出和澄清原始论文的问题，来函可能会与撤稿声明一起刊登。

至于调查时间需要多久，该发言人表示，可能需要相当一段时间。他解释，让调查按应有程序进行，不预先判断结果很重要。

（《新京报》2016年10月26日）

这是一则社会新闻（消息），可以采用陈述式的播报方式将事件的进展情况、各方的反应等，从容不迫、有条不紊地表达出来。整个播报状态接近日常交谈，语言的雕琢比较少。

五、朗诵式

朗诵式是播音表达样式之一，常用于抒情类稿件。它的特点是“悠悠荡荡、参差错落”，抒情时或汹涌澎湃、或舒缓悠扬，描述时或朴实自然、或平地惊雷。它要求：加强对比、错落有致，悠荡向前、适度起伏，情感充沛、语气鲜明。

例 9.

你是我的手和脚，我是你的那双眼

姜宝成

悠扬的口琴声轻轻地从津南区双港镇宋庄子村的一个小院里飘出。小院里，54 岁的瘫痪者尚久长和 44 岁的盲人赵长革，已经相依为伴照顾对方 16 年了。

《你是我的手和脚，我是你的那双眼》播音：贾宁

1966 年，由于误诊用错药，9 岁的尚久长逐渐失去了运动机能。23 岁的时候，同村一个叫赵长革的盲人小男孩开始与他熟悉，成为无话不谈的好友。

1995 年，母亲的去世让久病在床的尚久长雪上加霜，病情愈加严重，全身瘫痪。从此，赵长革多了一份责任——照顾生活不能自理的尚久长，从穿衣洗漱到吃喝拉撒，他都一肩挑了起来。

尚久长说：“这么多年了，我俩相依为伴，在生活中，他是我的手脚，我是他的眼。如果不是有长革兄弟的帮助，我也许活不到今天。”赵长革则说，是尚久长在精神上提升了自己，“其实俩人就是个伴儿。每天他给我读书、读报纸，遇到不懂的字词，我会问他是什么意思，他都会一一解释给我听。我们相互照顾，彼此都很快乐。”

（《城市快报》2011 年 10 月 18 日）

这是一篇抒情性的小故事。反映了两位主人公虽然身有残疾，但在生活的困境中找到了兄弟般的人间真情，始终怀有对美好生活的向往。稿件行文顺畅、情感真挚，洋溢着温馨幸福的感人气息，可以用感情饱满的朗诵式播报方式。表达时，多用柔和温暖的语气，语势上扬，语流舒展，悠荡曲折，突出主人公朴实真挚的情感。

第四节　例稿解析和练习材料

一、例稿解析

例 10.

新京报消息　昨日，针对联合国大陆架界限委员会公布涉冲之鸟礁问题处理结果一事，外交部发言人洪磊表示，委员会并未认可日本涉冲之鸟礁主张。

洪磊介绍，日方提请大陆架界限委员会审议的外大陆架权利主张约 74 万平方公里，最终仅 31 万平方公里获得委员会认可。在未被委员会认可的外大陆架

主张中，包括了日本依据冲之鸟礁主张的、面积约25万平方公里的南九州—帕劳洋脊区块。日方提及委员会认可了位于冲之鸟礁以北的四国海盆区块，但事实上该区块是基于日本其他陆地领土的外大陆架，与冲之鸟礁无关。

洪磊表示，委员会对于日本划界案涉冲之鸟礁问题的处理公正合理，符合国际法，维护了国际社会整体利益，中方对此表示欢迎。

（《新京报》2012年5月17日）

这是一则客观描述事实的报道，采用播报式方式来表达比较合适。要做到叙事清楚，首先要深度解读，认识到该裁决对我国的重大意义。还要根据消息的结构特点，抓住导语中的"并未"二字；抓住主体中日方提出的外大陆架权利主张"74"和"31"两个重音，未认可与冲之鸟礁相关的大陆架主张及"冲之鸟礁"这个重音，认可的与冲之鸟礁无关的其他路段领土的外大陆架以及"其他"和"无关"两个重音。这些重音，从不同角度强调了冲之鸟礁属我国所有的结论，抓住结尾中体现背景的"处理公正合理，符合国际法，维护了国际社会整体利益"的观点，这既是"真理在我一方"内在语的体现，也是对事件的总结性表态。

例11.

让每个党员都有力量

宏大工程、壮阔基业、雄健组织，无不肇始自最基础的元素。党的十八届六中全会进一步严肃党内政治生活、加强党内监督，正是为了固本强基，从每个党员开始，锻造一个坚强的领导核心。

党员是党的肌体的细胞。党的先进性，来自每一个共产党员的先进表现；党的凝聚力，离不开每一个共产党员的团结一心。老红军唐进新回忆长征，"每一战都有大批战友倒下，但活下来的人毫不退缩，因为我们有红色的理想"。为什么建党95年、执政67年的中国共产党，依然被视为"亚洲乃至全世界最有活力的政党"？千百万信念坚定、忠诚担当的党员，正是活力的源泉、力量的基石。

党员的优秀品质不是天生的，谁也没有对腐败微生物的天然免疫力。从坚决拥护党的路线、方针、政策，到尽心竭力践行党的优良作风，再到困难和考验面前的躬身担当、坚守本色，只有真正把党摆在心头正中，时时处处以党员标准要求自己，共产党员才成其为共产党员。

党员意识的强化，党性修养的提升，离不开严肃认真的党内政治生活锤炼。党员干部的政治觉悟，不是给自己打百分之百的保票，而是把自己百分之百地交给组织。自觉在纪律约束和党内监督下开展工作，理应是每个党员干部一以贯之的行为准则。

让每一个党员都充满力量，我们一定可以用理想之光照亮奋斗之路，用信仰之力开创美好未来。

(《人民日报》2016 年 10 月 27 日)

稿件首段“从每个党员开始,锻造一个坚强的领导核心”提出了中心论点,第二、三、四段分别是分论点,尾段用展望的方式对全篇加以总结。在理顺全篇观点脉络的基础上,要抓住贯穿全篇的中心论点,以延展为主突出论点特别是论点中的重音,使观点鲜明。同时,处理好中心论点和分论点的主次关系,使分论点向中心论点集中,“老红军”等叙述部分向议论倾斜,以清晰、流畅的语言将整个评论缜密的逻辑脉络交代清楚。

二、练习材料

例 12.

她为 160 多名聋儿“送”去声音

在 1 月 6 日晚上举行的徐州市第二届慈善晚会上,当主持人现场采访刚刚被评为徐州市首届“慈善楷模”的徐平时,她的儿子李小双突然跑到台上,向妈妈献上一束花,并用不十分清晰的发音说:“我爱你,妈妈!”此时大屏幕上显示:徐平创办的徐州启聪聋儿语言康复中心,已使 160 多名聋儿走出无声世界,其中 100 个孩子进入常规学校就读。

徐平原是徐州市一名小学教师,10 多年之前的一次医疗事故,改变了她的人生轨迹。

1994 年 10 月,徐平年仅一岁半的儿子李小双,因注射针剂造成极重度神经性耳聋,原本活泼可爱、牙牙学语的孩子一下子陷入了无声世界。徐平夫妇伤心欲绝,带着孩子四处求医,但一年下来孩子依然对声音没有任何反应。

为了让孩子说话,徐平咬牙辞去了教师工作,举债带着儿子到中国聋儿康复中心系统学习语言康复训练知识。当 3 岁半的儿子终于开口叫“妈妈”时,徐平激动地抱着儿子大哭,逢人便说:“我儿子会喊妈妈了!”小双 5 岁时,语言功能已基本康复。1998 年 9 月,徐平把儿子送入了正常学校。

小双的情况传到了徐州市另一位聋哑儿童璇璇的妈妈那里,她辗转找到徐平说:“你要能让我孩子喊我一声妈,我愿下半辈子给您做牛做马。”徐平又把璇璇带在身边,像教小双那样教璇璇练习发声。当两个月后璇璇终于发出“妈”这个音时,在场的母亲又惊又喜,哭得像个孩子。

同病相怜,一个念头突然闪现在徐平的脑海中:何不创办一个聋儿语言康复学校,让更多的聋儿走出无声世界?经过一番紧张筹备,1998 年 12 月,由她创办的徐州市第一家私立聋儿语言康复中心正式成立了。从此，徐平的母爱开始走出家庭小天地，惠及社会更多的聋哑儿童。

徐平，以其特有的爱为众多聋儿家庭送去微笑。“慈善楷模”的光环下，是沉甸甸的奉献！

（《新华日报》2008 年 1 月 8 日）

例 13.

天津轨道交通 1 日起实现全部残疾人免费乘车

记者从天津轨道交通集团获悉，自 7 月 1 日起，凡《中华人民共和国残疾人保障法》中规定的残疾人，在天津地铁 1、2、3、6 号线和轻轨 9 号线全线范围内，可持《中华人民共和国残疾人证》免费乘车。

据了解，残疾人乘客需按照轨道交通乘车规定，经车站安检后，向客服工作人员出示《中华人民共和国残疾人证》换取福利票，通过闸机或边门免费进站乘车。为最大限度满足残疾人的出行需求，轨道交通各车站将逐步对导向标志、无障碍设施进行优化，残疾人乘客可通过服务热线、车站电话等渠道进行相关问题的电话咨询和预约服务。

天津是继西安、南京、深圳后第四个实现全部残疾人免费乘坐轨道交通的城市。

（新华网 2018 年 7 月 1 日）

例 14.

环保部通报京津冀及周边 31 城市出现重污染

新华社消息　环保部 29 日通报，11 月 26 日以来，京津冀及周边地区出现空气重污染过程，截至 29 日上午，重污染过程仍在持续，京津冀及周边 31 个城市出现重度及以上污染。

截至 29 日 8 时，京津冀及周边地区中，石家庄、邢台、保定、衡水、阳泉、忻州、德州、聊城、菏泽和商丘共 10 个城市空气质量为严重污染，北京、天津、邯郸、沧州和廊坊等 21 个城市空气质量为重度污染。

环保部环境监测司司长罗毅表示，预计 11 月 30 日至 12 月 1 日，大气扩散条件维持不利，京津冀中南部和山东西部以重度至严重污染为主，河南北部以中度至重度污染为主，影响范围包括北京、天津、廊坊、保定、石家庄、衡水、邢台、德州、济南、潍坊、聊城、淄博、菏泽、安阳、鹤壁、郑州和新乡 17 个城市。

环保部预计，12 月 2 日，受较强冷空气影响，大气扩散条件逐步好转，此次污染过程将结束，12 月 3 日至 4 日，大气扩散条件持续有利，京津冀及周边地区空气质量总体以优良为主。

（新华网 2016 年 12 月 5 日）

例 15.

珍珠撒满黄河滩

宁夏是母亲河黄河无限宠爱的地方。

黄河流经宁夏 397 公里，“流”出了 2 000 多年引黄灌溉的历史，“流”出了塞上江南稻香鱼肥的迷人景观，留下了古老的秦渠、汉延渠、唐徕渠、惠农渠，也在沿线留下了宝贵的湖泊湿地。这些湖泊湿地，就像一颗颗珍珠撒落在黄河两岸，成为宁夏极为宝贵的自然资源。

石嘴山境内有沙湖、星海湖、瀚泉湖，市区内水面开阔，有半城山色半城湖之誉；中卫市号称“沙漠水城”，境内香山湖、美丽湖、应理湖、腾格里湖都已名声在外；银川则有宝湖、阅海湖、鸣翠湖、鹤泉湖，是闻名遐迩的“塞上湖城”。而吴忠境内的大小湖泊更是星罗棋布。地处黄河金岸核心地段、湿地占宁夏湿地总面积 24.2%的吴忠市，拥有 3 个国家湿地公园和 2 个国家自然保护区。吴忠黄河国家湿地公园，青铜峡鸟岛国家湿地公园，太阳山国家湿地公园，盐池哈巴湖自然保护区，罗山自然保护区，都已成为宁夏著名的旅游景区。

保护好、利用好这些宝贵的湿地资源，是宁夏各地的共识，也是沿黄市县的历史责任。吴忠市连通青铜峡和利通区两个市区，拉近了与黄河的距离，形成了滨河生态的新景观。这样不仅改变了人居环境、提升了城市形象，而且创造了良好的生态效益和社会效益。

宁夏沿黄各市县始终坚持“保护优先、科学修复、合理利用、持续发展”，对湿地范围内的天然湖泊、河流进行了统一规划，围绕水面治理、绿化建设、环境改善，启动了改造工程，城市形象和湿地环境很快有了明显改善。吴忠市在 2005 年就专门成立了湿地保护管理中心，随后，其所属的青铜峡库区也成立了湿地保护建设管理局。制度制定了，机构健全了，事有人干了，法有人执了，有了问题也有人解决了。2008 年以来，青铜峡库区先后依法拆除湿地保护区内的 369 处违章建筑，收回非法侵占土地 12.4 万亩，湿地、草滩很快得以恢复。

吴忠市立足湿地资源优势，统筹城乡发展，提出“引水入城，以水为脉，构筑生态水韵城市”的发展思路，将湿地保护和水系建设作为基础工程，还划定了城市水系蓝线，对在湿地周围开挖砂石料场、填埋垃圾和乱丢废弃物等行为进行了清理整治，制止了侵占湿地资源和破坏湿地环境的违法行为，依法关闭了湿地保护区的污染企业，全面控制了生产生活用水对湿地的污染。现在，宁夏黄河沿线湿地的水环境质量明显改善，生态功能逐步恢复，污染物降解能力也显著提高。

黄河湿地的环境改善了,野生动物种群也增加了。沙湖、阅海公园、青铜峡库区,都已成为候鸟迁徙的集散地和取食地。青铜峡库区已有鱼类39种、鸟类179种,属于国家一级保护的鸟类就有9种,其他湿地的野生动物,也呈现不断增加的趋势。

经过精心"修整""打磨""擦洗",宁夏境内黄河湿地上的明珠更加璀璨、更加明亮了。

(《光明日报》2016年10月8日,有删改)

例16.

别让"亲子作业"成负担

丁雅诵

"过个万圣节,也是不容易,花了两天时间帮孩子做南瓜灯、做面具、做服装,总算是完成了任务。"最近,有家长吐槽:"自从孩子上了幼儿园,感觉自己也重新上了一次学。每隔一段时间,老师就会布置大大小小各种任务,上周做灯笼,这周做布娃娃,下周还要用树叶作画。虽然自己很愿意和孩子一起动手,但有些时候实在是吃不消。"

学校布置"亲子作业"本是件寓教于乐的好事。在与父母一起完成任务的过程中,孩子可以学习知识、锻炼能力,更能够与家长沟通交流、增进感情。但是,当这样的作业大大超出孩子的能力范围,变成了"家长的作业",或者当这样的作业被拿来评比,区分出谁好谁坏,让孩子产生了"攀比的心理",那可就弄巧成拙、得不偿失了。

做好"亲子作业",老师应该把握好"度"。那些过于复杂、超越孩子认知、甚至连大人都觉得难度较大的作业,着实没有必要。因为这种作业带来的,更多的是沉重的负担,而不是愉快的体验,"亲子作业"的意义也会因此大打折扣。

做好"亲子作业",老师不要在作业水平上作过分的要求。毕竟"亲子作业"的本质在于孩子与家长互动的过程,而不是最终的结果。只要孩子用心去做,不管样子好不好看、水平够不够高,都应该受到表扬。而这也能在很大程度上避免家长越俎代庖、替孩子完成作业,甚至出去买成品的现象。

此外,老师还要和家长做好沟通,给家长一些方法上的指导,让家长理解"亲子作业"的重要性,减少抵触心理。如此,"亲子作业"才能达到真正的教育目的。

(《人民日报》2016年11月17日)

例 17.

不忘初心 继续前进

——写在新华通讯社建社 85 周年之际

“新华社是我们党创办和领导的新闻舆论机构，是党的新闻舆论工作重镇。”记者节前夕，新华通讯社迎来 85 岁生日，习近平总书记在致新华社建社 85 周年的贺信中，充分肯定新华社的历史贡献和重要作用，明确提出“新形势下，新华社要不忘初心、继续前进”，从坚定不移跟党走，牢牢把握正确政治方向和舆论导向、传承红色基因、弘扬优良传统、锐意改革创新、加快融合发展、扩大对外交流等方面，为新华社推进改革发展、加快建设国际一流的新型世界性通讯社指明了方向。这是对新华社、对新闻舆论战线的巨大鼓励和殷切期望，为我们进一步做好新闻舆论工作注入了强大思想力量。

铁肩担道义，丹心写华章。1931 年 11 月 7 日，新华社的前身红色中华通讯社在瑞金成立。85 年来，新华社始终挺立潮头为党和国家事业鼓与呼，始终忠实履行党中央“喉舌”“耳目”职责，成为党的事业密不可分的重要组成部分。“文者，贯道之器也。”回顾 85 年历程，从革命岁月的《人民解放军百万大军横渡长江》《沸腾了的北平城》，到建设时期的《县委书记的榜样——焦裕禄》《英雄登上地球之巅》，再到改革年代的《农民都夸三中全会政策好》《夜宿车马店》……一大批优秀作品始终把宣传党的主张同反映人民心声结合起来，成为时代的写照、奋进的旗帜、冲锋的号角，鼓舞激励着一代代中华儿女团结奋斗。正如习总书记指出的：“85 年来，新华社坚持党指引的方向，坚持党性原则，坚持政治家办社，与人民同呼吸、与时代共进步，宣传党的主张，反映群众呼声，为我们党团结带领全国各族人民不断取得革命、建设、改革重大胜利作出了重要贡献。”

在新华社历史上，先后有 150 多位新华人为党和人民事业献出了生命。这份长长的烈士名单，在中国新闻史上留下永不磨灭的新华印记。一代代新华人前仆后继，薪火相传，锻造出独有的精神气质和品格作风，淬炼成“对党忠诚、勿忘人民、实事求是、开拓创新”的新华精神。这 16 个字已经融入新华人的血脉基因，成为代代相传的宝贵精神财富。弘扬新华精神，谱写时代新篇，就要认真贯彻落实习总书记“不忘初心、继续前进”的要求，不断把党的新闻舆论事业推向新的发展高度。

不忘初心、继续前进，就要永葆对党忠诚、勿忘人民的赤子之心，传承红色基因，不断强基固本、凝魂聚气。坚定不移跟党走，坚持党性原则，坚持政治家办社，站稳人民立场，是新华社履职尽责的根本前提。新形势下，面对复杂的国内外形势、多元多变的舆论环境，牢牢把握正确政治方向和舆论导向，我们做好新闻报道就有了“定盘星”和“导航仪”，就能做到“乱云飞渡仍从容”。要增强“四个意识”、坚定“四个自信”，深入宣传以习近平同志为核心的党中央治国理政新理念新思想新战略，用“带露珠”“冒热气”的新闻报道把“上接天线”和“下接地气”紧密结合起来，让党的主张成为时代最强音，肩负起新的时代条件下新闻舆论工作的职责使命。

不忘初心、继续前进，就要弘扬实事求是等优良传统，激发改革创新的力量，始终奋发有为、开拓进取，不负党和人民重托。身处媒体格局大变革时代，主流媒体面临激烈竞争压力，新闻媒体比以往任何时候都需要创新。坚持内容创新为本，大兴调查研究之风，在火热的实践中锻炼提高脚力、眼力、脑力、笔力，持续创作有思想、有温度、有品质的优秀作品。加快融合发展，不断巩固和拓展舆论阵地，把握好时度效，切实提高传播力、引导力、影响力、公信力，巩固壮大主流思想舆论、激发亿万人民奋进力量。扩大对外交流，打造融通中外的话语体系，讲好中国故事，不断增强国际话语权，为加快建设国际一流的新型世界性通讯社提供有力支撑。

1955 年，毛泽东同志提出，新华社要“把地球管起来，让全世界都能听到我们的声音”。今天，拥有国内外 239 个分支机构、用户遍布全球 200 多个国家和地区的新华社，正肩负时代使命阔步前行。让我们在以习近平同志为核心的党中央坚强领导下，振奋精神、拼搏进取，努力形成与党中央治国理政相适应的新闻品格和新闻力量，早日建成国际一流的新型世界性通讯社，更好地服务于党和国家工作大局，更好地服务于广大人民群众，向党和人民交出更加优异的时代答卷。

（新华网 2016 年 11 月 5 日）

第十一章　播音创作的创作状态

对于播音创作的规律技巧，只要我们沿着正确的创作道路、遵循科学的训练方法、保有常抓不懈的恒心毅力，是可以逐渐掌握、运用自如的。但这还不够，还需要良好的创作状态作为高质量、高效率完成播音主持工作的重要保证。如果没有良好的创作状态，创作就可能会偏离主航道，轻则会出现“欠一点、差一些、不解渴”的差强人意的状况，重则会出现“词不达意、语无伦次、不明所以”的播出事故。

简而言之，创作状态是播音创作主体在有声语言创作过程中的心理状态，它是确保播出质量的重要前提。创作状态虽然脱离了具体的技巧层面，但创作规律的践行、表达技巧的运用都离不开它，它就犹如一剂“催化剂”，运用得当会增光添彩、运用失当则会黯然失色。它对整个播音主持工作的影响是十分巨大的，状态上些许的偏差，落实到表达上就可能会出现南辕北辙，因此必须引起充分重视。

苏联心理学家列维托夫认为，人的心理活动可以分为心理过程、心理状态与个性心理特征三种形态。心理过程是不断变化着的、暂时性的，个性心理是稳固的，而心理状态则是介于二者之间的，既有暂时性，又有稳固性，是心理过程与个性心理特征的统一。它是人在一定时间内各种心理活动的综合表现。如“人逢喜事精神爽”就是指人在一段时间里所表现出的感知敏锐、记忆清晰、思维活跃、情绪积极等精神状态的集合。可见，对创作状态的把握也并非易事，它有稳固性，意味着我们必须以最大的决心和勇气打破既往的旧有心理状态；它也有变化性，意味着我们必须不断练习、反复巩固才能将良好的创作状态建立起来。

良好播音创作状态的养成，需要在把握稿件有声语言表达规律的基础上，注意在日常学习和生活中培养自己成熟稳重、自信积极、成竹在胸、从容不迫的心理素质，提高心理承受力，为有声语言表达营造良好的创作氛围。

第一节　良好创作状态的特征

一、稳操胜券的自信心

自信心是反映个体对自己是否有能力成功地完成某项活动的信任态度，是一种积极表达自我价值、自我尊重、自我悦纳的意识特征和心理状态。在有声语言表达中，自信心是播音员主持人良好心理素质的体现，是完成好播音创作活动的重要保证。天津人民广播电台资深播音员郑晖老师在谈及创作经验时，曾语重心长地告诫晚辈后学要做到“三心”，即留心、用心、信心，并提出自信心是对自身的充分肯定，是确保高质量播音的重要基础。播音创作主体如果没有自信心，就会表现出战战兢兢、小心翼翼、畏畏缩缩、停滞不前的表达姿态，最终导致整个播音创作黯然失色、惨淡无光。反之，如果有积极主动的自信心，播音主持创作往往会收到事半功倍的效果。

要想具备积极主动的自信心，首先要为自己找到一种角色感。播音创作主体是以个体身份出现、代表媒体形象的有声语言表达者、与受众的交流者。从宏观上讲，播音创作主体是党和国家的宣传员，他的言行举止必须符合职业角色的共性要求。从微观上看，每个播音创作主体又都是一个个与众不同、独一无二的创作个体，在播音创作中会或显或隐、或多或少地流露出特定的角色个性，或是作为旁观者讲述一个感人故事、或是以亲历者身份介绍一起目击事件、或是以评述者身份对事实发表个人观点……这些“情境”都需要播音创作主体明确自己的角色身份，充分相信自己的角色定位，只有这样才会避免缺乏自信带来的紧张感，才会给良好创作状态的获得打下基础。

其次，要刻苦锤炼自己的语言功力。俗话说：“艺高人胆大”，具备高超的技能、精湛的技艺、出众的水平的艺术家，是对自己以及自己的创作有着充分自信的。当然，“台上一分钟，台下十年功”，要想提高自己的创作水准并非易事，非长期坚持、不断努力不可。我们必须从日常抓起、从基础练起，不断夯实自己的语言功力，提升自己的语言表达水平，才能以更积极、更从容的心态完成有声语言的创作。

建立起积极主动的自信心说起来容易，真正做到却并非易事。它不仅需要坚定的角色认同感，还需要强烈的自我悦纳精神；不仅需要自身努力上进，更需要他人的肯定鼓励；不仅需要现时的灵活运用，更需要长期的学习积累。

二、沉稳从容的驾驭感

播音员主持人是广播电视节目中贯穿始终的中心人物，沉稳从容的驾驭感和掌控力是必须具备的重要素质。尽管在广播电视节目中播音员主持人并不一定是最高领导，但在实际节目进行中却是总执行人和实际指挥者。党的路线方针宣传、节目指导思想和传播目的实现、节目设计和实施意图的达成，都要通过播音员主持人在节目中以具体的有声语言和副语言来完成。播音创作要求在规定时间内完成“规定动作”，并最终取得“预期效果”，其中，播音创作主体是否有能力驾驭自己的语言表达和节目的进程，是能否实现良好传播效果的关键。

对稿件有充分的理解和深刻的感受是获得沉稳从容驾驭感的关键。在播音创作中，必须排除外界干扰和杂念，沉下心来，深入到稿件内容中，让每一句话、每一个字都变成体现稿件目的、体现节目意图的有效因子。通过准备稿件，可以理解稿件内容、把握稿件脉络、明白稿件的创作意图、掌握稿件的精神实质。在此基础上进入稿件规定的情境，不断揣摩、不断感受，找到符合稿件内容的心理状态，将其真诚地表达出来。

播音创作主体的表达有时显得不够真挚，往往是因为对稿件不熟悉，很难用“自己的话”自然地表达；或是因为没有将自己的思想感情和稿件内容融为一体，即使流畅地读完全篇，听上去仍然不生动、不真诚。因此，要在充分准备稿件的基础上，将注意力高度集中于稿件内容，并让思想感情随之流动，创作状态才能从容不迫。

在播音创作中，我们一方面要从稿件出发，投入其中，释放应有的情感；另一方面又要跳出细节、把握全局，拿捏好情感宣泄的度。只有这样，才能在“规定动作”里完成高质量的表达，取得预期的表达效果。

三、转换自如的适应力

播音创作活动总是在特定的情境中进行的。播音创作是基于特定的场合、特定的时间、特定的交流对象的，优秀的播音创作总能和创作环境高度契合，是在“此时此地”、有针对性、有目的的活动。因此，播音创作主体应该有转换自如的适应力，知道“什么时候说什么话”“什么场合说什么话”“什么节目说什么话”。

（一）传播媒介的差异

不同的传播媒介会对播音创作主体提出不同的要求，需要与媒介特征相匹配，因而，同一篇稿件由同一个人在不同的媒介中创作，会呈现出不同的表达样态。一般来说，听觉媒介（广播、网络电台等），为了避免单一声音传播带来的听觉疲劳，会对播音创作主体提出咬字更清晰、气息更灵活、状态更兴奋、语言更活泼、变化更丰富、声音更具穿透力、表达更具张弛力的要求，追求听觉上的变化。视听媒介（电视、网络视频等）则不一样，因为拥有视觉和听觉两个传播手段，对有声语言表达的要求是：语流更平缓、语气更平和、语态更内敛，声音更具质感、表达更具稳定性，追求有声语言和画面的和谐统一。

（二）节目形态的区别

不同的节目有其特定的内容、形式和风格，播音创作主体需要让自己的语言特点与节目的要求相一致。例如，新闻类节目一般要求播音创作主体用声坚实、吐字规范、妆容庄重大方、语气朴实坚定；生活类节目，一般要求播音创作主体姿态自然、语言生动、语调亲切；娱乐类节目，一般要求播音创作主体气质活泼大方、语言诙谐幽默、语气轻松欢快。当然，这些只是泛泛而谈，每种类型的节目又有更细的分类，例如新闻类节目中，联播式新闻（《新闻联播》）的端庄郑重，与常规式新闻（《新闻直播间》）的轻松活泼有所不同；娱乐类节目里，真人秀节目的灵活互动，与娱乐播报的新鲜时尚有所不同。同时，每种类型中的具体节目，又有自己的特色和风格。总之，要熟悉不同节目形态的特点，在表达时要有所侧重、有所取舍，扬长避短，发挥自身优势。

（三）时间场合的不同

每一档节目由于内容不同、场合不同、特定的受众群不同，播音创作状态也要有相应调整。例如，演播室或播音间中的播音创作，因受众不在现场，而要努力做到“心中有人”；在大型演播室录制与受众互动的节目或与嘉宾直接交流的节目时，要注意现场气氛并兼顾电视机、收音机前更广大的受众；在事件现场进行现场报道要有现场感并注意避免因情绪激动而失态。另外，同一场合中，也可能会有不同的表达状态。例如，同是主持一场晚会，500 人和 5 000 人的观众规模会需要不同的创作状态；同是 500 人的观众规模，全是成年人和全是少年儿童会需要不同的创作状态；同是 500 位少年儿童，全来自农村地区和全来自城市会需要不同的创作状态……更不要说，各种情况杂糅之后所出现的更复杂的局面。因而，在播音创作时，必须注意场合、对象的差别，对症下药、分类施策。

同一篇稿件也会因播出时间的不同呈现出不同的表达形态。一般来说，早晨的节目，要求播音创作主体状态更兴奋、语气更积极、语流更顺畅、语速更迅捷，以达到驱赶睡意、提神醒脑的目的；晚间节目，要求播音创作主体语气更坚定、语流更沉稳、语速更滞缓，以适应夜晚安静缓慢的时空节奏。

当然，不同的传播媒介、不同的节目形态、不同的时间场合对播音创作状态的影响是渐变的而非突变的、相对的而非绝对的、模糊的而非清晰的。在把握不同的创作状态时，既要刻意区分、分别训练，又要统筹合一、注意整体，才能取得良好的播音创作效果。

第二节　进入良好创作状态的方法

播音创作需要认真的态度和丰富的感情，良好的创作状态是积极调动感情，进而取得恰当表达效果的基础和保证。良好表达状态的获得，既来自于生活中的感悟，也有赖于播音创作各个环节的激发带动，也与实践经验的积累和总结有关。要想在有声语言表达中迅速进入创作状态，必须从以下方面着手。

一、平日积累，多问多思

生活是艺术的源泉，播音创作主体必须具备在社会生活中勇于观察、勤于思考、善于总结的能力，并将自己的所思所感、所想所悟储存于大脑当中，也就是所谓的“广义备稿”。换言之，一篇稿件的播音创作是否能成功，不仅和具体的创作方法有关，更与平时自己的积累有关。所以，“功夫在诗外”——看似一篇稿件是在一定的时间内完成播报的，但实则很多工作在还没进入到“这一篇”稿件时就已然开始。事先积累越丰厚，在具体创作时就越能驾轻就熟、得心应口。

在准备具体稿件过程中，应调动自己先前储存于脑海中的各类素材。无论是源于亲身经历的直接经验还是从各类媒体（如书籍、影视、网络）获得的间接经验，都能帮助我们快速准确地把握住稿件内容和思想感情，使自身与稿件产生情感共鸣，从而使创作状态更加饱满。“艺术走到最后，拼的就是文化”，我们要重视平日的积累，勤于学习、善于学习；要呵护炽热的创作热情，和现实生活互动、和一线采编人员互动、和稿件内容互动；要保持对社会人生的思考，了解社会现实、增强新闻敏感、丰富语言内涵，最终将这些积累体现在播音创作中，让有声语言之花盛开得更加绚丽。

二、刻苦训练，不断雕琢

播音主持是“口耳之学”，其中很多内容具有模糊性、多义性、可变性的特点，不可详述，只能意会。即使行之于文，仍会有诸多信息要素散失，这是影响播音学科发展的一大障碍，但同时也是独特优势——我们可以将有声语言中那些不可名状、不可胜言、独一无二的美，通过音视频的形式保存下来。

正因为播音主持的这些特性，学习起来就更得下一番苦功夫了，弄清基本的理论，掌握科学的创作道路只是第一步。第二步要以高强度、高难度的练习来消化理论、践行科学的创作路径。之后才能迈出第三步，进入“游刃有余不伤骨”“从心所欲不逾矩”的自主、自在的创作境地。这三步中，第一步是基础，第二步是关键，第三步是结果。要想做好这三步，唯一的诀窍是勤奋。“书山有路勤为径”，播音主持的学习，有方法却无捷径，有指点却不可替代，勤学苦练语言基本功、刻苦雕琢有声语言表达技巧是保持良好创作状态的题中应有之义。

当然，播音主持的学习过程不会是一帆风顺的，很多内容不能立时三刻就掌握，即便是掌握后也不能一劳永逸地固定下来，就算固定下来也不能保证表达时效果如何。学习过程中会有困难、会有曲折，这些都是正常的。试想，“不经一番寒彻骨，哪得梅花扑鼻香”，我们既要迎难而上，还要善于总结，并时时用相关理论指导实践，只有业务能力提高了，积极的播音创作状态才会信手拈来。

三、排除杂念，心无旁骛

快速进入良好的播音创作状态之后，在有声语言表达的过程中始终保持稳定，是取得良好表达效果的关键，而稳定的状态源于注意力的高度集中。在播音创作中，应以稿件为着力点，深挖稿件内涵，综合稿件的时代背景、写作背景，调动创作者自身的感受与稿件内容相呼应，切身体会稿件的感情变化。可以说，播音创作是一个系统工程，要考虑的问题错综复杂、要处理的事情纷繁多样。为了确保创作任务的完成，我们必须保持注意力高度集中，做到排除杂念、心无旁骛。

积极的创作状态能保证良好传播目的的实现，同时，明确的传播目的也可以使播音创作主体在表达时更加集中注意力。特别是在篇幅较长的稿件中，明确的传播目的对播音创作状态的刺激作用尤为明显。

高度的职业责任感也是我们专注于播音创作的重要保障。一方面播音员主持人要热爱自己的工作，全身心投入其中；另一方面，无论在生活中有多大的困难，有多么强烈的个人情绪，一旦坐在话筒前，就必须打起精神全力以赴。2016年，在北京德云社欧洲巡演德国站的演出中，著名相声演员岳云鹏在上台前接到了父亲去世的消息，他强忍悲痛仍坚持登台表演，并在微博上表示：“思索再三，决定演完再往家赶，戏比天大，希望父亲能够理解”。在演出过程中岳云鹏十分投入，观众丝毫没有觉察出异样，演出取得巨大成功。可见，这种高度的职业责任感，正是确保艺术家们高水平创作的重要保障，也是艺术家们高尚职业道德的体现。因而，播音创作主体要想保持良好的创作状态、高度集中注意力，必须努力增强自己的职业责任感，凡事以播音主持工作为重，做到“播音比天大”。

播音创作中，可能会受到外界环境的干扰，导致注意力涣散，也可能受自身思想杂念的影响，导致精神不集中。可以说，注意力的不集中或思想上的小波动,都会引起创作状态的游离。因此,播音创作主体在备稿期间就要对稿件内容、思想内涵进行分析和抽象,并对接下来的播音创作做好预案设计,一旦开始进入播音创作,就不要再有过多的想法,应尽可能贯彻稿件准备时的思路。特别是要全身心投入到播音创作中,表达过程中不要再去考虑如何调整表达方法,更不要对出现的口误或其他问题耿耿于怀,以免影响后续内容的播出。总之,要排除杂念,心无旁骛,保持积极愉悦的精神状态。

四、成竹在胸，有备无患

在广播电视节目中,播音创作主体用自己的语言塑造着节目灵魂,反过来节目的具体定位又要求和限制着播音创作主体的有声语言特色。这种相辅相成的关系要求播音创作主体要针对节目特点和受众需求不断调整自己的创作状态,妥善应对各种突发事件,完成好播音创作任务。

(一)充分了解节目稿件

稿件对播音创作的重要性,前文已有介绍,不再赘述。

在节目播出过程中,播音创作主体要传达节目理念、引导节目进程、调控节目效果。播音创作主体在节目制作的前期就深入参与节目策划,准确理解节目的立意,以求在思想上、具体操作上与节目协调契合。思想上,要与编导、制片人进行充分沟通,掌握节目定位、节日风格、预期效果等。具体操作上,要尽量配合其他工种的工作,完全熟悉、辅助推进节目的各项流程。总之,做好充分的准备,让稿件烂熟于心,在播音创作中才能游刃有余、成竹在胸。

同时,传媒行业的发展十分迅速,不但新的媒体形式层出不穷,传统媒体也在积极探索融合发展,传媒发展的新特点,促使播音主持工作也要进行相应的改变。播音员主持人必须时刻关注传媒行业的发展趋势,把握时代脉络,更新知识储备,适应行业创新。

(二)沉着处理突发事件

播音主持工作是传播流程的最后一环,很多突发、意外、紧急的情况只能靠播音员主持人来应对。在节目的直播中,嘉宾紧张无语、场外连线不能接入、稿件没有及时送达、音视频播放失败、搭档口不择言……各种突发情况时有发生,考验着播音员主持人的应变能力。

如何处理好突发事件？要做到:

事先,做好预案,未雨绸缪;

事中，沉着冷静，积极应对；

事后，总结经验，以备后用。

节目开始前，要将节目的流程、可能出现的突发状况在脑海中过一遍，并对接下来的节目做好充分的预案。

节目进行中，要不慌不乱、沉着冷静，如果发生之前预料到的情况，则启用事先制订的预案；如果发生之前没有预想到的情况，则一方面迅速与导播、编导沟通，一方面要在不出“播出事故”的前提下随机应变，灵活处理。

节目完成后，要对出现的意外情况进行认真总结，防止类似情况再次发生。

特别需要提醒的是：

其一，在处理突发事件时，一定要表现得镇定自若、不慌不忙，不能将慌张、错愕、焦急的情绪传递给受众。

其二，意外情况要区别对待，一些因客观原因（设备故障、不可抗因素等）造成的意外，可以主动交代，以取得受众的信任；一些因主观原因造成的意外，则可以通过后续的工作（或订正修改、或解释说明等）来进行弥补，把不良影响降到最低。

“突发事件不突发”，突发事件的处理看似是即兴的、随意的，却需要播音创作主体长期总结积累经验。在生活中有没有观察、工作中善不善于思考，直接决定着播音创作主体能否处理好工作中的突发事件。总之，平时做的工作越多（事先规划、事后总结），在处理时就越能得心应手。

第三节 不同场合下创作状态的获得与调整

创作状态的稳定程度、与不同媒介的配合程度，决定了吐字发声、表达技巧以及副语言展现的效果。因而，我们必须掌握不同场合下获得最佳创作状态的方法。

一、话筒前

在掌握自身专业条件和业务能力的基础上，经过认真备稿，播音创作主体在话筒前应有充分的自信，这是进行播音创作的心理基础。同时，播音创作主体要与话筒建立一种友好的关系，要让自己熟悉话筒、“爱”上话筒。此外，在进行播音创作时一定要考虑到电子设备的影响，根据设备的性能、现代化传播技术的操作特点，调整自己的表达状态，才能取得较好的表达效果。

以广播媒体中重要的声音传送设备——话筒为例。随着技术的进步,话筒的种类越来越多,形状、体积的差别很大,灵敏度也不断提高。常用的有动圈话筒、电容话筒、驻极体话筒、界面话筒等。话筒的拾音范围不断扩大,可控性也更强,有全向型(无方向型)、心型、超心型、双向型等。不同的技术设备要求播音创作主体一定要调整自己的用气、发声与话筒的距离、角度等。例如,如果话筒灵敏度较高、拾音效果较好,则播音创作时要注意:与话筒距离不宜过近,音量不宜过大,音高不宜过高,爆破音不宜过强,换气声不宜过大,细碎杂音(翻稿声、吞咽口水声)不宜出现等。

随着时代的发展,特别是采编播一体化的趋势要求播音创作主体要成为"一专多能"型人才:在一档节目中,不仅要完成好播音主持工作,还要负责语音、音乐、热线电话、网络留言等的技术操作。但这不意味着播音创作主体的身份已经转变了,而是仍然以稿件表达、播音创作为中心,不可沦为机械的"操作员"。

当今社会,人们获取信息的渠道越来越多,广播媒体不再是大家获取信息的唯一方式,甚至每出现一种新的传播媒介,"广播必死"的论调就会再次甚嚣尘上。虽然广播媒体的发展空间受到了挤压、媒体影响力日益下降,但广播媒体不但没有销声匿迹,反而随着车载电台、网络电台等渠道的增多,其轻松性、伴随性、便携性等独特优势得到了更好的显现,广播媒体仍然在众多领域发挥着重要影响,仍然是受众获取信息的重要传播媒介。

广大播音创作者要在这场剧烈的媒体变革中,努力发扬广播的独特优势、充分发挥自身的主观能动性,让有声语言更具吸引力,使受众的收听习惯由"非有意收听"转变为"有意收听"、由"伴随性收听"转变为"以收听为主",为广播事业的发展贡献出自己的一份力量。

二、镜头前

无数事例已经证明,一档成功的电视节目,与拥有优秀的播音员主持人有着密切关系。一位个性鲜明、语言得体、表现出众的主持人,会增加节目的关注度,获得收视率和口碑的双丰收。从这一点来说,电视节目的竞争,在一定程度上是播音员主持人的竞争。

对于电视节目播音创作来说,除了运用有声语言以外,还要善于运用副语言来表情达意。丰富自然的面部表情、得当有度的肢体动作,都是播音创作主体内心情感的真实流露,有着极强的表现力和感染力,可以起到辅助语言表意、带入话语情境、调动现场氛围的作用。

需要注意的是，播音创作主体的“肢体语言”要端庄得体、落落大方，应避免单调乏味的重复动作、缺乏意味的下意识动作、不合时宜的无关动作等。采取坐姿时，不要端肩，身姿要轻而稳，上身挺拔，小腹微收，给人以稳重亲切之感。采用站姿时，要注意动和静的结合，既不要把站姿变为“变相的坐姿”，又不要不顾节目内容随意乱动，分散受众的注意力。

不同节目的定位是不同的，其内容、形式、风格和对象也不同，受众的接受心理和审美标准也相差悬殊。播音创作主体的副语言表达也要随之变化，尽量做到与节目定位相吻合。一般来说，娱乐节目副语言较为丰富活泼，动作夸张、表情活跃、状态昂扬；新闻类节目副语言较为规整，动作简练、表情郑重、姿态端庄；社教服务类节目副语言较为亲切自然，语气随和。同时，播音创作主体的化妆、服装、饰物也是节目的一部分，其挑选的标准并非依据个人的喜好，而要体现节目的特点和格调。一般来说，娱乐类节目的服饰较为鲜艳、妆容较为时尚；新闻类节目的服饰较为沉稳、妆容端庄大方；社教服务类节目的服饰较为简洁、妆容清新自然。

当然，电视播音员主持人在播音创作中，更重要的是把握住心理状态。有声语言、副语言的出色表达，有赖于稳定的心态，有赖于对稿件内容和节目要求的准确把握，有赖于对播出目的和传播意图的深刻领悟。

三、现场报道

面对纷繁复杂的传播渠道、浩如烟海的信息海洋，受众对信息传播的广度、深度和可信度的需求日益强烈，为了提供更准确详实的信息，带给受众更直观的感受，现场报道这一传播形式被广播电视媒体广泛采用，这就要求播音员主持人更多地深入新闻现场，直接进行有声语言表达。这对长期在演播间内工作的播音员主持人来说，无疑是一个挑战。

其一，打破有稿件依据的播音习惯（有稿播音），转为无稿或少量依据（素材、提纲等）的播音（无稿播音）；

其二，打破固定的播音腔调，转为日常的交流谈话；

其三，打破只专注于播音工作的常规，转为综合考虑现场各个要素并同步进行有声语言表达的新形式。

做好现场报道，需要做好以下三点：

现场报道，要事先充分准备。现场报道的形式是即兴的，但内容的准备却并非即兴，可以事先做好功课。一方面，要重视平时的积累（广义备稿），随时学习、及时储备，才能在现场厚积薄发。另一方面，在接到播出任务后要及时了解相关信息，如事件的背景、现场的情况、人员的安排等，做好报道预案。即便是准备时间极短的突发事件的报道，仍然可以在赶往现场的途中储备材料、设计采访提纲等，在进入现场时认真观察、仔细搜集现场信息，如宏观场景、微观细节、外围反应等，尽量在最短时间内做最充足的准备。

语言是重头戏，副语言和道具也同样重要。电视视听结合的特性，决定了画面对于现场表达的重要性。现场表达时，既要发挥有声语言优势，又要善于运用面部表情、肢体语言、道具背景（题板、有关实物等）等视觉元素来辅助表情达意。副语言和道具使用得当，往往会起到画龙点睛、事半功倍的效果。例如，在报道"东方之星"游轮翻覆事件中，因技术条件的限制，央视记者蒋林就利用一个被处理过的矿泉水瓶作为船体模型，向观众形象地展示了水面下客轮的具体情况（船体倒扣，船身大部已沉入水下），取得了较好的传播效果。

多问多看，重视团队合作。到达现场后，一定要第一时间尽量多地掌握相关情况。可以多向周围的知情人了解宏观信息，也可以通过自己的观察来发掘容易被人忽略的细节信息。另外，现场报道虽然是播音员主持人在出头露脸，但背后的团队支持才是做好这项工作的基础。一定要注意团队的合作，对现场的站位、背景的选择、问题的设计、连线的内容等要多与编导、导播、摄像进行沟通。

总之，现场报道"不现场"、即兴表达"不即兴"。掌握好技巧方法、多总结经验教训，就可以将"即兴度""不可控因素"降到最低，为完成好现场报道工作打下坚实的基础。

附　　录

全书例稿音视频二维码链接内容一览

	索引		内容		播音、演播者
1	第一章	例 1	新闻	《“美丽中国·精彩丝路”摄影展在悉尼开幕》	大卫
2		例 2	新闻	新华网 2011 年 1 月 19 日消息	孙阳
3		例 3	新闻	科技新闻一则	大卫
4		例 5	新闻	《天津日报》2011 年 10 月 21 日消息	大卫
5		例 6	通讯	《巴西小伙唱花脸爱扮赤发鬼刘唐》	芬菲
6		例 7	新闻	《天津北大港湿地迎来首批南迁候鸟》	大卫
7		例 8	评论	《让雷锋精神永驻》	孙阳
8		例 9	散文	《岁月》	芬菲
9		例 10	新闻	《南方日报》2010 年 11 月 16 日消息	孙阳
10	第二章	例 2	童话	《卖火柴的小女孩》	黑丹
11		例 3	诗歌	《我爱这土地》	贾宁
12		例 7	散文	《腊八粥》	芬菲
13		例 8	故事	《一个人的双人舞》	黑丹
14		例 9	诗歌	《白头发唱给黑头发的歌》	黑丹
15		例 10	诗歌	《祖国啊，我亲爱的祖国》	贾宁
16		例 11	诗歌	《安慰的若干理由》	国铃
17	第三章	例 1	节目	《难忘的中国之声——广播传奇：齐越》	长悦
18		例 6	新闻	《新闻和报纸摘要》	大卫
19	第四章	例 1	评论	《话说老实人》	孙阳
20		例 4	通讯	《山村教师李丛政照料孤寡 30 年》	贾宁
21		例 7	诗歌	《鹰之击》（片段）	申兴华、武文
22		例 9	通讯	《外来工总支委员的一天》	贾宁

续表

	索引		内容		播音、演播者
23	第五章	例 1	通讯	《有这么一位营长》	贾宁
24	第六章	例 1	评论	《自媒体时代的自律和他律》	顾瑞雪
25		例 8	通讯	《南沙精神赞》	贾宁
26	第七章	例 1	通讯	《母亲的"剪纸信"》	贾宁
27		例 2	散文	《小橘灯》	顾瑞雪
28		例 3	新闻	《新京报》2011 年 11 月 21 日消息	大卫
29		例 4	新闻	《人民日报》2017 年 2 月 11 日消息	国铃
30		例 8	评论	《改革没有回头箭》	国铃
31		例 11	新闻	央视网 2017 年 2 月 11 日消息	大卫
32			综艺节目	《海河颂歌》	王萱、贾宁
33	第八章	例 1	诗歌	《雨巷》	黑丹
34		例 2	故事	《中计》	芬菲
35		例 5	故事	《丑石》	顾瑞雪
36		例 14	杂文	《野草》题辞	贾宁
37	第九章	例 2	诗歌	《致橡树》	芬菲
38		例 11	通讯	《倔法官白来德》	贾宁
39		例 13	通讯	《幼儿园中的洋阿舅》	贾宁
40	第十章	例 4	评论	《把握"稳"与"改"的辩证法》	国铃
41		例 6	新闻	《中华人民共和国政府与挪威王国政府关于双边关系正常化的声明》	国铃
42		例 9	通讯	《你是我的手和脚,我是你的那双眼》	贾宁

后　记

一本新的教材终于在2018年完成了。

本教材的策划始于2015年高等教育出版社举办的播音主持研讨会,但本教材的创作过程至少可以追溯到2003年我从天津人民广播电台调入天津师范大学,从播音主持近30年的一线实践者转型成为专职的高等院校播音主持教师。在教学实践中,从最初对教学内容进行局部的补充,到后来陆续改良教学方法,最终形成系统的新的教学思路,从而有了2013年校级精品课《播音创作基础》,并有了由我领衔、众多高校一线教师(均为天津师范大学播音与主持艺术专业毕业生)联手编写的第一本教材《播音员主持人稿件表达方法与技巧》(中国传媒大学出版社2013年版),在此起点基础上才有了今天我和我的"关门弟子"农必全携手完成的这本教材。

本教材是天津师范大学播音与主持艺术专业《播音创作基础》课程教学体系改革成果的重要代表。它凝聚了几代天师大播音人的心血智慧,坚持了由关山老师开创的重基础、重训练、重实践的天师大播音精神。这部教材的执笔者是两个人,但它的内容和精神来自于一个庞大的团体,包括我的老师关山老师,包括在我学习和工作中给过我间接指导的徐恒老师、铁城老师、张颂老师、方明老师等专家前辈,也包括我在天津人民广播电台近30年工作期间和在天津师范大学14年教学期间共同工作的领导、老师、同事们,还包括那些我曾经辅导过的播音员主持人和我任教期间走出校门、在播音主持和有声语言领域多有建树的学子们,尤其是为这部教材的起点辛勤耕耘过的那些作者们,这本教材的作者应该包括你们每一个人。让我对你们一并表示衷心的感谢!

感谢中国社会科学院姚喜双教授亲自倡导、组织和指导了包括这部教材在内的系列教材的编撰工作,感谢高等教育出版社对播音主持教育的大力支持,感谢本书责任编辑赵愫简所做的与出版相关的具体工作。

本书尚有不完善之处,欢迎读者诸君批评指正!

贾　宁

2018年9月